200만 원으로 시작하는 부동산 경매투자

200만 원으로 시작하는 부동산 경매투자

초판 1쇄   2025년 6월 30일

지은이   곽상빈, 묘지부자(윤준섭)
편집   오경희
디자인   이재호

펴낸이   이경민
펴낸곳   ㈜동아엠앤비
출판등록 2014년 3월 28일(제25100-2014-000025호)
주소   (03972) 서울특별시 마포구 월드컵북로22길 21, 2층
홈페이지 www.dongamnb.com/d
블로그   https://blog.naver.com/damnb0401
전화   (편집) 02-392-6901   (마케팅) 02-392-6900
팩스   02-392-6902
SNS   f ⓘ blog
전자우편 damnb0401@naver.com

ISBN   979-11-6363-957-2 (03320)

※ 책 가격은 뒤표지에 있습니다.
※ 잘못된 책은 구입한 곳에서 바꿔 드립니다.
※ 여러분의 투고를 기다립니다.

경매의 기초부터 특수경매, 지분투자까지 고수들의 비법

200만 원으로 시작하는 부동산 경매투자

곽상빈·묘지부자(윤준섭) 지음

동아엠앤비

프롤로그
1. 200만 원으로 시작하는 '진짜 투자'의 문을 열며 _곽상빈 8
2. 꿈이 없어 무기력했던 시절에서 경제적 자유를 얻기까지_ 윤준섭 11

1부

부동산 경매, 절차와 방법

1장 **부동산 경매의 기초 지식** 19

2장 **경매 물건 찾기: 방법과 전략** 23

3장 **권리 분석과 주변 시세 파악** 33
    01 권리분석의 의미 34
    02 부동산 시세 확인 36

4장 **현장으로 임장 가기** 43
    01 임장의 의미 44
    02 임장에서 확인할 사항 47

5장 **법원 가기 전 준비 사항** 55

6장 **낙찰받은 후 할 일** 67

2부

200만 원으로도 가능한 묘지경매

7장 **왜 하필 묘지경매인가?** ... 77
   01 묘지경매의 매력 ... 78
   02 묘지경매의 개념과 특징 ... 82

8장 **분묘기지권의 모든 것** ... 91
   01 분묘기지권의 3종류 ... 94
   02 설치하면 안 되는 곳에 설치된 묘지들 ... 98

9장 **묘지투자 과정 1: 좋은 물건 찾는 법** ... 103
   01 투자 가치가 있는 좋은 묘지 ... 106
   02 물건 검색하는 방법 ... 111
   03 등기사항전부증명서 분석 방법 ... 119

10장 **묘지투자 과정 2: 임장과 입찰 준비** ... 129
   01 시세 파악하기 ... 130
   02 현장 조사(임장) ... 134
   03 본격적인 입찰 준비 ... 139

3부

낙찰받은 후 할 일: 잔금 납부부터 등기까지

11장 경·공매 셀프등기 방법 ... 151
- 01 경매 셀프등기 ... 152
- 02 공매 셀프등기 ... 161
- [더 알아보기] 농지 취득자격증명(농취증) 신청 과정 ... 181

12장 공유자와 협상하기 ... 191
- 01 내용증명 보내기 ... 192
- 02 부동산 처분금지 가처분 신청 ... 197
- 03 지급보증위탁계약 맺기 ... 233
- 04 공유물분할 청구 소송 ... 240
- [더 알아보기] 경매투자 협상의 기술 ... 259

13장 매매 계약, 실사례로 하는 투자 실습 ... 265
- 01 매매 계약 체결하는 방법 ... 266
- 02 정말 특이했던 첫 번째 매도 사례 ... 268
- 03 물건 하나에 3개의 필지를 낙찰받다! ... 277
- 04 공유 지분 물건이 아닌데 투자한 사례 ... 291

05 불법적으로 설치된 묘지 · 297
06 구글어스에서 나만 발견한 보물, 수익률 667% · 303
07 묘지와 농지가 공존하는 땅 · 307

부록 1 소액 농지 지분투자 사례 · 312

01 투자 기간 11개월, 수익률 119% · 313
02 투자 기간 4개월, 수익률 62% · 318

2 입찰서류 모음 · 322

프롤로그

200만 원으로 시작하는 '진짜 투자'의 문을 열며

부동산 경매를 처음 접하는 사람들에게 가장 흔히 듣는 질문은 이것이다. "200만 원으로 정말 가능한가요?" 나는 그 질문에 자신 있게 답할 수 있다. "가능하다. 그리고 나 역시 그렇게 시작했다."

나는 법률, 회계, 감정, 경영 네 분야의 자격을 갖추고 있다. 변호사로서 경매에 얽힌 소송과 분쟁을 직접 해결해 보았고, 회계사로서 부동산 자산의 수익 구조와 위험 요인을 수치로 분석해 왔다. 감정평가사로서는 권리관계가 복잡한 부동산의 가치를 현실적으로 평가해 왔으며, 경영학 박사로서 투자 판단의 이론적 기초와 시장 흐름을 분석해 왔다. 현재는 한양대학교 부동산융합대학원의 겸임교수로서 부동산의 실무와 이론을 강의하고 있으며, 동시에 건물 및 재개발 프로젝트에도 직접 투자하고 있다.

그러나 이런 배경보다 더 중요한 것은, 내가 실제로 경매 현장을 누비며 낙찰과 명도, 매각허가 취소, 보증금 환수, 공유자 협상 등 온갖 실전을 경험했다는 점이다. 특히 남들이 기피하거나 주목하지 않는 틈새시장, 예컨대 묘지경매와 같은 분야에서 실질적으로 수익을 거두었다. 그 모든 과정을 정리한 것이 바로 이 책이다.

책은 부동산 경매의 절차와 실제 참여 과정을 기초부터 설명하면서 시작된다. 단순한 개념 정리에 그치지 않고, 실제 법원 경매 시스템을 활용해 어떤 방식으로 물건을 찾고, 어떤 기준으로 권리를 분석하며, 현장에서 임장을 통해 무엇을 확인해야 하는지, 낙찰 이후에는 어떤 절차가 기다리고 있는지를 생생하게 안내하고 있다.

경매는 절차를 아는 것에서 시작되지만, '묘지'라는 분야에 이르면 상황이 조금 달라진다. 분묘기지권이라는 생소한 개념이 등장하고, 현장 확인과 등기부 분석이 더욱 중요해진다. 나는 이 분야에서 실질적인 수익을 올렸으며, 그 전략과 사례를 아낌없이 공개하고자 한다. 복잡하게 느껴질 수 있는 분묘기지권의 법적 구조, 시효취득 요건, 그리고 어떤 묘지가 '좋은 투자처'가 될 수 있는지를 법률적 시각과 실전적 시각을 아울러 설명했다.

경매는 낙찰로 끝나지 않는다. 낙찰 이후에는 등기를 스스로 해야 하고, 공유자와의 이해관계 조정, 협상, 분할 청구까지 이어진다. 이 책은 그런 후속 절차에 대한 구체적인 대응법까지 포함하고 있으며, 내가 실제로 경험한 계약 체결, 매도, 이익 실현에 이르기까지 생생한 사례들도 함께 실었다. 한 번의 입찰로 필지 세 개를 확보한 사례도 있고, 공유지분 물건이 아니지만 협상으로 수익을 극대화한 사례도 있다. 심지어 불법 분묘가 설치된 물건을 전략적으로 해소해 수익을 실현한 사례도 포함했다.

이 책의 독자는 지금 경매라는 분야에 처음 도전하는 이들일 수 있다. 혹은 과거 몇 번 시도해 보다가 어려움을 겪었던 이들일 수도 있다. 나는 그 누구라도 이 책을 통해 '할 수 있다'는 확신을 얻게 되기를 바란다. 경매는 단순히 자산을 싸게 사는 기술이 아니라 복잡한 권리관계를 해석하고, 적절한 타이밍에 판단하고, 때로는 협상하고 설득하는 투자 전략의 총합적 산물이다.

부동산은 움직이지 않는다. 그러나 그 가치는 움직인다. 이 책은 적은 금액으로 시작해 그 가치를 크게 움직이게 만드는 방법을 다루었다. 200만 원은 그저 숫자에 불과하지만, 그것으로 기회를 발굴할 수 있는 눈을 가진 사람에게는 매우 큰 시작이 된다.

경매라는 이름 아래 열린 이 시장은 결코 일부 사람들의 전유물이 아니다. 실전에서 검증된 지식과 전략이 있다면, 누구나 그 기회를 잡을 수 있다. 그리고 지금, 그 기회의 문 앞에 서 있는 당신에게 이 책이 실질적 안내서가 되기를 기대한다.

곽상빈

프롤로그

꿈이 없어 무기력했던 시절에서
경제적 자유를 얻기까지

다들 꿈을 향해 혹은 돈을 벌기 위해 열심히 살아가고 있을 때, 나는 하고 싶은 것도 없었고 어떤 걸 잘하는지도 몰랐다. 나에 대해 잘 알지도 못하며 그냥 시간이 흘러가는 대로 무기력한 상태로 하루하루를 보냈다. 그렇게 꿈이 없던 나는 공군 장교 생활을 3년 하고, 답답한 군 생활을 계속할 자신이 없어 제대한 후 공무원 시험을 준비하여 9급 공무원에 합격했다.

사람들은 공무원이 안정적인 직장이라고 부러워했지만, 정작 나는 그때가 인생에서 가장 힘든 시기였던 것 같다. 오랜 시간이 걸리는 출퇴근, 고된 업무에 비해 턱없이 적은 봉급, 향후 발전이 보이지 않는 업무의 연속, 무엇보다 내 적성에 맞지 않는 일이었다. 연금을 받기 위해 이 일을 몇십 년 동안 하고 싶지 않았다.

결혼을 하고 아기가 막 태어난 시기이기도 했던 그때, 이렇게 살아서는 안 되겠다는 생각이 들어 과감히 공무원을 그만두기로 결심하고 경제적 자유를 얻기 위해 경제, 사회, 문화 등의 다양한 책을 온종일 읽으며 세상을 배워가기 시작했다. 그러던 중 『부자 아빠 가난한 아빠』라는 책을 읽고 큰 충격을 받았다. 돈 버는 방법은 따로 있었구나! 경제적 자유를 이룰 방법이 이거구나! 소름이 돋았다. 그때부터 다양한 강의를 들으며 부동산 경매투자에 대해 배워가기 시작했다.

나의 첫 경매 도전기

2021년 처음 경매에 참여했다. 그것도 무려 아파트 투자. 임장을 다니며 아파트를 보러 다녔지만 실상은 정말 허름한 아파트였고, 그마저도 당시 대출 규제가 있었기 때문에 대출받기도 어려워 영끌을 해야 간신히 투자할 수 있는 상황이었다. 힘들게 겨우 입찰을 하게 되었고 나름대로 수익이 남을 만한 금액을 적어서 입찰 서류를 제출했는데, 도전자가 무려 10명이 넘었다. 결과적으로 나는 입찰가가 2위 금액이라 패찰했지만, 난생 첫 입찰에 2위를 했으니 나름 좋은 도전이었다는 생각이 들었다.

하지만 집으로 돌아가는 길, 이렇게 많은 사람이 모여드는 경매에 흥미가 떨어졌다. 큰돈이 필요한 경매가 부담되고 초보자에게는 어려운 투자라는 느낌이 들었다. 당시 유명한 경매 학원의 강의를 듣고 많은 지식을 습득했는데도 그런 게 다 부질없다고 느껴지기도 했다. 최소 몇천만 원 이상의 큰 투자금이 필요한 아파트나 상가 같은 경매는 하기가 어려웠고, 대출을 받기 위해 높은 신용과 고급 지식이 필요한 물건들은 포기할 수밖에 없었다.

그러다 보니 자연스럽게 특수경매 시장에 눈길이 가기 시작했다. 특수경매 시장이란 아파트나 상가 같은 일반적인 물건이 아닌, 특수물건이 모이는 경매 시장을 말한다. 특수물건은 법정지상권, 유치권, 지분 물건, 농지 취득자격이 필요한 물건 등 권리분석에 신경을 써야 하는 물건이라 다수의 일반 투자자가 모이지는 않을 거란 생각이 들었다.

경쟁이 적고 수익률이 클 거라 생각해 관심을 가지게 되었다. 그중에서도 가장 적은 투자금으로 시작해 볼 수 있는 지분 물건에 대해 관심이 생겼다.

⦿ 묘지에서 보물을 찾다

지분 물건 중에서도 묘지 지분에 주목하기 시작했다. 이른바 묘지 지분투자였다. 『지분경매, 공유 지분, 독점경매』(우형달, 최성남 지음)라는 책을 보며 공부하기 시작했는데, 이 책에서 수많은 지분 경매 사례를 보았다. 그중 묘지가 있는 땅의 지분투자 사례를 눈여겨보았다.

종중(宗中)의 묘지가 속한 토지 지분을 낙찰받고 경매 법정에 나섰는데, 낙찰받은 땅이 자기들의 문중 땅이라 절대 넘길 수 없다며 낙찰받은 자에게 접촉했고, 결국 협상을 통해 더 높은 가격으로 매도하게 된 사례가 눈에 들어왔다. 이런 비슷한 경우가 책에 세 번 정도 나왔다.

결국 묘지가 있는 땅은 공유자(共有者)에게 꼭 필요한 경우가 대부분이어서 낙찰을 받은 후 매도하기 쉽다고 해석했다. 경매 정보 사이트에서 지분투자 물건을 검색해 본 결과, 묘지 지분 물건들 매각이 잘 이루어지고 있었다. 그만큼 투자자가 수익을 올리고 있다는 뜻으로 해석하고, 2021년 9월부터 본격적으로 묘지 지분투자를 시작했다.

지분투자의 매력은 소액으로도 투자하여 수익을 낼 수 있다는 점이다. 230만 원을 투자해서 70% 가까운 수익률을 낸 물건도 있다. 수익을 낼 만한 투자 가치가 있는 물건인지 확인하기 위해서는 반드시 임장을 가야 하는데, 이 물건은 임장을 갔을 때 "아! 이 묘지는 반드시 가족들이 지키려고 하겠구나"라고 확신이 들었다. 그렇게 확신한 근거는, 한 형제가 설치한 부모의 묘인 데다, 옆에는 농작물이 자라고 있었고 관리도 잘 되고 있었다는 점이다. 묘지의 상태와 비석을 보면 가족관계와 그들이 처한 상황을 대략적으로 알 수 있다.

물론 처음에는 꼭 낙찰을 받아야 한다는 부담감이 있어 물건을 찾고 임장을

다닐 때 어려움이 있었다. 하지만 계속해서 여러 물건을 찾아보고 직접 다녀보며 노하우가 생기고 감이 잡혀, 이제는 집에서 위성사진만 봐도 투자 가치가 있는 물건인지 바로 알 수가 있다.

또 물건이 아무리 좋다고 해도 감정평가금액이 타당한지 반드시 확인해야 한다. 위 물건 역시 5차례나 유찰이 되고 6차에 입찰을 받은 사례다. 물건의 금액과 땅 가치를 잘 분석할 줄 알아야 큰 수익을 낼 수 있기 때문에 분석할 줄 아는 눈이 있어야 한다. 이 책에 이런 노하우와 투자 성공 사례들을 최대한 많이 담았다.

이제 나는 회사에 묶여 있지 않고 자유롭게 시간을 사용하며 경매 물건을 검색하고 공부하고 투자하며 경제적으로 자유로워진 삶을 살고 있다. 지분투자, 특히 묘지 지분투자를 주로 하며 많은 정보와 노하우를 필요한 사람들에게 공유하고 강의까지 할 수 있게 되었다. 특히나 처음의 나처럼 큰 투자금으로 투자하는 것이 부담되고 어려운 지식을 공부해야 하는 것들이 두려운 분들에게 도움을 드리고 싶어 강의를 시작했다.

이 책에는 내가 경험한 특별한 투자 과정들과 성공과 실패 사례, 반드시 알아야 하는 투자 노하우 등을 담았다. 누구나 알고 있는 과정만 나열하고 무조건 성공한다고 부풀린 책이 절대 아니다. 이 책을 통해 지분투자, 특히 묘지투자와 농지투자에 대해 하나부터 열까지 정확한 정보들을 배워 초보자들도 쉽게 시작할 수 있도록 진실하게 써 내려갔다. 부디 독자들이 이 책을 읽고 투자해 경제적 자유를 얻길 바란다.

'묘지부자' 윤준섭

부동산 경매, 절차와 방법

1장

부동산 경매의
기초 지식

부동산 경매는 주택, 상가, 토지를 시세보다 저렴하게 취득할 수 있는 방법이다. 그렇지만 부동산 경매를 통해 물건을 저렴하게 사는 것으로 끝나지 않고 수익 창출의 기회로 삼으려면, 경매 물건을 선택하는 과정에서 여러 가지 요소를 고려해야 한다. 중요한 것은 자신의 투자 목표를 명확히 설정하는 것이지만 시장의 흐름, 물건의 특성, 그리고 권리분석이나 세금 이슈처럼 낙찰 이후의 절차도 함께 고려할 필요가 있다. 경매는 저렴한 가격에 부동산을 취득한다는 장점이 있다. 그러나 여러 가지 요소를 고려해 경매물을 선택하고 예산 범위를 설정해야 한다.

　경매 절차는 크게 입찰 공고 → 입찰 참가 → 낙찰자 결정 → 대금 납부 → 소유권 이전의 단계로 나눌 수 있다. 입찰 공고는 경매 물건의 기본 정보를 제공하며, 이를 통해 해당 물건에 대한 사전 조사와 권리분석을 할 수 있다. 입찰에 참가하려면 입찰보증금을 납부해야 하며, 낙찰자는 일정 기간 내에 낙찰대금을 납부해야 한다. 낙찰 후 대금을 완납하면 소유권이 이전되고, 그 물건을 실제로 인도받게 된다.

　경매의 각 단계에서 필요한 서류와 절차를 정확히 이해하고 준비해야 하며, 낙찰 후에는 경매 물건에 대한 관리와 후속 조치를 고려하는 것이 중요하다. 그래야 불필요한 리스크를 최소화하고 안정적인 투자 결과를 얻을 수 있다. 경매를 통한 부동산 투자에서 성공을 거두려면, 물건 선정부터 경매 절차에 이르기까지 철저한 준비와 분석이 필수다. 먼저 경매의 의미에 대해 살펴보고, 경매 사이트에서 경매 물건 찾는 법 등을 살펴보자.

✅ 법원 경매의 의미

민사집행법에 따른 법원 경매는 강제경매와 임의경매로 구분된다. 법원이 진행하는 강제경매는 채무자가 빚을 갚지 않을 때 채권자가 법원의 판결을 통해 강제 집행을 요청하여 이루어지는 방식이다. 예를 들어 채무자가 대출금을 갚지 않은 경우, 은행이 근저당권을 행사하여 해당 자산을 압류하고 매각 절차를 진행하는 임의경매로 전환될 수 있다.

법원이 경매를 통해 발생한 비용(각종 수수료, 광고비 등)을 공제하고 남은 금액을 채권자에게 지급하는 방식으로 낙찰대금이 배분된다. 낙찰가와 감정평가액은 서로 다른 개념으로, 감정평가액은 감정평가사가 평가하여 책정한 가격을 의미하며, 보통 이 금액의 약 80%에 낙찰되는 경우가 많다. 다만, 경매에 참여하는 인원이 많아질 경우 낙찰가가 감정가를 초과하는 경우도 있으므로 주의가 필요하다.

경매에서 중요한 개념 중 하나가 '최저매각가격'이다. 법원이 특정 물건의 최소 매각 가격을 설정하는데 이를 최저매각가격이라 하며, 보통 감정평가액의 약 80% 수준으로 결정된다. 만약 입찰자가 적을 경우 그보다 낮은 가격에서 시작될 수도 있다.

2장

경매 물건 찾기:
방법과 전략

경매 물건을 탐색할 때는 유료 경매 사이트나, '두인옥션' 같은 신뢰할 수 있는 유·무료 경매 사이트를 활용하는 것이 좋다. 유료 경매 사이트로는 굿옥션, 지지옥션, 스피드옥션, 탱크옥션 등 많은 사이트가 있다.

✅ 무료 경매 사이트 활용

그중에서도 많이 사용되고 있는 두인옥션(www.dooinauction.com)을 소개한다. 두인옥션은 무료 버전 중 타 경매 사이트에 비해 가장 많은 기능을 제공하고 유료 버전도 비교적 저렴한 편이다. 지역별로 금액 차이가 있고 1개월, 3개월, 6개월, 12개월 단위로 결제할 수 있다.

두인옥션은 지역별로 주거용 또는 상업용 경매 물건을 미리 알아볼 수 있게 사진은 물론, 매각물건명세서, 감정평가서, 지도연결서비스 등을 제공한다. 다만 등기부등본, 건축물대장, 전입세대열람내역서는 유료로 제공한다.

법원 경매정보(www.courtauction.go.kr)를 활용해도 좋다.

법원 경매정보 첫 화면 '물건 상세검색' 메뉴에서 원하는 경매 정보를 취합할 수 있다. 법원 소재지나 물건 소재지를 입력하고 사건번호는 그대로 둔 채, 용도, 감정평가액, 최저매각가격, 면적, 유찰 횟수, 최저 매각가율 등을 설정하고 검색할

그림 1.1 법원 경매정보 사이트 첫 화면

수 있다. 검색 결과가 뜨면 관심 있는 물건을 골라 상세한 정보를 확인할 수 있다. 기일입찰의 경우 별도로 기일을 확인해 입찰에 참여할 수 있다.

매일옥션(www.maeilauction.co.kr)도 두인옥션처럼 유료 서비스를 이용하지 않아도 물건을 찾고 분석하는 기능을 제공한다. 기본적으로 물건을 탐색하는 과정에서 쓰기 좋은 사이트다.

매일옥션에서 '경매 물건검색' 메뉴를 클릭하면 여러 필터를 적용해서 물건을 탐색해 볼 수 있다. 소재지와 감정가, 종류별로 물건을 검색할 수 있다는 장점이 있다. 지적도, 로드뷰, 위성지도는 물론이고 등기, 명세서, 임차인 현황도 손쉽게 찾아볼 수 있어서 추천하는 사이트다.

💡 Tip. 경매투자에 도움이 되는 기타 사이트

1. 정부 및 공공기관
- 대한민국 법원: www.scourt.go.kr
- 국세청: www.nts.go.kr
- 법제처: www.moleg.go.kr
- 통계청: kostat.go.kr
- 국토교통부: www.molit.go.kr
- 정부24: www.gov.kr
- 대법원 인터넷등기소: www.iros.go.kr

2. 경·공매
- 대한민국법원 법원 경매정보: www.courtauction.go.kr
- 온비드: www.onbid.co.kr

3. 기타
- 지지옥션: www.ggi.co.kr
- 굿프랜드경매: www.gfauction.info
- 옥션원: www.auction1.co.kr
- 스피드옥션: www.speedauction.co.kr
- 네이버페이 부동산: land.naver.com
- 다음 부동산: realty.daum.net
- KB부동산: kbland.kr
- 부동산114: www.r114.com

✅ 유찰 횟수, 가격 설정과 경쟁자 수 파악

경매 물건을 탐색할 때 첫 번째로 고려해야 할 요소 중 하나는 유찰 횟수다. 유찰 횟수란 해당 물건이 이전 경매에서 낙찰되지 않고 다시 시장에 나온 횟수를 의미하며, 해당 물건의 시장 가치, 수요, 문제점 등을 간접적으로 나타내는 중요한 지표가 된다.

경매 물건이 유찰될 때마다 최저 입찰가는 일정 비율로 하락한다. 일반적으로 법원 경매의 경우 1회 유찰 시 감정가의 20%가 하락하며, 2회 유찰되면 감정가의 40% 수준까지 내려간다. 이렇게 반복적으로 유찰되면 상당한 가격 하락이 발생할 수 있으며, 투자자와 실수요자 입장에서 저렴한 가격에 물건을 확보할 기회가 생긴다.

그러나 지나치게 많은 유찰은 해당 물건이 구조적, 법적, 물리적 문제가 있을 가능성을 시사하기도 하므로 신중한 접근이 필요하다. 유찰 횟수가 많은 물건을 분석할 때는 다음과 같은 요소를 점검해야 한다.

- **물리적 결함:** 건물의 하자, 누수, 노후화 등의 문제가 있나?
- **법적 문제:** 점유권 분쟁이 있나? 권리관계가 복잡한가?
- **입지 및 환경:** 접근성이 떨어지나? 주변 환경이 좋지 않은가?
- **시장 수요 부족:** 유사한 물건이 과잉 공급되었나?

이런 요소를 사전에 파악하고 해결 가능한 문제인지 판단하는 것이 중요하다.

✓ 예상 경쟁자 수 파악

여러 차례 유찰된 물건은 상대적으로 경쟁이 적을 가능성이 크다. 반대로 가격이 매력적으로 낮아지면 많은 입찰자가 몰릴 수도 있다. 따라서 경쟁자 수를 예측하는 것이 합리적인 입찰 전략을 수립하는 데 중요한 요소가 된다.

경쟁자 수를 예측하기 위해서는 먼저, 최근 유사한 물건의 낙찰 사례를 분석해야 한다. 비슷한 입지와 조건을 가진 물건의 입찰 경쟁률을 조사하면 어느 정도 경쟁률을 예상할 수 있다.

해당 지역의 부동산 시장 트렌드를 살펴보고 수요와 공급의 균형 또한 고려해야 한다. 입찰 기일이 다가오면 법원 경매정보 사이트나 부동산 커뮤니티를 통해 관심 투자자들의 움직임을 확인할 수도 있다. 마지막으로, 실제 경매 현장을 방문해 입찰 분위기를 직접 살펴보는 것도 경쟁자 수를 가늠하는 데 유용한 방법이다.

이런 분석을 통해 예상 경쟁자 수를 미리 파악하면 불필요한 경쟁을 피하고 최적의 입찰가격을 설정하는 데 도움이 된다. 경쟁이 치열할 것 같다면 무리하게 높은 금액을 제시하기보다는 다음 기회를 기다리는 것이 현명할 수도 있다.

✓ 유찰 물건을 활용한 최적의 입찰 전략

유찰된 물건을 활용해 좋은 조건으로 낙찰받기 위해서는 신중한 전략이 필요하다. 먼저, 적정 입찰가를 산정해야 한다. 경쟁률이 낮을 것으로 예상된다면 감정가보다 낮은 가격으로 입찰하는 전략을 고려할 수 있다. 반면, 경쟁이 있을 경우 지나치게 낮은 가격으로 입찰하면 낙찰 가능성이 줄어들 수 있으므로 적정한 수

준을 유지해야 한다.

또 해당 물건의 문제점을 해결할 수 있는지를 사전에 검토해야 한다. 물리적 하자나 법적 문제가 있는 경우 이를 해결할 능력이나 자원이 있는지를 파악하는 게 중요하다. 이를 해결할 자신이 있다면 유찰된 물건을 적극적으로 고려할 만하다.

경쟁이 치열한 물건은 피하는 것이 현명할 수도 있다. 지나치게 많은 관심을 받는 물건은 입찰가격이 높아질 가능성이 크므로, 수익성을 고려했을 때 좋은 투자처가 아닐 수 있다. 따라서 시장 상황을 분석하고 장기적인 가치까지 고려하는 것이 필요하다. 단순히 현재 가격이 저렴하다는 이유만으로 입찰하기보다는, 향후 재판매 가치나 임대 수익 가능성을 종합적으로 평가해 신중한 결정을 내려야 한다.

결론적으로, 유찰 횟수에 따른 가격 변동과 경쟁자 수를 미리 분석하는 것은 성공적인 경매투자의 핵심 전략이다. 철저한 조사와 체계적인 접근을 통해 자신에게 유리한 조건에서 경매에 참여하는 것이 중요하며, 이를 통해 최적의 결과를 얻을 수 있다.

✅ 예산 범위 설정

경매 물건을 선정하기 위한 첫 번째 조건은 예산 범위를 설정하는 것이다. 예산을 설정할 때는 물건의 가격뿐만 아니라 관련 비용(취득세, 수수료 등)도 함께 고려해야 한다. 예산을 설정할 때는 지역 시세도 살펴야 한다. 경매 물건이 속한 지역의 시세와 경매 물건의 가격 차이를 파악하는 것이다. 어떤 지역은 상대적으로 경매 물건의 가격이 낮은 편이지만, 해당 지역의 부동산 시장이 성장 가능성이 높다면 충분히 투자 가치가 있을 수 있다. 따라서, 가격 분석은 단순히 현재 가격만을 고려하는 것이 아니라, 미래의 시장 전망도 함께 반영해야 한다.

부동산 가격을 결정하는 요인 중 가장 영향력이 큰 것은 '입지'다. 지역별로 상권, 인구 분포, 활용도가 각기 다르기 때문이다. 좋은 지역은 가격 상승 폭이 크더라도 하락 폭이 적을 수 있기 때문에 여러 가지 요소를 고려해야 한다. 대로변과 가까울수록, 지하철역이나 버스정류장과 가까울수록, 유동인구가 많을수록 경쟁력이 좋고 그만큼 가격이 높다. 하지만 예산을 책정할 때 내가 쓸 수 있는 여유 자산과 특정 물건의 가성비를 고려해야 한다.

경매 물건의 가격을 분석할 때 주변 시세와 유사 물건의 경매가를 비교하는 것은 물론이고, 유찰되었을 때의 가격 변동이나 유사 사례들을 관찰하며 최저가와 낙찰가의 차이를 파악하는 것은 필수다. 경매 물건이 위치한 지역의 경제적 특성과 향후 개발 계획 등도 검토해야 한다. 이런 요소들을 종합적으로 분석해 예산을 설정하고 물건을 선별할 필요가 있다.

✅ 가용 자금과 대출 정보 확인하기

입찰하고자 하는 지역이나 부동산의 형태를 탐색하고 정했다면 내가 가진 돈이 얼마인지를 확인해 봐야 한다. 가진 돈이 많다면 강남처럼 시세가 높은 부동산을 살 수 있을 것이다. 구매할 부동산이 건물일지, 아파트일지, 빌라일지 결정하고 몇 평 부동산을 살 수 있을지 결정하려면 가용 자금이 얼마인지부터 파악할 필요가 있다.

주택 관련 대출이 필요할 경우 은행에 직접 방문하거나 전화로 문의할 수 있으나, 인터넷을 활용해 정보를 탐색하는 것이 훨씬 빠르고 효율적이다. 대출 정보 확인에 유용하고 활용도가 높은 사이트로는 주택도시기금(nhuf.molit.go.kr)이 있다. 주택 자금 및 전세 자금 대출 정보를 손쉽게 확인할 수 있을 뿐 아니라, 청약에 관한 다양한 정보도 제공하므로 주택 구매를 계획 중인 이들에게 주택도시기금은 매우 유용한 사이트다.

주택도시기금 사이트에서 '내 집 마련 마법사' 서비스는 특히 실용적인 도구다. 이를 통해 대출 신청 자격을 사전에 확인할 수 있으며, 예상 대출액도 미리 산출할 수 있다. 대출을 조회한 다음 신용등급이 하락하는 문제가 종종 발생하는데, 주택도시기금 사이트를 활용하면 이런 불이익이 발생하지 않는다는 것이 장점이다.

또 다른 추천 사이트로는 전국은행연합회(www.kfb.or.kr)가 있다. 이 사이트 역시 대출 정보를 탐색하는 데 유익하다. 사이트 상단의 '소비자 포털' 메뉴를 활용하면 금융상품 정보, 금리 및 수수료 비교, 금융 서비스 관련 다양한 정보를 확인할 수 있다. 주요 은행의 대출 금리 정보를 언제든지 조회할 수 있어 필요에 따라 큰 도움이 된다.

대출 정보에서 핵심은 대출 가능 여부와 금리다. 해당 사이트들을 활용해 사전에 정보를 비교한 후 상담을 받아보는 것이 현명하다.

3장

권리 분석과 주변 시세 파악

01 권리분석의 의미

경매 물건을 선정하기 전에 권리분석을 철저히 해야 한다. 권리분석은 경매 물건이 소유권, 임대권, 저당권, 가압류 등의 법적 권리가 어떻게 설정되어 있는지 파악하는 과정이다. 권리가 복잡한 물건은 후에 예상치 못한 문제를 일으킬 수 있으므로, 관련 사항을 숙지하고 투자 결정을 내려야 한다. 권리분석을 통해 예상되는 리스크를 줄일 수 있다.

최선순위 등기가 저당권, 근저당권, 가압류, 압류, 담보가등기, 경매개시결정등기라면 크게 문제 되지 않을 가능성이 높다. 이런 물건의 경우 낙찰 후에 잔금을 납입하면 본등기 및 후순위 등기가 모두 말소되어 투자 가치가 있다고 본다.

아파트나 빌라 같은 주택에 전세권이 설정된 경우, 전세권자가 경매를 신청했거나 배당을 요구하는 상황이라면 이를 반드시 고려해야 한다. 전세권이 건물의 일부에만 설정되어 있다면 특별히 유의해야 한다.

✓ 가처분 여부 확인

그다음으로는 가처분 여부를 확인해야 한다. 가처분은 다른 이의 재산권(지적재산권 포함)에 대해 법적으로 권리를 제한하거나 임시로 그 사용을 제한하기 위해 설정하는 절차다. 민사집행법에 근거한 가처분은 소유권 분쟁을 예방하며, 특히 권리의 우선순위를 보장하기 위해 필수적이다. 이런 가처분은 대상 물건의 권리에 중대한 영향을 미치므로 반드시 확인해야 한다.

가처분이 설정된 물건은 소송 관계에 얽혀 분쟁의 소지가 있으므로 투자나 입찰을 신중히 결정해야 한다. 만일 가처분이 존재한다면, 이는 낙찰자에게도 법적 책임이 전가될 수 있으므로 추가적인 비용과 시간이 요구될 가능성이 크다.

최선순위의 등기가 전입세대의 등기일자보다 빠른 경우, 해당 임차인의 배당 가능성 여부도 신중히 검토해야 한다. 임차인이 우선순위를 가질 경우, 경매 낙찰자가 추가 배당금을 지급해야 하는 상황이 발생할 수 있다. 단, 세입자는 보증금을 보호받을 권리가 있으며, 그로 인해 배당을 우선적으로 받을 수 있다.

경매에 참여하기 전 물건에 설정된 인수 조건(유치권, 법정지상권 등)을 반드시 검토해야 한다. 만약 해당 조건이 있다면, 이는 낙찰자에게 추가적인 법적 책임을 부여할 수 있다. 따라서 조건의 구체적인 내용을 파악하고, 권리분석을 철저히 해야만 안정적인 투자와 권리 보호가 가능하다.

마지막으로, 신청자와 최선순위의 등기가 동일한 경우에는 별다른 문제가 발생하지 않는다. 그러나 등기의 순서가 다르거나 이의가 있는 경우에는 반드시 주의를 기울여야 한다. 경매는 권리관계를 명확히 이해하고 진행해야만 원활한 투자와 소유권 확보가 가능하다.

02 부동산 시세 확인

✓ 성장 가능성의 지표, 전고점

부동산 시세는 고정된 값이 아니라 실제 거래되는 가격에 따라 유동적으로 변동한다. 따라서 다양한 부동산 관련 사이트를 활용해 현재 시세가 어느 정도인지 파악한 뒤, 공인중개사와 직접 상담하여 주변 시세를 확인할 필요가 있다.

특히 투자하려는 지역의 시세 흐름과 추세를 면밀히 분석하고, 개인의 금전적 여건에 맞춰 신중히 움직이는 것이 현명하다. 인터넷에 게재된 정보는 실거래 가격보다 높은 경우가 많기 때문에, 실제로는 직접 발품을 팔아 시장 상황을 확인하는 노력이 필요하다. 부동산 시세를 효과적으로 조회하는 방법에 대해 구체적으로 살펴보자.

부동산 투자에서 전고점을 확인하는 것은 매우 중요한 절차다. 과거 최고가를 파악하면 해당 자산의 향후 가치 상승 가능성을 예측할 수 있다. 대다수 부동산은 경제 성장과 연계되어 전고점을 회복하는 경향이 있다. 전고점을 회복하지 못하는 사례도 일부 존재하지만, 이는 대체로 지역적 요인이나 거시 경제 악화에서 비롯된다. 따라서 전고점과 현재 가격을 비교하여 적정성을 판단해야 한다.

자산 가치가 상승하는 이유는 자본주의 경제 체제의 구조적 특성 때문이다. 국가 경제가 지속 성장하면 산업과 기술이 발전하고 자본이 자산으로 이동하면서 부동산 가치는 상승한다. 이런 현상은 자연스럽게 화폐 가치 하락을 상쇄하고, 자산의 실질 가치를 증가시키는 결과를 가져온다. 부동산은 인플레이션을 헤지할 수 있는 강력한 자산이다. 시간이 지날수록 부동산의 명목 가치와 실질 가치는 동시에 상승한다.

따라서 부동산 투자에서 성공하려면 지역의 입지 조건과 경제 성장 가능성을 면밀히 분석해야 한다. 전고점을 기준으로 현재 가치를 평가하고, 시장 조사를 통해 데이터를 검토한다. 이런 분석은 안정적인 투자와 장기적인 수익 창출로 이어진다. 부동산 투자는 단기적인 접근이 아닌 철저한 계획과 검토가 필요한 일이다.

☑ 부동산 시세 조회 방법

◆ 네이버 부동산

네이버 부동산은 가장 기본적이고 효과적인 시세 조회 도구다. 원하는 지역과 부동산 종류를 선택한 후 검색하면 해당 지역에 올라온 매물을 확인할 수 있다. 예를 들어 "강남구 도곡동"이라 입력해 검색한 뒤, '아파트' '분양권'을 선택하면 해당 지역 매물의 면적 및 가격 정보를 한눈에 볼 수 있다. 이를 통해 관심 있는 매물의 시세와 주변 시세 대비 적정성을 쉽게 파악할 수 있다.

◆ 네이버 지도

특정 단지나 건물의 매매가가 궁금할 때 네이버 지도에서 해당 위치를 검색해 자세한 정보를 조회할 수 있다. 입력창에 "도곡삼성래미안"을 넣어 검색한 다음, 지도에서 매매와 관련된 정보를 확인한다. 각 공인중개사가 올린 매물에 따라 매매가가 다를 수 있으므로 비교할 필요가 있다. 이미 거래가 완료된 매물도 있을 수 있으니, 최신 정보를 확인하고 전화 문의를 병행하는 것이 좋다.

◆ 아실 플랫폼

아실(asil.kr)은 아파트 실거래가 정보를 확인할 때 유용한 플랫폼으로, 매매가 추세를 시각적으로 확인할 수 있게 한다. 가격 흐름을 분석하고, 특정 지역의 상승 또는 하락 추이를 알 수 있다. '순위 분석' 기능을 활용하면, 관심 지역의 아파트 순위를 통해 시세를 쉽게 파악할 수 있다. 최고가 아파트는 대장 아파트로 불리며, 해당 지역 시세 흐름의 기준점으로 활용된다.

이상 부동산 시세를 효과적으로 확인하고 투자 판단에 필요한 정보를 수집하는 방법을 알아보았다.

⊙ 전세가와 매매가의 상관관계

부동산 시장에서 전세가가 오르면 매매가도 상승한다는 것은 정설로 자리 잡고 있다. 왜냐하면 전세 수요가 증가하면서 매매 수요로 전환되는 과정에서 매매가 상승을 촉진하기 때문이다. 전세가는 실수요자가 형성하는 가격으로, 주로 사용가치를 반영한다. 반면 매매가는 실수요자와 투자자의 판단이 결합된 것으로, 사용가치와 투자 가치(미래가치)를 함께 나타낸다.

전세가와 매매가의 차이는 투자 가치의 의미를 가진다. 매매가가 전세가와 격차가 클수록 투자자들이 더욱 관심을 보이며, 이로 인해 해당 격차가 더 벌어지게 되는 것이다.

부동산 시세는 동일 지역 내에서 비슷하게 움직이는 특성을 보인다. 비슷한 효용을 가진 자산의 가격이 경제학적 원리에 따라 유사하게 형성되기에 그렇다. 다른 지역의 가격이 상승하거나 하락할 경우, 주변 지역도 이에 영향을 받게 되므로 부동산 시세가 민감하게 반응한다.

거래 현황과 체결 가격 정보는 상세히 확인해야 한다. 이를 통해 전세가와 매매가의 격차와 변동성을 판단하는 근거를 마련할 수 있다.

✓ 지역 데이터 비교하기

부동산 투자에서 지역 간 비교는 매우 중요한 요소다. 과천과 평촌을 예로 들면 직장 접근성, 교통 편리성, 학군 수준, 그리고 자연환경의 질과 같은 요소들을 종합적으로 검토해야 한다. 이런 입지적 가치는 지역 부동산 가격을 결정짓는 핵심 기준이 된다. 특히 대장 아파트의 시세는 해당 지역의 전반적인 부동산 가치를 대표하므로, 이를 기준으로 주변 지역과 비교할 수 있다.

만약 두 지역의 입지 가치가 비슷하다면, 상대적으로 저평가된 지역을 선택할 때 더 높은 투자 수익을 기대할 수 있다. 입지 가치 평가 과정은 부동산 비교에서 반드시 거쳐야 하는 단계다.

부동산 가치를 정확히 평가하려면 지역의 데이터를 수집해야 한다. 자료 수집은 직접 현장을 방문해 진행하는 것이 가장 효과적이다. 투자 지역의 아파트 단지 5~7개를 조사하고, 주변 지역과 비교하면 가장 가치 있는 단지를 선정할 수 있다.

조사는 다음과 같은 우선순위로 진행한다.

1. 이사를 희망하는 단지를 우선적으로 조사한다.
2. 해당 단지와 가까운 주변 단지 2~3개를 조사한다.
3. 연관 지역의 단지 2~3개를 추가로 분석한다.

이를 통해 지역 간 상대적 가치를 평가하고 입지와 가격의 균형을 판단해야 한다. 입지를 평가하려면 단순히 가서 눈으로 보는 것만으로는 부족하다. 무엇을 알고 무엇을 조사해야 할지 명확히 정리하지 않으면, 단지 피상적인 정보에 의존할 수밖에 없다. 입지를 방문하기 전에는 반드시 관련 자료를 면밀히 분석하고 계획을 세워야 한다. 임장을 가기 전에 주위 호재를 살펴보는 것을 추천한다.

✅ 구 단위에서 동 단위로, 분석 세분화

부동산 입지 분석은 보통 '구' 단위에서 시작한다. 예를 들어 강동구를 대상으로 조사한다면 주변의 송파구, 하남시와의 연계성을 동시에 살펴야 한다. 이 과정에서 네이버 지도나 지적편집도 같은 디지털 도구를 활용하면 효율적이다. 주요 도로망이나 교통 연결성도 반드시 파악해야 한다.

'구' 단위 분석이 완료되면 행정구역을 '동' 단위로 세분화하여 조사한다. 강동구 내 천호동, 둔촌동, 명일동 등을 비교하며 각 동이 가진 특성과 입지적 강점을 분석한다. 예컨대 특정 동 또는 학군이 우수하거나 상업지구와 가깝다면 해당 지역은 주거지로서 높은 가치를 지닐 가능성이 크다.

☑ 상권과 주거지의 상호작용

상권이 활성화된 지역은 자연스럽게 주거지도 함께 발전하는 경향이 있다. 예를 들어 강동구 내에서 학군이 뛰어난 지역과 주요 상업지구의 위치를 비교하면, 해당 지역의 부동산 가치가 어디에서 형성되는지 이해할 수 있다. 상권과 주거 환경은 서로 보완적인 관계를 가지며, 이를 기반으로 한 분석은 투자에 매우 유용하다.

주거지역은 전용주거지역, 일반주거지역, 준주거지역으로 세분화되며 각 지역은 용적률과 건폐율에 따라 활용 가능성이 달라진다. 전용주거지역은 주택 중심으로 안정된 환경을 제공하며, 준주거지역은 상업시설과 주거시설이 혼재된 구조로 활용도가 다양하다. 이런 지역적 특성을 이해하면, 특정 지역의 발전 가능성과 투자 적합성을 더욱 명확히 판단할 수 있다.

4장

현장으로 임장 가기

01 임장의 의미

　임장은 크게 2가지가 있다. 하나는 '분위기 임장'으로 그 지역을 훑어보는 것이고, 다른 하나는 '매물 임장'으로 실제 매물로 나온 부동산을 보러 가는 것이다. 처음 가는 지역이라면 분위기 임장도 매물 임장도 필수적이다. 분위기 임장을 갈 때는 소매점이 어디에 있는지, 대중교통을 이용하기엔 어떤지, 주변에 어떤 인프라가 구축되어 있는지 등을 본다.

　부동산 투자의 성공을 위해서는 입지와 가격을 체계적으로 조사하는 것이 필수다. 단순히 인터넷 검색으로 끝내는 게 아니라, 현장 방문을 통해 직접 확인해야 한다. 부동산 투자는 실제로 그곳에 가서 느끼고 보는 것이 무엇보다 중요한 분야다. 사전 준비가 철저하다면, 실제 방문 시 얻을 수 있는 정보와 이해도가 더욱 높아진다.

　주변 환경과 인프라를 보면서 어떤 이웃들이 거주하는지, 백화점이 있는지, 마트나 시장이 있는지, 공장이 있는지, 공원이 있는지, 걸어 다닐 때 땅의 경사나 도로가 어떻게 깔려 있는지, 진입도로의 폭이 좁은지 넓은지 등 매물 주변을 걸어봐야지만 알 수 있는 것들이 있다.

✅ 임장 준비물

임장을 갈 때 준비물은 많지 않다. 편안한 운동화와 스마트폰만 있으면 된다. 카카오맵이나 네이버 지도 같은 앱을 켜서 특정 매물을 검색한 후 주변을 둘러보면 된다. 주변을 둘러보면서 느낀 것과 주요 사항들을 임장 노트에 일기처럼 기록해 두면 나중에 정보 수집에도 도움이 되고 큰 인사이트로 남게 된다.

계속해서 물건들을 탐색하는 과정에서 보는 눈이 생기고 그런 시간과 경험이 쌓이게 되면서 고수가 되는 것이다. 카카오맵이나 네이버 지도만 봐도, 인터넷에 올라온 사진과 정보만으로는 절대 알 수 없을 정보들을 얻을 수 있다.

나는 임장에서 카카오맵과 네이버 지도가 동선을 계획하고 실제로 도보 또는 운전에 걸리는 시간을 아는 데 유용했다. 참고로 대중교통 이용은 어떤지 확인하기 위해서 되도록 대중교통을 이용했다. 현지에 거주하는 사람이 됐다고 상상하며 다녀보는 것을 추천한다.

✅ 임장의 기록

임장 정보를 글로 적는 것이 어려울 때는 사진을 찍어두곤 했다. 오랜 시간 다니다 보면 어디를 다녔는지 잊어버릴 때가 있고, 사진이나 동영상은 그곳 분위기나 디테일을 더 정확하게 담을 수 있어서 좋은 수단이라고 생각한다.

임장을 하면서 공인중개사무소가 보일 때는 들어가서 의견을 물어보곤 했다. 이사 또는 투자를 염두에 둔다고 하면서 그곳의 거주환경이나 투자 가치에 대한 공인중개사의 의견을 들어볼 수 있다. 공인중개사무소는 무조건 두 군데 이상 가는 걸 추천한다. 왜냐하면 공인중개사마다 물건을 바라보는 관점이 많이 다르기 때문이다.

내가 경험한 바로는 두 명의 공인중개사 의견이 정반대였던 적도 있었다. 양재에 있는 빌라가 최저가 1억 5,000만 원 정도에 나와 입찰을 하려고 임장을 갔는데, 첫 번째 방문한 부동산에서는 그 물건은 절대 사지 말라고 했다. 작은 창문이 하나밖에 없고 창고에 사는 것과 다를 게 없는 저런 곳에 누가 살겠냐고 했다. 그런데 다른 부동산에서는 어떻게 양재에서 1억 5,000만 원에 집을 살 수 있겠냐며, 모아주택이 많이 생기는 추세인 동네이고 투자할 가치가 분명한 물건이라고 평가했다. (모아주택이란 재개발이 어려운 저층 노후 주거지에서 이웃한 주택 소유자들이 함께 새집을 짓는 사업을 말한다.)

상반된 두 개 의견이 있을 시에는 세 번째 공인중개사에게 물어보는 것이 맞다고 생각해서 마지막 한 곳을 찾아갔다. 그 공인중개사 역시 해당 물건에 대해 잘 알고 있었고, 경쟁자들이 몇 명이나 왔다 갔는지 알려주었다. 여러 의견과 정보를 수집해서 최종적으로 그것을 내 분석에 녹여내는 것이 정보 수집의 측면에서 매우 중요한 작업이다.

부동산 투자는 단순히 매물을 찾는 것을 넘어, 해당 지역의 입지적 가치를 종합적으로 평가하는 과정이 중요한 분야다. 입지 조사와 해당 지역 부동산 전문가의 의견, 그리고 가격 비교는 반드시 사전에 준비해야 하며, 이를 기반으로 체계적으로 검토해야 한다. 임장을 통해 얻은 정보를 바탕으로 투자 결정을 내리는 것은 성공적인 부동산 투자의 기본이다.

02 임장에서 확인할 사항

✅ 공인중개사에게 물어볼 사항

다음은 임장을 가서 공인중개사에게 던질 수 있는 질문들이다.

1. 여기 사는 분들은 주로 어디로 출근하나요?
2. 산업단지나 사무실 많은 곳이 있나요?
3. 지하철을 많이 이용하나요? 버스는 어떤가요?
4. 광역버스나 마을버스는 어떤가요? 배차 간격은요?
5. 사람들이 주로 출근하는 곳까지 얼마나 걸리나요?
6. 어린이집은 어디에 있나요?
7. 유명한 초등학교가 있나요? 선호도가 높나요?
8. 길 안 건너고 갈 수 있는 초등학교가 있나요?
9. 학원은 주로 어디로 다니나요?
10. 선호하는 중학교, 고등학교가 있나요?
11. 주민들이 장을 보는 곳은 어딘가요?
12. 백화점도 있나요?
13. 외식은 어디서 많이 하나요?

14. 은행이나 병원은 어디로 가나요?

15. 사람들이 이 단지를 좋아하나요? 이유는요?

16. 요즘 20평대는 얼마나 하나요? 전세는요?

17. 실수요자가 많나요, 투자자가 많나요?

18. 전월세 많이 나가나요?

19. 임대 잘 나가는 시기가 있나요?

20. 이 동네에서 선호하는 단지 순서가 있나요?

공인중개사무소에서 모든 정보를 다 알 수는 없지만 질문을 많이 하다 보면 분명 많은 정보를 얻고 갈 수 있을 것이다. 임장을 가면 해당 물건과 비슷한 다른 물건들에 대해서도 알아볼 수 있다는 장점이 있다. 경매 물건은 안에 들어가 볼 수 없기 때문에 그 건물 또는 아파트 안에 나온 다른 물건이 있다면, 유사한 물건을 보여달라고 할 수도 있다.

이렇게 물건에 대한 파악이 끝났다면 이제 입찰 여부를 결정해야 한다. 입지와 가격도 확인했고, 실제 임장까지 다녀오고 주위 호재와 주변 시세도 파악했으니 그 후엔 결정만 하면 되는 상황이다. 결정할 때 중요한 것은, 내가 임장한 물건과 다른 지역의 물건을 직간접적으로 비교해 보고 투자금이 적정한지, 낙찰된 후에 그 물건으로 무엇을 할지를 생각해 두는 것이다. 임대를 놓을지 거주할지, 만약 임대를 한다면 어떤 사업이 그 건물이나 동네에 잘 어울릴지 생각해 둔다.

예를 들어 오피스텔 안에 있는 상가에 입찰을 넣는다면 그 건물 안에 무인 세탁소를 운영할 수도 있고, 병원이 많은 상가라면 약국이 몇 개가 있는지 확인하는 것도 좋은 방법이다. 운동 시설 중 필라테스나 스크린골프장을 운영할 수도 있고, 학원이 많은 동네라면 스터디 카페도 고려할 수 있다. 그 상가가 위치하는 층에는 주로 어떤 사업장들이 입점했는지 파악해 보고, 주변 환경에 어울리는 업종을 선택하는 것이 좋을 것이다.

내 경험상 화장실이나 환풍구 위치를 반드시 파악할 필요가 있다. 만약 식당을 운영하거나 임대를 주려면 당연히 화장실 근처는 피하는 것이 좋고, 주류를 파는 사업장이라면 오히려 화장실이 가까운 게 좋을 수 있다. 상가로 임장을 간다면 건물의 관리사무실에 방문해서 주요 사항을 확인해 볼 필요가 있다. 예를 들어 복도에 소음이 어느 정도 발생하는지 확인한다. 가령 환풍구는 소음이 발생할 수 있기 때문에 관리사무실에 가서 건물에서 발생하는 소음을 줄여줄 수 있는지 여부를 확인하는 게 좋다.

☑ 상가 관리사무실에서 확인할 사항

상가 관리사무실에 가서 확인해 보면 좋은 사항은 다음과 같다.

◆ 임대 현황 확인

먼저, 관리사무실에 가서 현재 임대 중인 상가 목록을 요청해 보는 것이 좋다. 어떤 상가들이 임대되고 있는지와, 그 상가들의 계약 기간, 임대료, 보증금 등의 조건을 확인하는 것이 중요하다. 또한, 각 임차인의 상태를 살펴봐야 한다. 만약 임차인이 임대료를 연체하거나 문제가 있는 경우, 경매에 낙찰받은 후에 공실이 많은 상가가 될 수도 있고, 유동인구가 많지 않은 지역이라면 회복되지 않을 위험도 있기 때문이다.

◆ 관리비 내역 파악

관리비는 상가 운영에 중요한 요소이므로, 관리비가 얼마나 되는지와 어떤 항목이 포함되는지 상세히 확인해야 한다. 월별 관리비 항목과 금액을 알아보고, 관리비가 연체되고 있는 상가가 있는지 물어볼 필요도 있다. 관리비 연체가 있다면, 경매 후 새로운 소유자가 이를 처리해야 할 수 있기 때문에 추가 비용을 예상할 수 있다.

◆ 건물 및 시설 관리 상태 점검

건물의 유지보수 상태도 중요한 점검 사항이다. 엘리베이터, 화장실, 공용 전기시설 등 상가 건물의 공용 시설이 잘 관리되고 있는지, 필요한 수리가 있는지 물어보는 것을 추천한다. 최근에 보수 작업이 있었다면 그 내역을 확인하고, 향후 보수 계획이 있는지도 물어보는 것이 좋다. 건물의 상태에 따라 추가 비용이나 관리의 어려움이 있을 수 있기 때문에 이를 미리 파악하는 것이 좋다.

◆ 법적 사항 점검

상가 건물에 대한 소송이나 분쟁이 있는지 반드시 확인해야 한다. 예를 들어 건물의 인근 상인들과 분쟁이 있을 수 있고, 임차인과 계약 문제 등이 있을 수 있다. 이런 법적 문제가 있다면, 경매 후 해결이 복잡해질 수 있기 때문에 관리사무실에서 이를 충분히 확인한 후 경매 참여 여부를 결정해야 한다.

◆ 관리규약 확인

상가 건물의 관리규약을 요청해 보는 것도 중요하다. 관리규약에는 건물 내에서의 규칙이나 제한 사항이 명시되어 있다. 예를 들어 상가의 용도 제한, 소음 규제, 개조 및 리모델링에 관한 규정 등을 확인할 수 있다. 이는 향후 상가를 운영하는 데 중요한 정보가 될 수 있다.

◆ 주차 및 교통 상황 확인

주차 시설과 교통 상황도 중요한 요소다. 상가에 충분한 주차 공간이 제공되는지 확인하고, 입주자나 고객들이 편리하게 이용할 수 있는지 점검해 보면 좋다. 또한, 상가의 주변 교통 상황도 살펴보길 바란다. 대중교통 이용이 편리한지, 주변 도로의 흐름이 좋은지 등 교통 편의성은 상가 임대나 운영에 큰 영향을 미칠 수 있기 때문이다.

◆ 상가 건물의 입주율 점검

상가 건물의 입주율도 중요한 지표다. 현재 공실 비율이 얼마나 되는지, 공실이 많은 이유는 무엇인지 관리사무실에 물어보길 바란다. 공실이 많다면, 상가의 위치나 다른 이유로 임차인 유치에 어려움이 있을 수 있다. 이는 향후 수익성에 큰 영향을 미칠 수 있기 때문에 이 점을 충분히 파악해야 한다.

◆ 건물의 연식 및 소유 구조 확인

상가 건물의 연식과 소유 구조도 점검해야 한다. 건물이 오래된 경우, 향후 보수나 리모델링이 필요할 수 있기 때문에 이에 대한 예산을 준비해야 한다. 또한, 상가 건물의 소유자가 여러 명으로 분리되어 있는지, 아니면 단독 소유자인지를 확인하는 것도 중요하다. 여러 명이 소유하고 있을 경우 관리에 문제가 있을 수 있고, 경매 후 소유권 이전이 복잡할 수 있기 때문이다.

◆ 향후 개발 계획 파악

상가 주변에 향후 개발 계획이 있는지도 알아보면 좋을 것이다. 예를 들어 새로운 교통수단이 개통되거나 상업 시설이 새로 들어설 예정이라면, 해당 상가의 가치나 임대 수익에 긍정적인 영향을 미칠 수 있다. 향후 개발 계획을 확인하는 것은 상가의 장기적인 가치를 평가하는 데 도움이 된다.

◆ 상가의 특이사항 점검

마지막으로, 상가 건물에 특이한 문제나 불편한 사항이 있는지 관리사무실에 물어보는 게 좋다. 예를 들어 특정 층에 기온 차이가 크거나, 건물 구조상 불편한 점이 있을 수 있다. 상가의 임대와 운영에 영향을 미칠 수 있는 이런 문제들을 미리 파악하고 해결 방안을 고려해야 한다.

상가를 임대할 때 임대차보호법(주택임대차보호법과 상가임대차보호법 모두 존재)을 제대로 이해하는 것이 중요하다. 상가임대차보호법에 따라 세입자를 10년 동안 내보낼 수 없기 때문에 신중하게 업종과 세입자를 선택해서 들여야 한다.

> **Tip. 임대차보호법**
>
> 세입자를 보호하는 차원에서 임대차보호법은 다음과 같이 임대에 관련된 법을 규정한다.
>
> ■ **상가임대차보호법 제10조**(임대차 기간 및 갱신 요구권)
> 상가임대차보호법 제10조(임대차 기간과 갱신 요구권)에 따르면, 상가 임대차 계약은 기본적으로 5년을 기준으로 하며, 세입자가 계약 갱신을 요구할 경우, 최대 10년까지 계약을 연장할 수 있다. 이때, 임대인이 계약을 갱신하지 않으려면 정당한 사유가 있어야 하며, 세입자가 계약 갱신을 요구하면 이를 거절하기가 어렵다.

- **세입자가 10년까지 보호받을 수 있는 주요 내용**

① 기본 임대차 기간: 상가 임대차 계약은 보통 최소 5년을 기본으로 한다.

② 갱신 요구권 (최대 10년): 세입자는 계약 만료 전 갱신 요구권을 행사할 수 있으며, 이 경우 임대인은 정당한 사유가 없다면 계약을 연장해 줘야 한다. 갱신할 수 있는 기간은 최대 10년까지다.

 * 상가임대차보호법 제10조(2항): "임차인은 임대차 기간이 만료되기 6개월 전부터 1개월 전까지 갱신을 요구할 수 있다."

③ 계약 갱신 거절 조건: 임대인이 계약 갱신을 거절할 수 있는 정당한 사유로는 임차인이 임대차 계약을 위반한 경우, 건물의 철거나 재건축 등 건물의 필요성 등이 있지만, 단순히 세입자를 내보내는 것은 정당한 사유로 인정되지 않는다.

 * 상가임대차보호법 제10조(3항): "임대인은 임차인이 임대차 계약을 위반한 경우 외에는 계약 갱신을 거절할 수 없다."

④ 임대인이 세입자를 내보낼 수 없는 상황: 계약 기간 내에 세입자를 내보내기 위해서는 법적 절차를 거쳐야 하며, 그 절차를 완료하지 않으면 세입자가 10년까지 보호받을 수 있다. 즉, 임대차 계약이 만료되기 전 세입자가 갱신을 요구하면, 법적으로 임대인은 이를 거절할 수 없으며, 10년까지 연장이 가능하다. 세입자가 10년 동안 상가를 사용할 수 있는 것은 이 갱신 요구권과 임대인의 거절 요건에 기반한 법적 보호 때문이다.

5장

법원 가기 전 준비 사항

✅ 입찰 준비물

입찰에 참가하기 위해서는 법원에 방문해야 한다. 준비물을 잘 챙겨야 법원에서 당황하지 않는다. 신분증, 도장, 입찰보증금을 기본적으로 챙겨야 한다. 도장은 막도장도 괜찮다. 법원 앞에 도장점이 있기 때문에 당일에 만들어도 된다.

만약 본인이 아닌 대리인이 입찰에 참여할 경우, 본인의 인감증명서와 인감도장이 날인된 위임장, 대리인의 신분증과 도장, 입찰보증금을 챙겨야 한다.

여기서 '본인'은 부동산을 낙찰받으려는 사람을 말하며, '대리인'은 본인의 위임을 받아 입찰에 참여하는 사람을 말한다. 입찰법정에 가면 비치된 입찰표 뒷장에 위임장이 있으므로 당일 작성해도 되고, 미리 위임장을 법원 경매정보 사이트에서 출력해 작성해도 된다.

법정대리인이 입찰에 참여할 수도 있다. 본인이 미성년자여서, 그 부모가 대신 입찰에 참여하는 경우가 대표적이다. 이때는 부모의 인감도장이 날인된 미성년자 입찰 참가 동의서, 부모의 인감증명서, 호적등본, 법정대리인의 신분증과 도장, 입찰보증금을 챙기면 된다. 입찰보증금은 일반적으로 최저매각가격의 10% 정도다. 법원에 따라 미성년자 본인의 인감증명서와 위임장을 요구하기도 하므로 미리 알아본다.

2명 이상의 공동명의로 입찰에 참여하는 경우 공동입찰 신고서, 공동입찰자 목록, 입찰 불참자의 인감증명서와 위임장, 입찰 참석자나 대리인의 신분증과 도장, 입찰보증금을 챙겨야 한다. 공동입찰자 목록에는 입찰자별 지분을 표시해야 하며, 표시가 없으면 동일 지분으로 본다.

✅ 입찰서 작성법

입찰표는 신중하게 생각하며 써야 하므로 작성하는 데 의외로 시간이 오래 걸린다. 법원에 가서 급하게 작성하면 오류가 생길 수 있으므로 미리 뽑아서 가는 것이 좋다. 미리 작성해 가져가는 것을 추천한다. 입찰표의 금액은 수정이 불가능하기 때문에 글씨가 뭉개지거나 숫자를 알아보기 어렵게 작성하면 곤란하다. 숫자는 자릿수까지 정확하게 작성해야 하므로 꼭 집중해서 작성하기를 권한다.

경매 법정에 구비된 입찰서 서식에는 해당 법원의 명칭이 기재되어 있지만, 법원 경매정보 사이트에서 다운받은 서식에는 그 부분이 공란이다. 입찰서 서식에 해당 법원의 정확한 명칭을 기재해야 한다.

일반적으로 하나의 사건번호에 하나의 경매 물건이 배정되므로, 물건번호는 공란으로 비워둔다. 그러나 하나의 사건번호에 여러 개의 부동산이 매각될 경우, 각 부동산마다 물건번호가 다르게 지정된다. 이때는 입찰하고자 하는 부동산의 물건번호를 물건번호 칸에 정확히 기재해야 한다. 또한, 주소란에는 반드시 신주소를 기재한다.

입찰가격과 보증금액란은 정확하게 구분해서 기입해야 하며, 금액을 올바르게 작성하는 것이 중요하다. 보증금액은 최저매각가격의 10%를 기입하는 것이

그림 1.2 입찰표 서식

[전산양식 A3360] 기일입찰표(흰색)   용지규격 210mm×297mm(A4용지)16

(앞면)

기 일 입 찰 표

지방법원 집행관 귀하   입찰기일 :   년   월   일

| 사건번호 | 타경 호 | 물건번호 | ※물건호가 여러개 있는 경우에는 꼭 기재 |

입찰자	본인	성명		전화번호	
		주민(사업자)등록번호		법인등록번호	
		주 소			
	대리인	성 명		본인과의 관계	
		주민등록번호		전화번호	-
		주 소			

입찰가격: 천억 백억 십억 억 천만 백만 십만 만 천 백 십 일 원
보증금액: 백억 십억 억 천만 백만 십만 만 천 백 십 일 원

보증의 제공방법: ☐ 현금·자기앞수표 ☐ 보증서

보증을 반환 받았습니다.
입찰자

주의사항:
1. 입찰표는 물건마다 별도의 용지를 사용하십시오, 다만, 일괄입찰시에는 1매의 용지를 사용하십시오.
2. 한 사건에서 입찰물건이 여러개 있고 그 물건들이 개별적으로 입찰에 부쳐진 경우에는 사건번호외에 물건번호를 기재하십시오.
3. 입찰자가 법인인 경우에는 본인의 성명란에 법인의 명칭과 대표자의 지위 및 성명을, 주민등록란에는 입찰자가 개인인 경우에는 주민등록번호를, 법인인 경우에는 사업자등록번호를 기재하고, 대표자의 자격을 증명하는 서면(법인의 등기부 등·초본)을 제출하여야 합니다.
4. 주소는 주민등록상의 주소를, 법인은 등기부상의 본점소재지를 기재하시고, 신분확인상 필요하오니 주민등록증을 꼭 지참하십시오.
5. 입찰가격은 수정할 수 없으므로, 수정을 요하는 때에는 새 용지를 사용하십시오.
6. 대리인이 입찰하는 때에는 입찰자란에 본인과 대리인의 인적사항 및 본인과의 관계 등을 모두 기재하는 외에 본인의 위임장(입찰표 뒷면을 사용)과 인감증명을 제출하십시오.

기본 규정이다. 만약 최저매각가격의 20%로 보증금이 정해져 있다면, 그에 맞는 금액을 적어야 한다. 보증금액을 현금이나 자기앞수표로 납부하는 경우는 현금·자기앞수표란에 그 내용을 표기하고, 보증보험증권을 이용하는 경우에는 보증서란에 해당 정보를 기재한다.

만약 대리인이 입찰을 진행할 경우, 본인란과 대리인란을 모두 작성해야 한다. 본인란에는 입찰할 사람의 성명, 전화번호, 주민등록번호, 주소를 기입하고 대리인란에는 대리인의 성명, 본인과의 관계, 전화번호, 주민등록번호, 주소를 기입한 뒤 도장을 날인한다.

대리인이 입찰할 때는 위임장에만 본인의 인감도장을 날인하고, 입찰표와 입찰 봉투 등 나머지 모든 서류에는 대리인의 도장을 사용해야 한다. 또한, 입찰자란에는 대리인의 성명을 기재하고 보증금 반환 시에는 대리인의 도장이 필요하다.

✓ 입찰 봉투

입찰 봉투는 소봉투(흰색)와 대봉투(갈색)로 구분된다. 소봉투에는 입찰보증금을 넣고 대봉투에는 입찰표, 위임장, 인감증명서 등의 서류를 넣는다. 본인이 입찰하는 경우 본인란에 성명을 기재하고 도장을 찍는다. 사건번호에는 해당 사건번호를 기입한다. 물건번호가 있다면 물건번호를 적고, 없을 경우 공란으로 둔다. 대리인이 입찰하는 경우 본인란에 본인의 성명을 기재하고, 대리인란에 대리인의 성명과 도장을 찍는다.

입찰표에 기재된 금액과 입찰 봉투에 기입된 금액이 일치하지 않으면 입찰이 유찰된다. 따라서 입찰 전에 문건, 송달내역, 기일내역을 확인하여 해당 물건의 상

그림 1.3 입찰표와 입찰 봉투

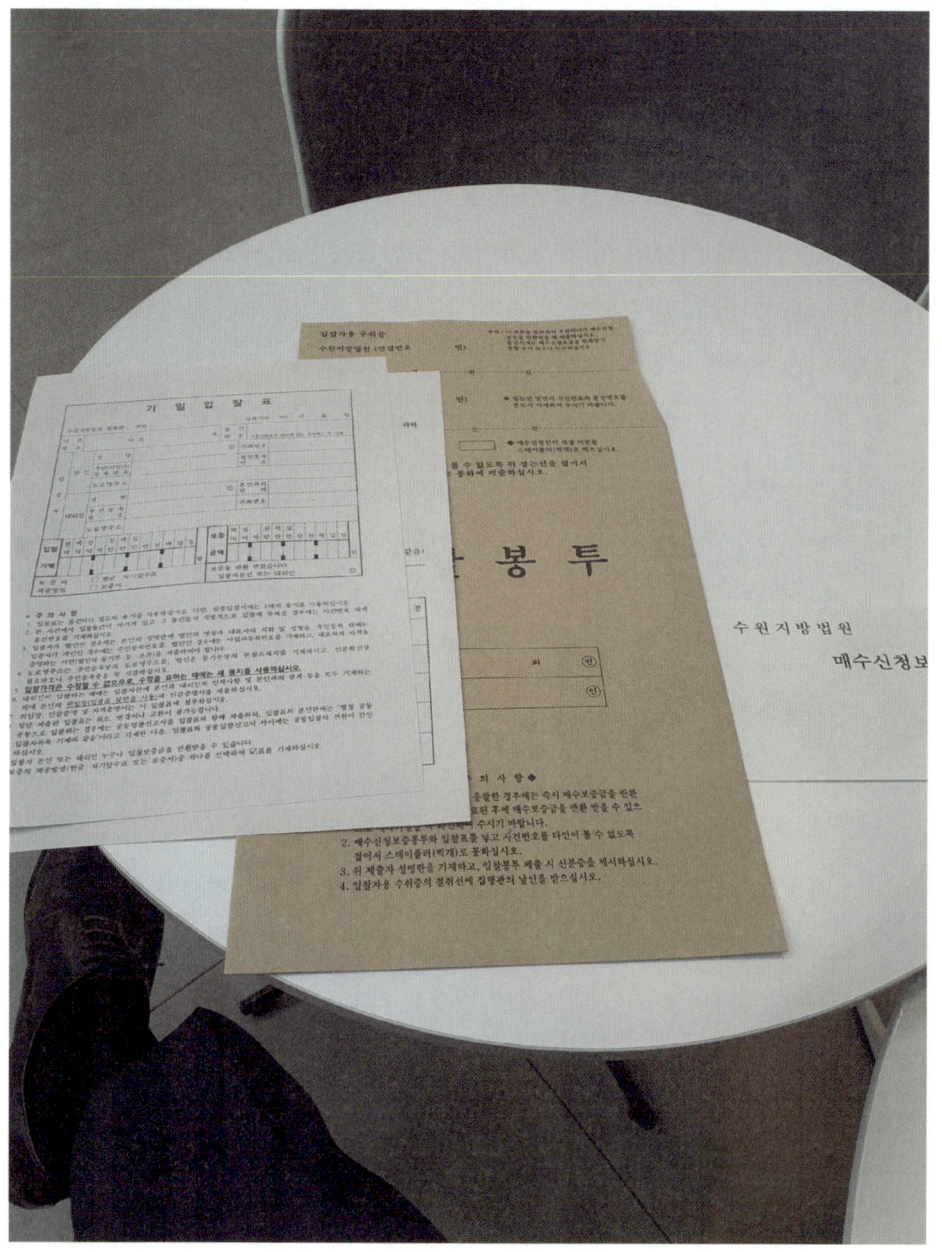

황이 변경되었거나 취하된 부분이 있는지 체크할 필요가 있다. 당일 경매 전후로 입찰 게시판을 다시 확인하는 것도 중요한 절차 중 하나다.

✅ 입찰장 분위기

처음 입찰장에 가보는 경우 법원이라는 곳이 익숙하지 않은 사람이라면 조금 어색할 수도 있다. 나는 변호사로 일하며 법원이란 곳에 수시로 다녔지만 경매법원에 처음 입찰하러 갔을 때의 경험은 지금까지도 잊을 수 없다. 경매에 참여하기 전까지는 그저 온라인 경매나 법원 경매 사이트를 통해 경매 물건을 보고, 감정가나 입찰가격을 대충 파악한 상태였기 때문에 실제 법원에서의 경매 분위기와 절차는 무척 생소하고 긴장됐다.

법원에 들어서서 표지판을 보고 경매가 진행되는 경매 법정으로 갔다. 입구에서부터 다소 엄숙한 분위기가 감돌았고, 사람들이 생각보다 많아 놀랐던 기억이 있다. 대부분은 경매에 참여하기 위해 온 사람들이겠지만, 대출 광고나 변호사 또는 법무사를 소개해 주려고 전단지나 명함을 돌리는 사람들도 보였다.

법정 내부에 들어가니 다양한 연령대의 사람들이 앉아 있었다. 예상보다 수가 많았고 묘한 긴장감이 돌았다. 몇몇 사람은 이미 여러 번 경매에 참여한 경험이 있는 듯 자신감이 넘쳐 보였고, 몇몇은 아예 경매 경험이 없는 듯 긴장된 표정으로 서류를 들여다보고 있었다.

법원 복도에는 책상과, 앉아서 대기할 수 있는 곳이 마련돼 있었다. 입찰할 준비가 진행 중인 사람이 많았고, 경매가 시작되기 전까지는 묵묵히 각자 서류를 점검하는 분위기였다. 경매가 시작되면 집중해야 하므로 일종의 준비 과정인 셈이다. 입찰 서류를 작성하는 사람 중에는 입찰가가 유출될 우려 때문인지 사람이 많지 않은 구석에서 준비하는 이들도 있었다.

경매 시작 전, 법원 직원들이 입찰 서류를 확인하는 가운데 입찰자들이 소봉투에 보증금을 넣고 제출하는 절차가 있었다. 많은 사람이 서류나 입찰보증금을 미리 준비해 놓고 긴장된 표정으로 대기하는 모습이 인상적이었다. 일부는 서류를 정확하게 제출하려고 몇 번이고 확인했고, 또 일부는 얼굴에 걱정과 긴장이 가득했다.

그림 1.4 입찰 서류 제출 확인증

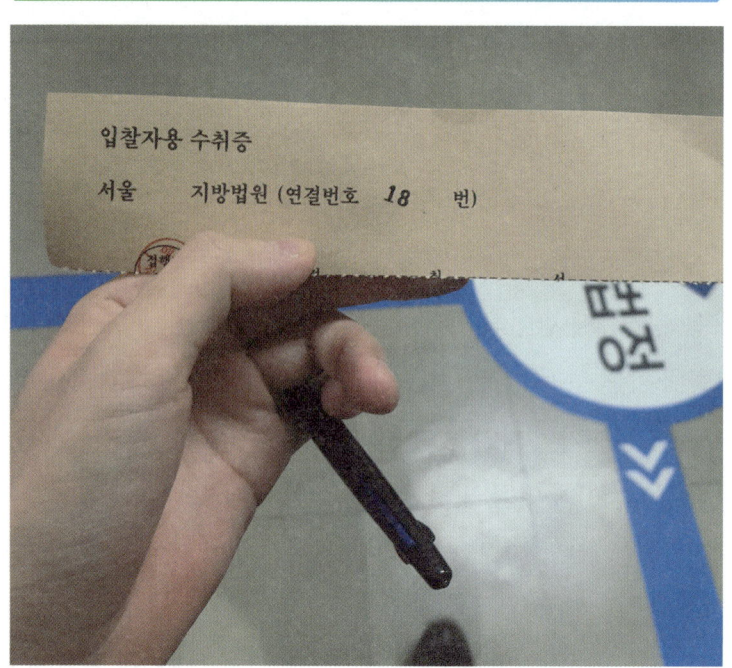

법정 안 법대 앞으로 가서 대봉투를 반으로 접어서 제출하고, 경매가 시작되는 시간에 맞춰서 법정 안으로 들어가 착석한다. 자리가 없으면 서서 사건번호를 들으면서 내 차례가 오기를 기다려야 한다.

경매가 시작되면, 법정 안 분위기는 아주 조용해진다. 경매 진행자가 물건에 대해 설명하는 동안 입찰자들의 긴장감은 더욱 커진다. 경매 진행자가 사건번호와 낙찰가를 부른다.

그림 1.5 경매 물건 정보가 수록된 표

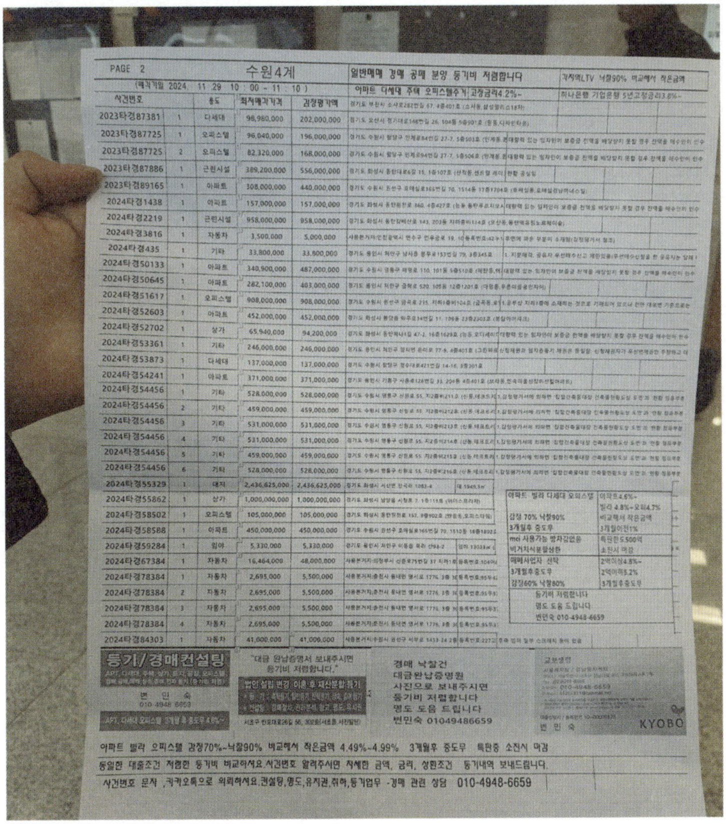

PAGE 2 수원4계

(매각기일 2024. 11. 29 10 : 00 ~ 11 : 10)

일반매매 경매 공매 분양 등기비 저렴합니다

사건번호		용도	최저매각가격	감정평가액
2023타경87381	1	다세대	98,980,000	202,000,000
2023타경87725	1	오피스텔	96,040,000	196,000,000
2023타경87725	2	오피스텔	82,320,000	168,000,000
2023타경87886	1	근린시설	389,200,000	556,000,000
2023타경89165	1	아파트	308,000,000	440,000,000
2024타경1438	1	아파트	157,000,000	157,000,000
2024타경2219	1	근린시설	958,000,000	958,000,000
2024타경3816	1	자동차	3,500,000	5,000,000
2024타경435	1	기타	33,800,000	33,800,000
2024타경50133	1	아파트	340,900,000	487,000,000
2024타경50645	1	아파트	282,100,000	403,000,000
2024타경51617	1	오피스텔	908,000,000	908,000,000
2024타경52603	1	아파트	452,000,000	452,000,000
2024타경52702	1	상가	65,940,000	94,200,000
2024타경53361	1	기타	246,000,000	246,000,000
2024타경53873	1	다세대	137,000,000	137,000,000
2024타경54241	1	아파트	371,000,000	371,000,000
2024타경54456	1	기타	528,000,000	528,000,000
2024타경54456	2	기타	459,000,000	459,000,000
2024타경54456	3	기타	531,000,000	531,000,000
2024타경54456	4	기타	531,000,000	531,000,000
2024타경54456	5	기타	459,000,000	459,000,000
2024타경54456	6	기타	528,000,000	528,000,000
2024타경55329	1	대지	2,436,625,000	2,436,625,000
2024타경55862	1	상가	1,000,000,000	1,000,000,000
2024타경58502	1	오피스텔	105,000,000	105,000,000
2024타경58588	1	아파트	450,000,000	450,000,000
2024타경59284	1	임야	5,330,000	5,330,000
2024타경67384	1	자동차	16,464,000	48,000,000
2024타경78384	1	자동차	2,695,000	5,500,000
2024타경78384	2	자동차	2,695,000	5,500,000
2024타경78384	3	자동차	2,695,000	5,500,000
2024타경78384	4	자동차	2,695,000	5,500,000
2024타경84303	1	자동차	41,000,000	41,000,000

등기/경매컨설팅

"대금 완납증명서 보내주시면 등기비 저렴합니다."

경매 낙찰건 대금완납증명원 사진으로 보내주시면 등기비 저렴합니다 명도 도움 드립니다 변민숙 01049486659

아파트 빌라 오피스텔 감정70%~낙찰90% 비교해서 작은금액 4.49%~4.99% 3개월후 중도무 특판중 소진시 마감

동일한 대출조건 저렴한 등기비 비교하세요.사건번호 알려주시면 자세한 금액, 금리, 상환조건 등기내역 보내드립니다.

사건번호 문자 ,카카오톡으로 의뢰하세요.권설팅,명도,유치권,취하,등기업무 -경매 관련 상담 010-4948-6659

사건번호, 최저가, 감정평가액, 주소 등 경매 물건의 정보가 수록된 리스트를 법정 앞에서 나눠준다. 그 리스트를 보면서 다른 경매 물건의 최저가와 낙찰금액을 비교해 보면 다음 경매를 진행할 때 도움이 되고, 좋은 인사이트가 될 수 있다. 1등과 2등의 금액 차이를 들어보는 것도 재미있었다. 낙찰가가 어떤 때는 정말 적은 금액 차로 결정되기 때문에 입찰가를 불규칙하게 적을 것을 권한다.

경매 진행자가 물건의 낙찰가를 발표할 때마다, 낙찰된 사람은 표정에서 기쁜 감정을 숨기지 못했고, 경쟁자들은 아쉬운 표정을 지으며 자리를 떠났다. 나 또한 낙찰된 경험도 있고 2등으로 유찰된 것도 여러 차례여서 그들의 마음을 이해했다.

경매가 끝난 후, 낙찰자들은 서류를 작성하고 보증금을 최종 결제하는 절차를 진행한다. 그 후 법원 직원들이 입찰자들에게 서류(보증금 수표)를 반환하고 다음 경매를 준비하는 동안, 사람들은 담배를 피우러 나가거나 다른 경매를 위해 준비하며 서둘러 자리를 떠나기도 했다.

낙찰금 보증금을 지급하면 그림 1.6 같은 영수증을 받게 된다. 이 영수증은 잘 보관해 두어야 한다.

법원 경매의 분위기는 매우 엄숙했고, 모두가 경매 과정에 집중했다. 처음에는 긴장감과 두려움이 있었지만, 경매의 흐름을 따라가다 보니 점점 현장의 분위기를 잘 파악하게 되었고, 입찰이 진행되는 동안의 심리전과 긴장을 실감할 수 있었다.

그림 1.6 낙찰금 보증금 영수증

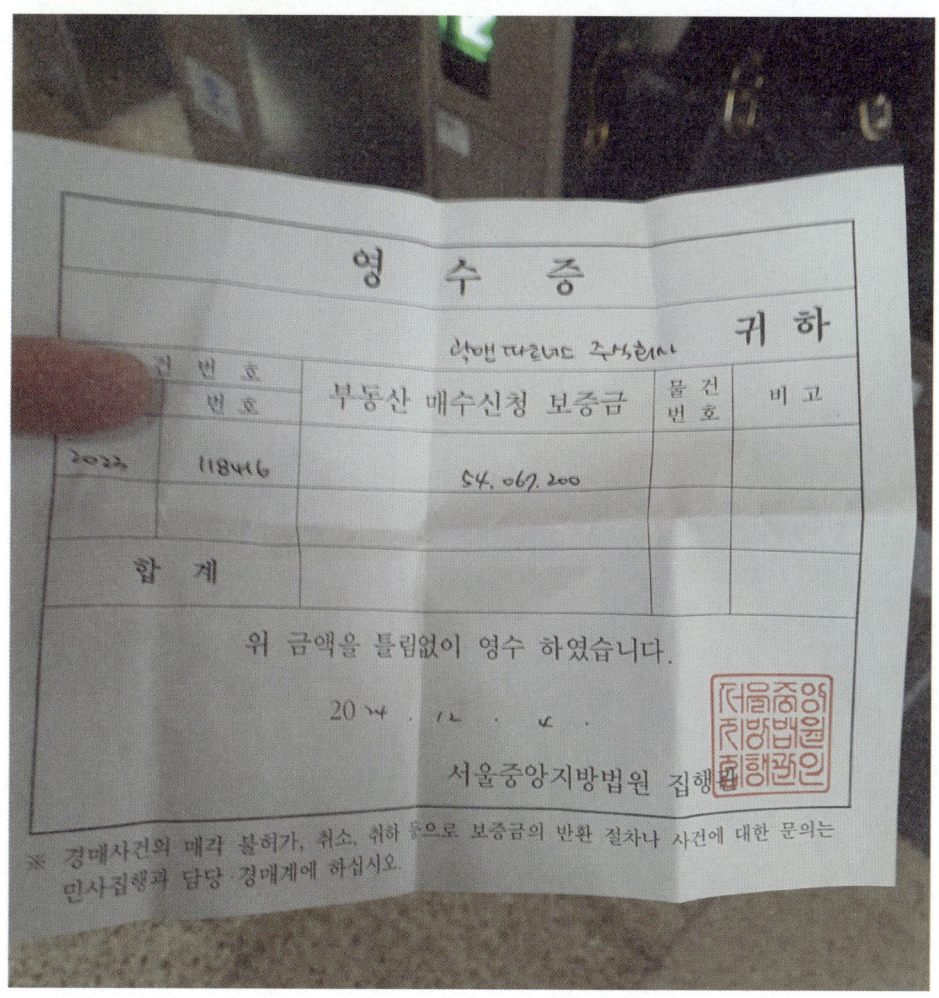

5장 | 법원 가기 전 준비 사항

6장

낙찰받은 후 할 일

앞서 말했다시피 경매 물건을 탐색하는 과정에서 권리분석을 해야 한다. 즉 물건에 대한 법적 사항을 충분히 체크하라는 뜻이다. 예를 들어 물건에 보증금이 남아 있는지, 세입자가 있는지, 기타 법적 분쟁이 있는지 등을 확인해야 한다. 이와 관련된 사항은 경매 입찰에 큰 영향을 미칠 수 있으므로 법적 리스크를 미리 파악하는 것이 중요하다.

입찰이 끝난 후 낙찰자 결정 과정과 후속 절차에 대해서도 충분히 이해하고 있어야 한다. 만약 낙찰이 되었다면 낙찰금액을 최종 결제하고, 이후 물건의 소유권 이전 절차를 밟아야 한다. 경매가 끝난 후 추가로 필요한 서류나 절차가 무엇인지 미리 알아두는 것이 좋다.

✅ 점유자와 신속한 연락

낙찰 이후에는 최대한 빠르게 점유자와 접촉해야 한다. 권리분석으로 발견하지 못한 실질적이고 물리적인 하자가 있을 수 있기 때문에 이런 하자를 발견했을 때 잔금을 치르기 전까지 이를 해결할 방안을 생각해 봐야 한다.

원활한 명도를 위해서도 점유자와 빠른 시간 내에 접촉해야 한다. 점유자에게 사전에 연락해서 낙찰에 대해 고지하고 준비할 시간과 기회를 줘야 한다. 점유자의 연락처는 해당 법원의 경매계에 가서 경매 물건의 서류를 받아보고, 최근 서류 중에 연락처와 주소가 있는지 확인한다. 만약 주소지와 연락처가 여러 개라면 모두 수집해서 연락을 취해야 한다.

점유자와 연락이 닿았을 때 인도명령이나 강제집행에 대해 섣불리 말하는 것은 조심해야 한다. 점유자가 듣기 불편한 말을 덜컥 해버리면 자칫 분란만 일어날 수 있기 때문이다. 법으로 진행하기 이전에 대화로 설득하며 풀어가는 게 낙찰자와 점유자 모두에게 좋은 방법임을 염두에 두고 전화 통화를 하는 게 좋다. 언제 이사할 수 있는지를 물어보고, 같이 이사할 곳을 알아봐 줄 수 있다고 제안한다든지, 이사비를 대신 내주는 등 작은 배려를 베푸는 것이 오히려 더 많은 스트레스를 줄이는 똑똑한 방법일 수 있다.

✅ 대출이 필요한 경우

낙찰 후에 대출을 받아야 한다면 대출은행을 결정하고 서둘러 신청한다. 고금리 시기에는 이자도 고려해야 하므로 여러 은행에 대출 심사를 받아보고 조건을 비교해서 진행한다. 경매로 주택을 낙찰받았을 때 법인이 개인보다 대출받기에 유리하다. 법인은 투기과열지구 및 조정대상지역이라도 기존 주택 처분 조건 없이 제1금융권에서 낙찰가의 80%까지 대출이 가능하기에 그렇다. 원리금 균등상환 대출도 개인은 1년 거치 기간 제한이 있지만 법인은 그렇지 않다.

대출을 알아볼 때 일반적으로 알고 있는 은행 외에도 대출을 받을 수 있는 곳이 많다. 우리가 일반적으로 알고 있는 은행들은 제1금융권인데, 제1금융권에서 대출을 거부한다고 포기할 건 아니다. 제1금융권 외에도 제2금융권, 제3금융권이 있기 때문이다. 이에 대해 간단히 이해해 보자.

기본적으로 금융기관은 자금의 수요자와 공급자를 연결해 다양한 금융서비스를 제공하는 기관을 의미한다. 우리나라 금융기관은 크게 은행(제1금융권), 비은행 예금 취급기관(제2금융권), 금융투자업자(제2금융권), 보험회사(제2금융권), 기타 금융기관(제2금융권) 등으로 분류된다.

◆ **은행**(제1금융권)

은행은 금융권 중 가장 기본적인 역할을 하는 기관으로, 일반적으로 일반은행과 특수은행으로 나뉜다.

- 일반은행: 시중은행, 지방은행, 외국은행 지점 등이 포함되며 예금을 받아 대출을 제공하는 가장 기본적인 금융기관이다.
- 특수은행: 특정한 목적을 수행하는 은행으로 한국산업은행, 한국수출입은행, 중소기업은행, 농협은행, 수협은행 등이 있다. 이들은 특정 산업이나 경제 부문을 지원하는 역할을 한다.

◆ **비은행 예금 취급 기관**(제2금융권)

은행과 유사한 역할을 하지만, 엄격한 은행 규제를 받지 않는 금융기관에 해당한다.

- 상호저축은행: 지역 기반의 중소형 금융기관으로, 서민과 중소기업 대상 금융 서비스를 제공한다.

- 신용협동기구: 신용협동조합, 새마을금고, 상호금융 등이 포함되며, 조합원 간의 상호 협력 금융을 중심으로 운영된다.
- 우체국예금: 정부가 운영하는 금융서비스로 우체국에서 예금 업무를 수행한다.
- 종합금융회사: 기업 및 개인을 위한 다양한 금융서비스를 제공하는 기관이다.

◆ **금융투자업자**(제2금융권)

금융투자업자는 투자와 관련된 금융서비스를 제공하는 기관으로, 크게 네 가지로 나뉜다.

- 투자매매업자: 증권회사 및 선물회사가 이에 해당하며, 주식·채권 등의 금융상품을 매매하는 역할을 한다.
- 집합투자업자: 자산운용사 등이 포함되며 여러 투자자의 자금을 모아 펀드를 운용하는 기관이다.
- 투자일임자문업자: 투자자에게 금융상품 관련 자문을 제공하거나 투자 운용을 대신하는 기관이다.
- 신탁업자: 고객의 자산을 관리하고 운용하는 역할을 하는 기관이다.

◆ **보험회사**(제2금융권)

보험회사는 보험 상품을 판매하고 운영하는 금융기관으로 다음과 같이 분류된다.

- 생명보험회사: 생명보험 상품을 운영하는 기관으로 사망보험, 연금보험 등을 제공한다.
- 손해보험회사: 자동차보험, 화재보험 등 재산 및 상해에 대한 보상을 제공하는 기관이다.
- 우체국보험: 정부가 운영하는 보험 서비스로, 우체국에서 보험 상품을 판매한다.
- 공제기관: 특정 단체나 조합원이 가입하는 보험 형태로 운영된다.

◆ 기타 금융기관(제2금융권)

위에 언급된 금융기관 이외에도 다양한 금융기관이 존재한다.

- 금융지주회사: 여러 금융기관을 소유하고 운영하는 기업 그룹이다.
- 여신전문 금융회사: 리스, 카드, 할부금융을 제공하는 회사로, 신용카드사와 캐피탈사 등이 포함된다.
- 벤처캐피탈회사: 스타트업 및 신생 기업에 투자하는 금융기관이다.
- 증권금융회사: 증권시장과 관련된 금융서비스를 제공하는 기관이다.
- 제3금융권(대부업자): 대부업체 등이 포함되며 고위험·고금리 대출을 제공하는 금융기관이다.

◆ 공적 금융기관

일반적인 금융기관과 별개로, 정부가 운영하는 공적 금융기관도 존재한다. 대표적인 공적 금융기관으로는 한국무역보험공사, 한국주택금융공사, 한국자산관리공사, 한국투자공사, 서민금융진흥원 등이 있다. 이들은 국가 경제 발전과 서민

금융 지원 등의 역할을 수행한다.

✅ 최후의 선택, 인도명령

부동산 경매 절차에서 점유자를 강제로 퇴거시키는 과정을 인도명령이라고 한다. 이는 낙찰자가 점유자를 상대로 부동산을 인도받기 위해 법원의 명령을 요청하는 절차다. 인도명령은 점유자가 부동산을 점유하고 있는 상태에서, 낙찰자의 소유권을 보장하기 위해 법원이 내리는 강제적인 명령이다. 점유자는 소유자, 채무자, 혹은 정당한 권리 없이 거주하거나 사용하는 사람을 포함한다.

인도명령을 신청하려면 부동산 경매를 통해 매각이 완료된 후 필요한 서류를 준비해야 한다. 신청은 법원에 직접 방문하거나, 법원 전자소송 시스템(ecfs.scourt.go.kr)을 통해 온라인으로도 진행할 수 있다. 제출할 서류는 다음과 같다.

1. 부동산 표시에 대한 목록
2. 낙찰자가 매각대금을 완납했다는 증명서
3. 수입인지(법원 비용에 대한 세금)
4. 송달료 납부 영수증(법원의 문서 전달 비용)

법원이 인도명령 결정을 내리면, 해당 결정문이 점유자에게 전달된다. 점유자가 이를 받은 후에도 부동산을 비우지 않을 경우 강제집행이 이루어진다. 이 과정에서 점유자의 물품은 임시 보관되며 매월 보관료가 발생한다. 점유자가 자신의 물품을 되찾고자 한다면, 보관료를 납부한 뒤에 반환받을 수 있다. 만약 점유자가 연락하지 않거나 물품을 찾아가지 않는 경우, 보관된 물품은 별도의 경매 절차를 통해 매각된다.

이후 낙찰자는 경매 절차를 통해 발생한 비용을 우선적으로 충당하며, 남은 금액이 있을 경우 해당 금액은 채무자 명의로 법원에 공탁하게 된다. 이로써 경매 과정은 완전히 마무리된다. 인도명령 과정은 복잡하지만, 낙찰자가 부동산을 온전히 사용할 수 있도록 보장하는 중요한 절차다.

200만 원으로도
가능한 묘지경매

7장

왜 하필 묘지경매인가?

01 묘지경매의 매력

혹시 200만 원으로 부동산에 투자한다는 말 들어본 적 있는가? "어떻게 200만 원으로 부동산 투자를 할 수 있냐?"라고 많은 사람이 반문할 것이다. 하지만 200~500만 원 정도면 충분히 시도할 수 있는 부동산 투자가 있다. 바로 묘지경매를 비롯한 지분(持分) 투자다. 먼저 묘지 지분투자를 살펴보고 이어서 농지 지분투자를 보겠다.

'부동산 경매' 하면 으레 아파트, 빌라 같은 주거용 물건이나 상가, 오피스텔 같은 상업용 물건 투자를 떠올리게 되는데, 왜 하필 묘지경매일까? 그래야 할 이유와 장점이 충분히 있기 때문이다. 이제 묘지 지분투자의 매력에 대해 살펴보자.

묘지 지분투자의 가장 큰 매력은 소액으로도 할 수 있다는 것이다. 소액으로 부동산 투자가 가능한 것은 지분에 대한 부동산 투자가 가능하기 때문이다. 지분투자란 공유물의 일부인 지분을 취득하여 이득을 얻는 투자 방법을 말한다. 따라서 비교적 저렴한 투자금으로도 시도할 수 있다. 지분투자의 개념에 대해서는 본문을 읽어나가며 자연스레 이해될 것이다.

✅ 권리분석을 몰라도 된다

권리분석은 부동산 경매 물건을 낙찰받는다면 낙찰 후에 물건을 제대로 사용 및 수익 행위를 할 수 있는지 등을 따져보는 행위에 해당한다. 권리분석은 법적 용어는 아니나 부동산 경매투자자들 사이에서 법적 용어처럼 통용되고 있다. 보통 경매나 공매를 처음 공부하기 시작할 때 아파트, 상가 같은 건물에 투자하는 경매 방법을 배우게 될 것이다. 세입자나 임차인이 있는 건물에 투자할 때 권리분석은 필수다. 내가 낙찰받은 물건이 후에 소유권을 행사할 때 제한 사항이 있는지 없는지 살펴봐야 하기 때문이다.

하지만 묘지경매는 토지 지분이다 보니 세입자나 임차인이 따로 없고, 땅 투자여서 지분의 토지 가치와 묘지의 관리 상태만 잘 따져보고 입찰에 들어가면 되기에 권리분석이 따로 필요 없다. 많은 사람이 어려운 권리분석을 배우기 위해 학원에 다니고 시간과 돈을 쓴다. 그러나 묘지경매는 그런 에너지를 쏟지 않아도 되므로 경매와 공매 초보자들이 가벼운 마음으로 쉽게 시작할 수 있는 투자 방법이라고 생각한다.

✅ 손해 볼 가능성이 작다

어떤 투자를 하든 손해 볼 가능성이 작고 성공할 가능성이 클 때 투자하는 것이 상식이다. 묘지경매의 경우 투자자가 경매 물건을 직접 선정하고 분석하여 투자를 하기 때문에 투자 안목만 잘 갖춘다면 손해 볼 가능성은 극히 작다고 볼 수 있다. 나는 수백 개 이상의 묘지경매 물건을 분석하면서, 손해가 거의 없을 것으로 예상되는 물건을, 옥석을 가리듯 고르는 안목이 생겼다.

많은 사람이 "묘지경매 물건이 너무 없다" "돈 되는 물건은 적고 블루오션이다"라고 말하는데, 한두 번만 시도해 보고 포기하기 때문에 그런 말들을 한다. 자신이 투자할 땅만 잘 분석한 후 투자를 한다면, 그리고 여러 번 반복해서 도전해 본다면 묘지경매의 안목을 기를 수 있고 성공할 수 있다.

☑ 엑시트 방법이 여러 가지다

엑시트란 내가 투자한 투자금을 회수하는 것을 뜻한다. 당연히 투자한 만큼 수익률이 높으면 좋고 수익이 날 방법이 다양하면 좋다. 경매를 처음 배울 때 보통 아파트 투자에 대해서 배우게 될 것이다. 아파트 경매의 경우, 아파트를 낙찰받아 잔금을 납부하고 세입자를 내보낸 뒤에 인근 공인중개사무소에 물건을 내놓아 매수자를 찾게 된다. 그래서 시간도 오래 걸리고 큰 비용이 발생한다.

하지만 묘지 지분투자는 이미 살 사람을 점찍어 두고 들어가는 투자여서 일반 아파트 경매와는 다르다. 보통 묘지경매에서 낙찰받은 지분을 매수할 자는 그 묘지의 원래 소유자다. 특별한 경우가 아닌 이상, 원래 소유자는 경매에 나온 물건이 자기 가족의 묘지이기 때문에 대부분 다시 사려고 한다.

또 지분의 특성상 지분 소유자는 법원에 공유물분할 청구 소송을 통해 공유물을 분할할 수 있는 공유물분할 청구권이 있다. 이런 경우 지분권자의 지분을 모두 모아 부동산 전체를 경매로 매각할 수 있다. 여기에 내가 그동안 경험했던 노하우와 나만의 팁이 사용되는데, 이는 뒤에서 풀어낼 예정이다. 따라서 묘지 소유자가 관심을 가지고 잘 관리하고 있는 묘지를 경매로 매수했다면, 협상을 통해 그

소유자에게 매각할 가능성이 크다.

결국 투자는 확률 싸움이다. 묘지경매도 마찬가지로 100% 확률로 빠르게 묘지 소유주에게 매각할 방법은 없지만, 묘지의 관리 상태를 잘 파악하고 토지의 가치보다 저렴하게 매입을 한다면 승률이 높아진다.

물론 이렇게 좋은 점만 보고 바로 투자해서 큰돈 벌 생각을 하면 안 된다. 묘지 지분 물건에 안전하게 투자하기 위해서는 이 책에서 소개하는 지식과 정보들을 완전히 습득할 필요가 있다. 어느 정도 묘지경매에 관한 지식이 쌓이면 물건을 보는 안목이 더 좋아지고 투자를 하는 과정도 수월해진다.

묘지경매의 개념과 특징

✅ 공유와 지분투자의 이해

묘지경매를 하려면 먼저 지분투자에 대한 전반적인 이해가 필요하다. 묘지경매는 지분투자를 기반으로 하는 투자 방법이기 때문이다. 지분투자라는 방법은 원래 있었고 이 투자 방법을 활용해서 묘지가 위치한 물건에 접목한 것이 묘지 지분투자, 즉 묘지경매다.

지분투자를 이해하기에 앞서 공유, 소유에 대한 개념을 알아야 한다. 법전에 따르면 소유는 단독 소유와 공동소유로 나눈다. 단독 소유란 하나의 물건에 대해 소유자가 1명인 것이고, 공동소유란 소유자가 2명 이상이 될 때를 말한다. 공동소유에는 공유(共有), 합유(合有), 총유(總有) 이렇게 총 3가지 방식이 있다. 묘지 지분투자를 할 때는 공유에 대한 개념이 확실히 세워져 있어야 한다.

공유란 사전적 의미로는 "여러 사람이 지분에 따라 공동으로 소유하는 형식"

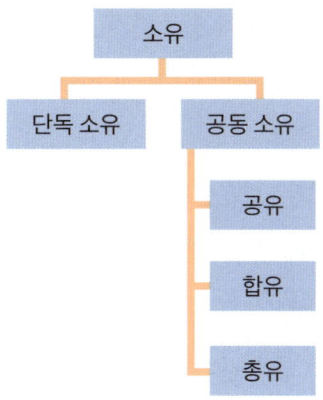

을 뜻한다. 즉, 한 물건의 소유권을 여러 개의 지분으로 나눠서 지분권 형태로 각각 소유하는 것이 공유다. 여기서 말하는 지분권은 소유권과 똑같은 성질을 가진 권리지만, 물건 전체가 아닌 일부분에 한정된 소유권(n 분의 1)을 의미하기 때문에 보통 지분권이라고 부른다. 반면, 합유와 총유에는 지분권 개념이 없다는 점만 기억해도 좋다.

예를 들어 한 임야 필지가 있다고 가정해 보자. 이 임야 필지를 5명이 1,000만 원씩을 모아 5,000만 원에 매입했고 공유의 관계로 공동소유하기로 한다면, 지분권자마다 5분의 1씩을 소유하게 되는 것이다. 이런 경우 이 임야 필지를 공유물이라고 부르며 지분권자를 공유자라고 부른다.

> **민법 제263조(공유 지분의 처분과 공유물의 사용, 수익)**
> 공유자는 그 지분을 처분할 수 있고 공유물 전부를 지분의 비율로 사용, 수익할 수 있다.

민법 263조에 따르면 공유자는 지분을 처분할 수 있고, 즉 누군가에게 팔 수 있고 공유물 전부를 지분의 비율대로 사용하고 수익을 취할 수 있다. 또 지분투자는 공유물을 분할할 수 있는데 이는 우리가 하게 될 투자 과정에서 중요한 부분이다. 이 책을 쭉 읽다 보면 공유물분할 청구 소송에 대해 좀 더 자세히 배우게 될 것이다.

지분투자의 사전적 정의는 공유로 나뉘어 여러 명이 소유하고 있는 부동산의 지분을 경매나 공매로 매수해 공유자에게 되팔거나, 법원에 공유물분할 청구 소송을 제기해 공유물을 분할하는 투자 방법이다. 쉽게 설명하면 지분투자란 단독 소유 물건이 아닌, 공유물의 일부인 지분이 경매나 공매로 물건으로 등장했을 때 이를 취득해 이득을 취하는 투자 방법이다.

지분투자 물건이 경매 또는 공매에 나오는 경우는 크게 2가지로 볼 수 있다. 첫 번째 경우는 상속이다. 예를 들어 A라는 사람이 사망하고 그의 배우자와 자녀가 2명이 있다고 가정해 보자. 그러면 배우자에게 7분의 3, 각 자녀에게 7분의 2씩 분배되는 경우가 일반적이다. 이렇게 지분을 각각 상속했는데 그중 누군가가 사업

> **Tip. 법정 상속분**
>
> 대한민국 민법은 상속 순위뿐 아니라 상속인 각자의 법정 상속분도 정하고 있다. 1순위 상속인은 직계비속(자녀, 손자녀 등)과 배우자이며, 이들이 공동으로 상속하게 된다. 이 경우 상속 지분은 민법 제1009조에 따라 정해지는데, 해당 조항은 다음과 같다.
>
> ■ **민법 제1009조(법정 상속분)**
> ① 동순위의 상속인이 수인인 때는 그 상속분은 균분으로 한다.
> ② 배우자의 상속분은 직계비속과 공동으로 상속하는 경우, 직계비속의 상속분의 5할을 가산한다.
> 즉, 배우자는 자녀보다 50% 많은 몫을 상속받는다.

이나 가계가 어려워지면 그 한 명의 지분이 경매나 공매 물건으로 나오게 된다.

두 번째 경우는 공동투자다. 남편과 아내가 주거용 부동산을 2분의 1씩 소유하는 경우가 흔하고, 묫자리를 위한 임야는 가족들이 십시일반으로 매입해 지분으로 나눠 가지는 경우가 흔하다. 이때도 마찬가지로, 그중 누군가가 사업이나 가계가 어려워지면 그 한 명의 지분이 경매나 공매 물건으로 나오게 된다.

묘지경매 또는 묘지 지분투자는 간단히 말해, 관리가 잘된 묘지가 위치한 땅을 경매나 공매로 저렴하게 매입해 원래 묘지 소유주, 즉 묘지 땅 주인에게 판매하는 투자 방식이다.

예를 들어 설명해 보겠다. A라는 사람이 빚이 많고 세금도 못 내는 상황이다. 급기야 자신이 소유한 명품이나 자동차, 혹은 토지를 팔아서 세금을 충당해야 하는 지경에 이른다. 만약 A 소유의 토지에 묘지가 있다면 그 땅 역시 경매나 공매

그림 2.1 경매나 공매 사이트에 올라온 묘지 사진

를 통해 시장에 나오게 된다.

그림 2.1처럼 묘지가 있는 땅의 사진들이 다양한 각도에서 촬영되어 경매나 공매 사이트에 올라온다. 그럼 묘지가 있는 땅과 묘지의 상태를 잘 살펴보고 분석한 다음, 원래 묘지 땅 주인에게 판매하면 되는 것이다.

보통 이런 땅은 가족 또는 가문의 묘를 마련하기 위해 산 것이기에, 그 가문 사람이 아닌 외부인이 땅을 사게 되면 가족들이 십시일반으로 돈을 모아 다시 땅을 되사려고 한다. 그들이 되사지 않는다면 공유물소송을 통해 공유물 전체를 부동산 경매로 내놓을 수 있는데, 공유자들은 그런 상황을 원치 않으므로 땅을 되사는 것이다.

> **Tip. 경매와 공매의 차이**

	경매	공매
개념	경매는 보통 개인이나 민간기업이 주관하며, 채무자의 재산을 법원에서 강제로 처분해 채권자에게 채무를 상환하게 하는 것이다.	공매는 정부나 공공기관이 주관하며, 세금 체납이나 채무 불이행 등으로 압류된 자산을 처분하는 것을 말한다.
대상	부동산뿐 아니라 선박, 자동차 등 다양한 자산이 나올 수 있다.	압류된 부동산, 자동차, 오토바이, 상품권, 금붙이, 골프장회원권 등 여러 자산이 포함된다.
방식	경매는 입찰일에 법원에 직접 가서 입찰한다. 입찰 당일에 낙찰자를 선정하고 입찰자가 없는 경우 유찰되어 약 한 달 뒤 재경매가 진행된다.	공매는 캠코라는 홈페이지에서 매각이 진행되어 직접 가지 않고도 입찰이 가능하다. 유찰될 경우 일주일 단위로 재매각이 진행된다.

그렇기에 관리가 잘된 좋은 묘지 땅일수록 투자하기도 좋고 빠르게 수익을 올릴 수도 있다.

✅ 묘지경매의 특징

부동산 투자자들이 보통 '임장'이라고 일컫는 현장 조사를 할 때 묘지 임장은 조금 낯설고 무섭고 어려울 수 있다. 아파트나 빌라는 보통 도시에 있지만, 우리가 투자하려는 묘지는 대부분 시골에 있다. 도시에 사는 사람이 묘지 현장 조사를 나가려면 시간과 비용도 발생한다.

입찰할 때도 마찬가지로 법원 경매 물건이라면, 입찰 기일에 해당 법원을 직접 찾아가야 하기에 많은 수고가 든다. 이렇게 품을 들여 수고했음에도 낙찰되지 않으면 허무하고 좌절감을 느낄 수 있다. 하지만 반대로 이 모든 수고를 들여 낙찰받고 다시 매도하게 될 때의 기쁨은 이루 말할 수 없이 크다. 이때 느끼는 강한 성취감과 희열은 다시 새로운 현장 조사와 입찰에 나설 힘이 된다.

나 역시 처음 묘지 임장을 갔을 때 많이 당황했던 기억이 난다. 첫 번째 임장지는 예산이었다. 집에서 경매 사이트로 검색해 보니 이 물건은 땅에 잘 관리된 묘 5기가 있었다. 일반적인 봉분에서 관 형태의 직사각형 석조로 둘러싸인 것으로 변화된 것으로 보아 꾸준히 잘 관리되고 있고, 공유자들이 애착을 가진 좋은 물건이라고 생각했다. 그래서 관리 상태를 내 눈으로 직접 확인하기 위해 임장을 떠났다.

임장을 갔을 때가 8월, 추석 전이라 아직 잡초가 많이 우거져 있었다. 길이 나지 않은 수풀을 올라가야 해서 위험한 벌레나 뱀이 있을지 몰라 조금 무서웠지만,

견뎌내고 계속해서 올라갔더니 내가 분석하며 보았던 묘가 보였다. 묘비가 모두 한자로 적혀 있어 스마트폰에 한자를 일일이 손가락으로 그려가면서 무슨 한자인지 알아냈다.

현장 조사를 통해 반드시 확인해야 할 것 중 하나는 묘지가 공유자들이 관리하는 것이 맞느냐다. '에이, 당연히 공유자들이 소유한 거겠지. 묘비에 적힌 한자까지 확인해야 해?'라고 생각하는 독자가 있다면 두고 보시라. 그렇지 않은 경우를 나중에 실전 묘지경매 사례로 소개하겠다.

처음에는 아무것도 모르고 그냥 맨몸으로 갔는데 험한 길을 다녀오고 난 후로는 등산복과 장화 등 보호장구를 제대로 구비하고 현장 조사에 나섰다. 또 계속 현장 조사를 다니다 보니 부담감보다는, 현장 조사를 마치고 근처 맛집에서 맛있는 저녁 식사를 할 생각으로, 또는 1박 2일 여행을 간다는 느낌으로 즐겁게, 조금은 가벼운 마음으로 다니게 되는 것 같다.

어떤 일이든 쉬운 일은 없다. 묘지투자에서 성공하려면 첫 현장 조사는 무조건 직접 가봐야 한다. 꼭 겪어야 하는 과정이므로 즐거운 마음으로 부딪히면 얼마 안 가 어렵지 않게 느껴질 것이다.

✅ 소송 절차의 필요성

사실 우리가 살면서 소송 절차를 겪는 일이 얼마나 있을까? 정직하게 살아가는 일반 사람들이라면 거의 일어나질 않을 일이지 않을까 한다. 나도 그랬다. 소송이라고 하면 괜히 무섭고 어렵고 복잡한 일이라고만 생각했다.

그런데 묘지경매를 하다 보면 소송이 그리 어렵고 복잡한 일이 아니고, 간단한 소송도 있다는 것을 알게 된다. 묘지는 공유물, 즉 지분 물건이기에 그렇다. 공유자 각자가 소유하는 권리를 지분이라고 한다는 것을 앞서 보았지만, 묘지경매는 대부분 지분경매, 혹은 지분투자다.

소송 절차를 밟아야만 하는 게 이 묘지 지분투자의 특징이다. 그리고 그것은 투자 측면에서 장점이 될 수 있다. 그 이유는 다음과 같다.

따로 권리분석을 했는데도 문제가 없는 아파트나 상가의 경우 일반 경매 물건으로 분류되고 투자하는 경쟁자들이 정말 많을 것이다. 반대로 묘지투자의 경우 지분 물건이므로 흔히 말하는 '특수경매'로 분류된다.

특수경매는 일반적인 경매 방식이 아닌 다른 해결 절차가 있어 여러모로 소송을 모르는 사람들에게는 시간과 비용이 소요된다. 일반 투자자들은 지분경매를 위한 소송 절차를 번거롭게 생각하거나 어렵다고만 생각하기 때문에 특수경매가 일반 경매보다는 경쟁률이 낮다. 또 그래서 특수경매라고 불리는 것이다.

지분경매는 경매나 공매에서 충분한 가치를 가진 물건이 저렴하게 감정되거나, 적절하게 감정된 물건이 여러 유찰을 통해 저렴하게 낙찰받을 기회가 생길 때, 그 물건을 낙찰받아 원래 부동산 가치를 받고 공유자들에게 매도하기 위해 협상을 시작한다. 공유자들과 협상이 잘 이루어져 바로 물건을 매도하면 끝이지만, 그렇지 않은 경우에는 소송 절차를 겪을 수밖에 없다. 공유물분할 청구 소송을 진행해 공유물 전체를 경매로 넘겨야 하기 때문이다.

공유물분할 청구 소송에 대해서는 뒤에서 자세히 다루겠지만, 묘지 지분투자를 하면서 꼭 알아야 하는 내용임을 기억하기 바란다. 처음엔 이런 소송 과정이 어렵고 잘할 자신이 없다고 느껴질 수 있다. 하지만 이런 난관은 투자자들에게는 오히려 좋은 기회다. 수익을 올릴 물건들은 계속해서 시장에 쏟아지고 있고 경쟁자는 적기 때문이다.

묘지 지분투자에서 꼭 거쳐야 하는 소송 진행 과정 및 방법, 필수 정보를 이 책에 상세히 모두 공개했다. 두려워하지 말고 제대로 공부해 투자에 성공하기를 바란다.

8장

분묘기지권의 모든 것

묘지경매를 하기 위해 또 하나 반드시 알아야 하는 것이 있는데 바로 분묘기지권이다. 분묘기지권에 대해 들어본 사람도 있고, 여기서 처음 듣는 사람도 있을 것이다. 이미 들어본 사람이라면 십중팔구 골치가 아플 것이다. 더는 헷갈리지 않도록 그 개념을 명쾌하게 설명해 주겠다. 나도 처음엔 분묘기지권이 너무 헷갈려서 책을 수십 권 읽고 연구해 터득한 내용이니 주의 깊게 읽어주기를 바란다.

쉽게 말하면 분묘기지권이란 이 권리를 가진 사람이 관리하는 묘지가 타인의 땅 위에 있어도 철거되지 않고 계속 그 땅을 점유할 권리를 뜻한다. 분묘기지권은 묘지에 적용되는 법정지상권과 유사한 권리이고, 채권이 아닌 물권이다.

✓ 물권의 이해

여기서 물권에 대해 잠시 짚고 넘어간다면, 물권이란 재산권 중의 하나로 재산권은 크게 물권과 채권으로 나뉜다. 물권은 물권법정주의(物權法定主義)에 의해 소유권, 점유권, 지상권, 지역권, 전세권, 유치권, 질권, 저당권 이렇게 8가지 종류만 인정한다. 우리에게 가장 친숙한 물권은 소유권이다. 소유권이란 여러분도 잘 알다시피 소유한 물건을 사용하고 지배해 수익을 얻을 수 있고, 그 물건을 다른 사람에게 팔거나 양도하는 등 처분할 수 있는 권리를 말한다. 물권이 중요한 이유는 채권과 달리 누구에게나 주장할 수 있는 '대항력(자신의 권리를 누구에게나 주장할 수 있는 힘)'이 있는 권리라는 점이다.

과거 투자자들이 묘지 있는 땅에 대한 투자를 기피했던 것은 바로 분묘기지권 때문이었다. 분묘기지권이 성립되면 타인이 와서 분묘를 함부로 훼손하거나 이장할 수 없고 그 묘지에 대해 분묘기지권을 가지고 있는 사람이 타인의 땅을 묘지로 계속 점유할 수 있기 때문이다.

분묘기지권이 있는지 없는지는 부동산 등기사항전부증명서(쉽게 말해 등기부등본)에 등재되지 않는다. 분묘기지권은 관습법적 법정지상권이기에 등기부등본에 공시되지 않고, 관련해 다툼이 생겼을 때 법원의 재판을 통해서 권리 유무가 확실해진다. 따라서 분묘기지권 유무를 알고 미리 판단하는 것이 관건이다. 다음 내용을 참고해 분묘기지권 유무를 판단해 보자.

01 분묘기지권의 3종류

분묘기지권에는 다음 세 가지가 있다.

1. 양도형 분묘기지권
2. 승낙형 분묘기지권
3. 시효취득형 분묘기지권

이 세 가지 분묘기지권에 대해 더는 헷갈리지 않도록 예를 들어 명쾌히 설명하겠다.

☑ 양도형 분묘기지권

기존 땅 소유자가 묘지를 설치했고 그 땅에 묘지가 있는 상태로 다른 사람에게 땅을 양도한 경우 생성되는 분묘기지권을 말한다.

예를 들어 갑이라는 사람이 자신이 소유한 땅 1,000평 중 100평 규모로 분묘 5기와 상석, 비석, 장명등, 망주석을 설치했다. 그런 뒤 급전이 필요해 땅 1,000평 전체를 을이라는 사람에게 팔았다.

1년이라는 시간이 흘러 을은 자신이 산 땅 전부를 전원주택단지로 개발하려고 한다. 을은 갑에게 묘지를 철거해 달라고 요구한다. 갑은 오랫동안 유지해 온 묘지를 철거하고 싶지 않기에 을의 요구를 거절한다. 이 경우 법은 갑과 을 중 누구의 손을 들어줄까?

이 경우 법원은 갑과 을의 땅 1,000평 매매계약서에 토지 매매 시 묘지를 철거하기로 약정한 특약이 있는지를 쟁점으로 본다. 만약 묘지를 철거하기로 한 약정이 있다면 법은 을의 손을 들어주고, 갑은 묘지를 철거해야 한다.

하지만 토지 매매 시 묘지를 철거하기로 한 약정이 없다면, 을은 갑의 묘지가 있는 것을 알고도 매입한 뒤 훗날 갑의 묘지에 대해서 철거해 달라고 요구하는 것이므로, 갑은 묘지를 철거할 필요가 없고 계속해서 묘지를 관리하며 유지할 수 있다. 이때 갑이 가진 이 권리를 양도형 분묘기지권이라고 부른다.

☑ 승낙형 분묘기지권

승낙형 분묘기지권이란 말 그대로 타인의 토지에 대해 묘지 이용을 승낙받은 경우에 발생하는 분묘기지권을 말한다.

예를 들어 갑이라는 사람이 가족 묘지를 만들고 싶었으나 소유한 토지가 없어, 친한 지인인 을이라는 사람의 땅을 빌려 묘지를 조성했다. 이 경우, 을은 갑에게 자기 땅에 묘지를 설치할 것을 승낙한 것이다. 그런데 나중에 이 지역 일대에 개발계획이 세워져 을이 갑에게 묘지를 철거할 것을 요구한다.

이때 갑이 묘지를 철거할 수 없다고 하면서 갈등이 발생하고 법적 분쟁으로 이어진다. 소송을 통해 을이 갑에게 분묘 설치를 허락했음이 증명된다면 갑의 승낙형 분묘기지권은 인정될 수 있다.

✅ 시효취득형 분묘기지권

시효취득형 분묘기지권이란 타인 소유의 토지에 분묘를 설치한 경우, 20년간 평온하게 공연한 사실로 분묘의 기지를 점유했을 때 시효로 취득하는 분묘기지권을 말한다. 쉽게 말하면 남의 땅 위에 아무 허락도 받지 않고 무단으로 설치한 묘가 20년 이상 아무 갈등 없이 유지되면 인정되는 분묘기지권이다.

다만, 장사 등에 관한 법률(장사법)이 최초로 시행된 2001년 1월 13일 이후 설치된 묘에 대해서는 시효취득형 분묘기지권을 인정하고 있지 않다. 과거에 왜 시효취득형 분묘기지권이 인정되어야 했는지 배경을 설명하겠다.

대한민국은 1948년 8월 15일에 건국되었다. 그날부터 제대로 된 공화정 및 자유민주주의, 그리고 자본주의가 시작되었을 것이다. 물론 그 이전에는 미 군정기와 일제강점기가 있었다. 우리나라 정치 체제 역사를 크게 둘로 나누면, 왕이 모든 걸 다스리던 왕정 시대(조선)와 시민이 권력을 가진 공화정 시대로 구분할 수 있다.

조선 시대에는 모든 땅이 누구의 땅이었을까? 왕토사상이라고 해서 모든 땅이 왕의 소유였다. 관리들은 녹봉으로 농부들이 경작한 작물을 수확할 권리를 얻었을 뿐이다.

유교가 조선 시대 500년을 지배했다. 유력한 가문들은 철저한 유교 사상 속에서 때에 따라 제사를 지내려고 공을 들여 선조들을 모시는 묘지를 만들기 원했을 것이다. 풍수지리에 능통한 풍수사가 지정한 명당에 숱한 나무들을 베고 공터를 만들어 묘지를 조성했을 것이다. 그렇게 아무 문제 없이 현대까지 조상들의 묘지가 이어져 왔을 것이다. 그런데 대한민국이 건국되면서 땅 주인이 생기고 각 개인의 소유인 사유지가 되었다. 이러면서 사유지에 속한 오래된 묘지들이 문제가 되었다.

땅 주인들은 개발을 하기 위해 자신의 토지에 위치한 묘지를 철거하려 했고, 오래도록 조상의 묘지를 유지하며 관리해 오던 사람들은 그럴 수 없다며 숱한 분쟁이 발생했다. 이와 관련해 수많은 소송사건이 벌어졌고 결국 법적으로 근본적인 해결책이 필요한 상황에 이르렀다.

결론적으로 법원은 사회적인 문제가 덜 생기는 방법을 택했다. 그것은 바로 남의 땅이라 하더라도 오랜 기간 묘지를 유지해 온 사람들의 권리를 인정해 주는 것이다. 만약 토지 소유자들의 손을 들어주어 묘지를 철거하게 했다면 전국에 있는 모든 묘지가 철거될 수 있고, 이는 아주 큰 사회 문제로 번질 수 있다고 법원은 판단한 것이다.

그런데 분묘기지권은 법전에 기재된 권리가 아니었기에 대법원은 특별히 분묘기지권을 관습법적 법정지상권으로 인정하는 판례를 내놓을 수밖에 없었고 이것이 바로 시효취득형 분묘기지권이 인정된 배경이다.

설치하면 안 되는 곳에 설치된 묘지들

분묘기지권에 대해서 전부 배웠는데 그럼 분묘기지권이라는 권리를 알아서 뭘 할 것인가? 분묘기지권은 지난한 시간이 걸리는 소송을 통해 유무가 밝혀지는데, 우리는 어떤 물건이 분묘기지권이 있냐 없냐에 관심을 둘 것이 아니다.

사실 아무 묘지 지분 물건에 투자해서 지분을 취득한 다음 묘지 이장을 할 권리가 있다고 할 수는 없다. 혹자는 "묘지 지분을 낙찰받으면 분묘를 철거할 기가 막힌 방법이 있어서, 나는 무조건 분묘를 철거시킬 수 있으니 기존 공유자들이 벌벌 떨게 만들 수 있다. 무조건 한 달 만에 묘지를 팔고 한 달 만에 100% 수익을 본다"는 식으로 말하기도 하는데, 그 말은 얼토당토않은 거짓말에 불과하다. 묘지 지분을 낙찰받는다고 하여 무조건 분묘를 철거시킬 수는 없다.

하지만 분묘를 높은 확률로 철거할 방법이 있는데, 분묘 철거 소송을 걸 경우 승소할 확률이 높은 지역을 공략하는 방법이다. 분묘를 설치하면 안 되는 지역이 있기에 이 전략이 가능하다. 분묘 철거 소송이 아니더라도 이런 지역은 과태료나 이행강제금 등으로 기존 공유자를 압박할 수도 있다.

한 가지 명심할 것은 장사 등에 관한 법률이 제정되기 이전에 설치된 묘들은 이 법에서 공시하는 '묘지 설치 제한 지역'에 해당하더라도 법이 소급 적용되지 않아 해당 사항이 없다. 묘가 2001년 이전에 설치되었는지 그 이후인지는 묘비석이 중요한 증거가 되며, 국토정보지리원의 항공사진 또한 아주 중요한 증거로 활용될 수 있다.

　내가 주목하는 분묘 철거가 가능한 지역은, "장사 등에 관한 법률 제17조 및 시행령 제22조(묘지 등의 설치 제한)에서 공시하는 묘지 설치 제한 지역"으로 구체적으로는 다음과 같다.

- 녹지 지역 중 대통령령으로 정하는 지역(국토의 계획 및 이용에 관한 법령에 따라 묘지·화장시설·봉안시설·자연장지의 설치·조성이 제한되는 지역) (장사법 제17조 1호) ⇒ 장사법 시행령 제22조를 말함. 장사법의 하위 법령인 장사법 시행령에 구체적인 내용을 적시함.
- 상수원 보호구역 (장사법 제17조 2호)
- 한강, 낙동강, 금강, 영산강 수변구역 (장사법 시행령 제22조 4항 2호 가목)
- 문화재 보호구역 (장사법 제17조 3호)
- 접도구역, 하천구역, 농업진흥지역(농업진흥구역 + 농업보호구역), 산림보호구역, 보전국유림, 채종림, 시험림, 특별산림보호구역, 백두대간보호지역, 사방지 (장사법 제17조 4호)
- 군사시설 보호구역, 군사보호구역[예: 제한보호구역(폭발물 관련:1km) 〈군사기지 및 군사시설 보호법〉] (장사법 제17조 4호)

　이 같은 지역 혹은 구역은 어디에서 확인할 수 있을까?
　바로 정부24에서 신청 가능한 토지이용계획확인원을 통해 확인할 수 있다. 다만 정부24에서 일일이 토지이용계획확인원을 발급할 필요는 없다. 대신 손쉽게 '토지이음'을 활용하면 된다. 토지이음(http://www.eum.go.kr/)은 토지이용계획을 편리하게 열람할 수 있는 웹사이트다.

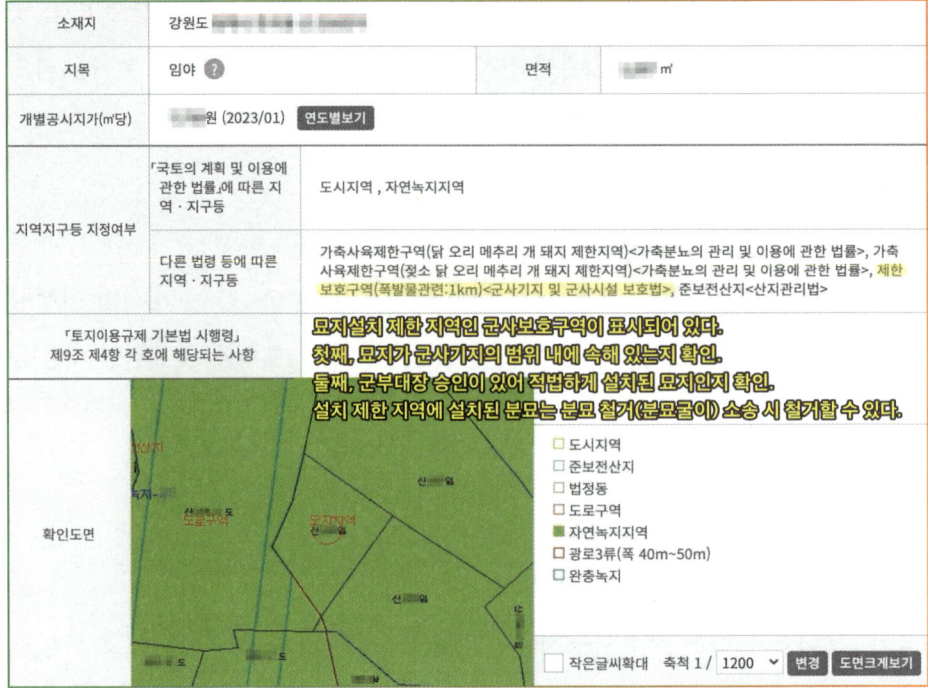

그림 2.2 토지이음에서 확인하는 토지이용계획

그림 2.2처럼 지역 지구 등 지정 여부에서 묘지 설치 제한 지역이 표시되어 있는지 확인한다. 묘지 설치 제한 지역이라고 표시되었다면 도면을 확인하고 위성사진과 결합해 확실히 묘지 설치 제한 지역이 맞는지 재차 확인해 보라.

특히, 길게 설명할 것이 하나 있는데 군사시설 보호구역이나 군사보호구역이다. 군사시설 보호구역이나 군사보호구역은 보안에 저촉되어 일반인이 그 범위를 정확하게 볼 수가 없다. 그러니 부동산 주소를 검색했을 때 군사시설 보호구역 또는 군사보호구역이라고 표기될 수 있지만, 그 자리가 정말로 그런지는 공무원을 통해서 확인해야 한다.

또한 군부대장의 승인을 받아 묘를 설치했다면 적법하게 설치된 경우로 묘지 철거가 유력한 상황이 아니다. 이 경우 민원을 통해 다음 두 가지 질문을 하여 답을 알아낸 다음 진행하길 바란다. 민원은 국민신문고 사이트를 통하면 쉽게 신청할 수 있다.

1. 묘지가 군사시설 보호구역 또는 군사보호구역 범위 내에 속해 있나?
2. 군부대장의 승인을 받고 설치된 묘인가?

묘지 설치 제한 지역 중 농업진흥지역에 대해 좀 더 살펴보자. 농업진흥지역은 농지가 반듯하게 정리되어서 농업 전용으로 이용되는 농업진흥구역과, 농지를 효율적으로 이용하기 위해 보호되는 농업보호구역으로 구성된다. 농업진흥지역에 대해 농지 취득자격증명을 신청할 때는 일반적으로 농업인 신분 혹은 농업법인만 신청 가능하다.

분묘를 설치하면 안 되는 지역에 묘지경매 물건이 있다면, 그것은 투자하기에 아주 좋은 요소일 수 있다. 분묘 철거 소송에서 승소할 가능성이 크기 때문이다. 분묘 철거를 할 때 필요한 모든 비용을 공유자가 부담해야 하므로, 이는 공유자를 압박할 수 있는 카드가 된다. 굳이 분묘 철거 소송까지 가지 않더라도, 법적으로 유리한 입장에서 협상에 임한다면 보통은 협상이 금방 끝나 매도로 이어진다.

9장

묘지투자 과정 1:
좋은 물건 찾는 법

묘지투자를 위한 기본 개념이 잡혔다면, 이제 본격적으로 묘지투자는 어떤 과정을 통해 진행되는지 자세한 과정을 살펴보도록 하겠다. 그림 2.3에서 묘지투자 과정을 간략히 표시했다.

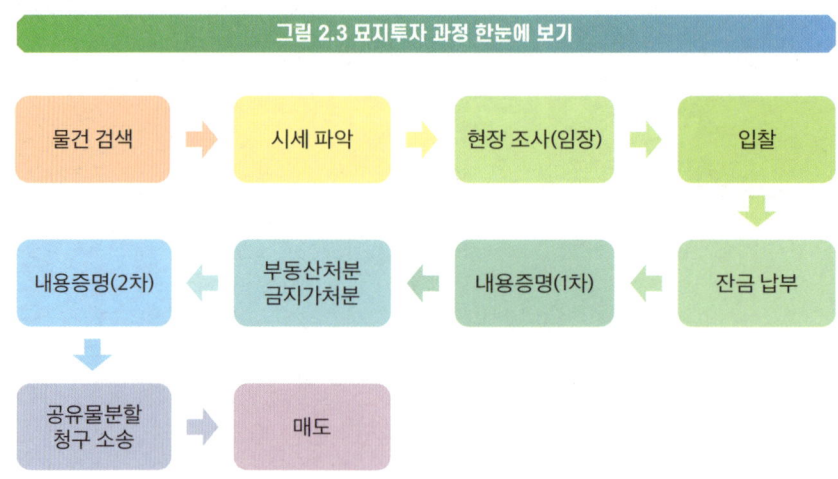

그림 2.3 묘지투자 과정 한눈에 보기

✅ 대략적인 묘지투자 과정

가장 먼저, 투자할 가치가 있는 물건들을 검색하고 시세를 파악한 후, 괜찮은 물건을 발견했다면 임장을 가야 한다. 즉, 직접 현장에 나가 조사해야 한다는 얘기다. 직접 현장에 가서 눈으로 살펴보았을 때도 투자할 가치가 있다고 여겨지면, 물건에 입찰을 하고 낙찰까지 받게 되면 절반 정도 진행된 것이다. 본격적인 묘지투자는 이제부터가 시작이다.

낙찰받은 후 잔금을 납부하면 바로 지분을 소유하게 되는데, 기존 공유자들에게 내용증명을 보내고 부동산 처분금지 가처분 신청을 하여 공유자들과 협상을 하게 된다. 이때 협상이 잘 되면 빠르게 매도를 할 수 있고, 만약 협상이 오래 진행되면 2차 내용증명과 공유물분할 청구 소송까지 이어질 수 있다. 경우에 따라 부당이득금 및 분묘굴이 청구 소송을 진행할 수도 있다. 이런 과정에서 계속 공유자들과 협상을 하고 마지막으로 매도를 하게 되면 투자가 완료된다.

대략적인 과정은 이렇고 이제 더 세세하게 과정들을 살펴보려고 한다. 이 부분에서 내가 실제 묘지투자를 하며 얻은 노하우를 많이 담아냈다. 처음 묘지경매를 시작하는 초보 투자자들에게 실질적인 도움이 많이 될 것이다.

01 투자 가치가 있는 좋은 묘지

경매에서 가장 먼저 할 일은, 투자할 만한 가치가 있는 좋은 물건을 찾아내는 것이다. 투자할 만한 좋은 물건이란, 내가 이 물건을 소유하게 되었을 때 기존 공유자가 나의 공유 지분을 다시 매수할 의지가 있을 만한 물건을 말한다. 즉 다시 되팔 수 있는 확실한 물건을 찾아야 한다. 이런 확실한 물건은 다음과 같은 특성을 지닌다.

벌초가 잘된 묘지

벌초 상태를 파악하는 것은 묘지 물건 분석의 기본 중의 기본이다. 보통 벌초를 하는 시기는 설과 추석 전이다. 1년에 최소 2회 정기적으로 관리하는 묘는 위성사진을 봤을 때 형태가 명확하고 다른 땅과 확실히 구분된다. 가족들이 그 묘지를 지속적으로 관리한다는 것이다. 이는 선조에 대해 예의를 갖추려는 태도로 볼 수 있으므로, 묘지 유지에 방해가 생길 경우 어떻게 해서든 해결해 계속 묘지를 관리하려고 할 가능성이 크다. 따라서 벌초가 잘된 묘지를 입찰하게 되는 경우 특별한 예외가 아니라면 공유자들이 다시 빠르게 매수할 확률이 높다.

✅ 묘비석, 망주석이 세워져 있는 묘지

묘비석에는 건립 시기와 가족 관계 등 중요한 정보가 담겨 있다. 등기부등본에 기재된 공유자들의 이름이 대부분 비석에 새겨져 있고, 이를 바탕으로 이 묘가 등본에 명시된 공유자들의 묘인 것을 확신할 수 있게 된다. 이는 우리가 투자하기 전 꼭 확인해야 하는 정보들이다.

만약 비석에 담긴 정보와 등본 속 공유자들의 이름 등을 종합했을 때 공유자들이 소유하고 있는 묘가 아니라면 투자하기 어려운 물건이다. 그런 경우 공유자들이 나의 지분을 매입할 의사가 없을 확률이 높다. 어떤 이유로든 다른 공유자들이 소유하고 있는 땅에 가족 관계도 아닌 사람들이 묘를 쓰고 있을 수 있기 때문

그림 2.4 석물이 설치된 묘

이다.

다시 한번 강조하지만, 비석 속 가족 관계와 등기부등본에 명시된 공유자들의 이름을 비교해, 공유자들이 확실히 묘를 소유하고 있는지 확인해야 한다.

묘지에 값비싼 석물이 필수적인 것도 아닌데 설치되어 있다는 것은 돈을 많이 들여가며 신경을 써서 설치했음을 의미한다. 이런 묘지는 공유자들이 지키려고 하는 의지가 강하다고 볼 수 있다. 그래서 석물이 설치된 묘지(그림 2.4 참조)는 투자할 만한 가치가 있는 좋은 물건이라고 해석할 수 있다.

✅ 최근 설치된 묘지, 준비된 묘지

물건을 검색하며 연도별 위성사진을 살펴보다가 최근에 설치된 새로운 묘를 발견할 때가 있다. 새로 설치된 묘는 매력적인 투자 물건이라는 기준에서 플러스 요인이 된다. 왜냐하면 그 가문이 이곳을 가족 묘지로서 계속 사용할 의지가 있다고 볼 수 있기 때문이다.

현장에 방문했을 때 확인할 수 있는 부분도 있다. 예를 들어 부부의 합장묘가 설치되어 있는데 묘비석 한쪽에는 한 사람의 정보가 生로서 출생일이, 卒로서 사망일이 적혀 있는 반면, 다른 쪽에는 출생일만 적혀 있고 사망일이 적혀 있지 않은 경우가 있다. 이분이 돌아가시게 되면 부부 합장묘에 묻히게 된다는 의미이고, 따라서 이런 묘지는 가족들이 끝까지 지키려고 할 확률이 높다. 투자자에게는 좋은 묘지라고 볼 수 있다.

✅ 올라가는 길이 제대로 된 묘지

그림 2.5 묘지로 가는 길을 보면, 2018년 9월(좌) 안쪽으로 들어가는 길에 없던 계단이, 2021년 3월(우)에 새롭게 생긴 것을 볼 수 있다. 그사이에 계단이 새롭게 만들어진 것인데, 최근에 이런 일이 있는 묘지라면 정말 좋은 물건이라고 볼 수 있다. 묘지 주변만 벌초하는 것이 아니라 올라가는 길까지 신경을 쓰며 벌초가 되어 있는 경우다.

가끔은 정식 도로가 아니지만 산에 차가 다닐 수 있는 길까지 나 있는 경우도 있다. 이런 경우는 정말 자기 가족 묘지에 신경을 많이 쓰고 있다고 해석할 수 있다.

그림 2.5 묘지로 가는 길, 특이점

✅ 이런 경우는 웬만하면 피하라

투자 물건을 검색할 때는 반드시 항공사진 혹은 위성사진을 확인해야 한다. 묘가 10년 전부터 지금까지 잘 유지되고 있고, 불과 1년 전에 묘의 기수가 2기가 더 늘어 총 7기가 되었다고 하자. 그런데 묘비는 없고 분묘만 있다.

이런 경우 앞서 설명한 승낙형 분묘기지권에 해당하는 사례일 수 있다. 보통의 묘는 그 땅 주인이 설치하지만, 승낙형 분묘기지권은 다른 사람 땅에 허락을 받고 묘지를 조성한 경우다.

투자하려고 관심을 가지고 조사하는 물건인데 지상에 묘지가 조성되어 있다. 입찰 전에 현장에 나가 묘비석을 확인해 보니 등기부등본에 등재된 공유자와는 전혀 관련 없는 묘지인 것 같다. 예를 들어 공유자는 전부 김 씨인데, 묘비에는 박 씨로 적혀 있다. 이 경우 공유자와 직접 연락해서 확인하지 않는 이상 정확한 사실관계를 파악할 수 없지만, 승낙형 분묘기지권을 의심해 볼 수 있다.

이처럼 승낙형 분묘기지권인 경우는 법적 분쟁으로 이어질 수 있고, 소송을 통해 분묘기지권이 인정되면 경매에 낙찰되어도 투자수익을 실현하기까지 난항을 겪을 수 있으니 유의해야 한다.(95쪽 참조).

02 물건 검색하는 방법

☑ 탱크옥션 사이트 활용법

경매 물건은 온라인에서 검색할 수 있는데, 대표적인 공식 사이트로 법원에서 운영하는 법원 경매정보(www.courtauction.go.kr)가 있다. 하지만 법원 경매정보 사이트는 이용하기가 불편하다. 사설 경매 사이트는 법원 경매정보에서 데이터를 가져와 편리하게 보여준다. 따라서 사설 경매 사이트에서 검색하는 법을 알려주겠다.

유료 경매정보 사이트인 탱크옥션(www.tankauction.com)을 기준으로 검색 방법을 살펴보자. 다른 경매 사이트도 검색 방법은 탱크옥션과 거의 비슷하다.

탱크옥션 사이트에 들어가 메뉴 상단 경매 검색 〉 종합검색창에 들어가 물건 종류를 '단일 선택'에서 '복수 선택'으로 바꾼다.

그러면 아래와 같은 화면이 나오는데 '토지'에서 전, 답, 과수원, 임야를 체크한다.

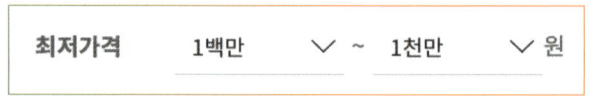

이어서 원하는 금액을 설정하면 되는데 초보자인 경우는 1,000만 원 이하 물건을 추천한다. 이 경우 최저가격 창에서 아래와 같이 설정한다.

왼쪽의 '1백만'은 최저매각가격 100만 원 이상 물건을 검색하는 필터를 뜻하고, 오른쪽의 '1천만'은 1,000만 원 이하 물건만 검색해 주는 필터를 뜻한다. 만약 묘지경매에 입문하는 사람이라면 본인에게 부담 없는 금액대를 선택하는 것이 좋다. 간혹 얼마짜리 물건에 투자하는 게 좋으냐는 질문을 받는데, 자신이 아직 지분투자에 익숙하지 않다면 1,000만 원 이하의 물건에서 시작해 점차 적응해 나가는 것이 좋다.

1,000만 원 이상의 물건도 분명 장점이 있는데, 경쟁자가 비교적 적다는 점이 그렇다. 초보자들은 보통 1,000만 원 이하의 물건에 대해 투자하기 때문에 1,000만 원 이상의 물건보다 경쟁이 꽤 있을 수 있다는 점은 알아둘 필요가 있다.

최저가격을 설정한 다음에는 특수조건 항목을 선택한다. 특수조건 항목에서는 '선택 모두 포함'을 누른 뒤 '분묘기지권' '지분입찰 물건'을 선택한다.

이렇게 검색 조건을 설정한 후 '검색'을 누르면 현재 경매 진행되는 물건 수가 나온다. 책을 쓰는 현재는 142건의 진행 물건이 표시된다. 다음 쪽 그림 2.6과 같이 보기 편하게 물건의 정보가 등장한다. 우리는 142건의 물건을 전부 살펴보아야 하는데 좀 더 빠르게 효율적으로 살펴보는 방법이 있다.

그림 2.6 조건에 맞는 경매 물건(탱크옥션)

나는 먼저, 최상단에 나온 물건을 클릭한다. 그런 다음 맨 먼저 토지등기를 확인한다(그림 2.7). 경매정보 사이트를 유료 회원으로 보는 이유 중 하나가 토지등기부등본을 일일이 떼서 볼 필요 없이 바로바로 확인할 수 있다는 것이다.

토지등기부등본, 즉 등기사항전부증명서 맨 밑을 보면 참고용이라 해서 소유지분 현황이 쭉 나온다. 이 물건은 소유자가 100명 정도 된다. 이런 물건은 가차 없이 패스하면 된다. 왜냐하면 추후에 공유물분할 소송을 진행해서 공유자와 접촉하게 되는데 공유자가 100명이라는 얘기는 한 가족이 소유하고 관리하는 물건이 아니라, 이 지역이 유망하다고 소문이 나서 기획부동산으로 매각된 경우일 확률이 높기 때문이다. 공유자 수는 보통 10명 이내가 적합하며 소유자들의 이름을 통해 가족 관계인 것을 유추하고 들어가야 한다.

그림 2.7 토지등기 확인

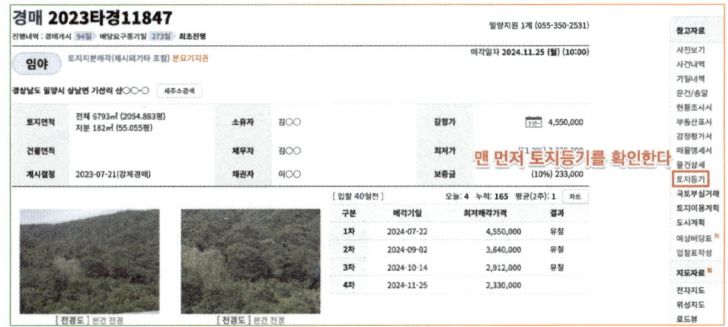

9장 | 묘지투자 과정 1: 좋은 물건 찾는 법

또 사진을 확인하면, 해당 물건에는 묘가 1개만 있는 것처럼 보인다. 더 정확한 모습을 확인하기 위해 추가적인 묘가 있지는 않은지 위성사진을 통해 확실하게 확인해 보는 것을 추천한다.

✅ 카카오맵으로 위성사진 확인하기

위성사진을 확인하는 가장 간편한 방법은 카카오맵을 이용하는 것이다. 카카오맵은 포털 사이트 카카오에서 제공하는 지도 검색 서비스로, 카카오맵이 유리한 이유는 항공사진을 제공하기 때문이다. 항공사진이 왜 중요할까?

우리가 묘지 물건에서 어떤 점을 주목했는지를 떠올려 보자. 묘지가 정갈하

그림 2.8 항공사진으로 본 묘지 관리 상태

게 지속적으로 관리되고 있다면 공유자들은 앞으로도 이 묘지가 필요하다는 이야기이다. 그러니 묘지가 지금껏 잘 관리되고 있는지 확인하는 것이 중요한데 연도별 항공사진을 보면 알 수 있다. 그림 2.8처럼 카카오맵에 들어가서 2008년 사진과 최근 제공된 사진을 비교해 보는 식이다.

✅ 최신 지도는 국토정보플랫폼

카카오맵은 안타깝지만 최신 지도를 보여주지 않는다. 보통 2년 전까지의 위성사진만 볼 수 있다. 2024년 기준으로, 카카오맵은 2022년까지의 위성사진만 제공한다. 그렇다면 2023년 위성사진을 보려면 어떻게 할까? 국토정보플랫폼(https://map.ngii.go.kr/mn/mainPage.do)을 이용하면 된다.

국토정보플랫폼 웹사이트 첫 화면에서 '항공사진 받기'라는 버튼을 클릭한다. '항공사진 받기' 웹사이트를 즐겨찾기 해두면 더욱 편할 것이다.

그림 2.8에서 찾아본 물건은 카카오맵에 2022년까지밖에 나와 있지 않은 반면, 국토정보플랫폼을 확인하면 2024년 위성사진까지 확인할 수 있다. 다음 쪽 그림 2.9를 자세히 보면 흰색 부분으로 보이는 석조 묘지가 추가 조성된 것을 알 수 있다.

위성사진을 통해 우리가 꼭 알아야 하는 것은 묘지가 어떻게 관리되고 있는지다. 그림 2.9의 묘지처럼 관리 상태가 좋은 묘지에 투자하는 것이 투자 실패 위험성을 줄여 좀 더 확실한 수익을 얻는 길이다. 이 과정을 소홀히 한다면 좋은 물건을 낙찰받을 수 없을 것이다.

그림 2.9 국토정보플랫폼에서 최근 항공사진 받기

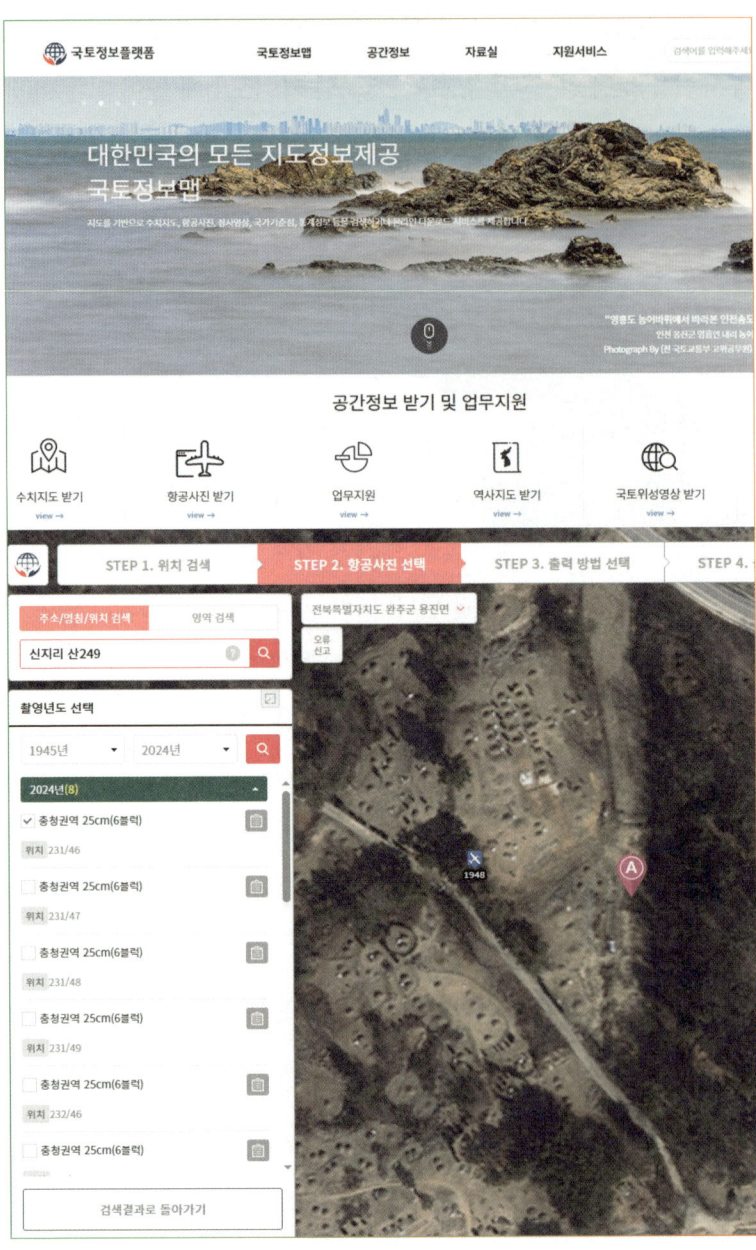

03 등기사항전부증명서 분석 방법

이제, 등기사항전부증명서 분석으로 들어가 보자. 등기사항전부증명서는 갑구, 을구로 구분되어 있다. 일단은 맨 밑에 위치한, 소유자들의 인적사항이 나열된 등기사항전부증명서(참고용) 문서를 보자. 일단 소유자가 몇 명인지, 이름이 무엇인지, 주소가 어디인지 대략적으로 판단할 수 있다.

그림 2.10 등기사항전부증명서 중 소유 지분 현황

[토지] 전북특별자치도 완주군 용진읍 산 임야 ▨▨㎡

1. 소유지분현황 (갑구)

등기명의인	(주민)등록번호	최종지분	주　　　소	순위번호
김▨▨ (공유자)	580723-*******	24분의 1	전라북도 완주군 봉동읍 구만길 ▨▨	2
김▨▨ (공유자)	500820-*******	24분의 1	전라북도 전주시 덕진구 작은모래내2길 ▨▨호(인후동2가)	2
김▨▨ (공유자)	620630-*******	24분의 1	전라북도 전주시 덕진구 인후5길 6-3, ▨▨호(인후동1가)	2
김▨▨ (공유자)	530819-*******	24분의 1	전라북도 전주시 완산구 홍산1길 21, 103동 ▨▨호(효자동2가,서희스타힐스)	2
김▨▨ (공유자)	640925-*******	24분의 1	전라북도 전주시 덕진구 가재미5길 9-4, ▨▨호(인후동1가)	2
김▨▨ (공유자)	560305-*******	24분의 1	전라북도 전주시 덕진구 모래내7길 ▨(인후동2가)	2
김▨▨ (공유자)		24분의 6	완주군 봉동면 구만리 ▨▨	1
김▨▨ (공유자)		24분의 6	완주군 용진면 운곡리 ▨▨	1
김▨▨ (공유자)		24분의 6	완주군 봉동면 구만리 ▨▨	1

여기까지만 보아도 김 씨네 가족 묘지가 맞겠구나 싶겠지만, 혹시 몰라서 갑구를 좀 더 자세히 살펴보면 1971년에 김 씨 4명이 이 땅을 처음으로 소유하게 된 것을 알 수 있다. 그 이후 2002년에 4명의 소유자 중 한 명이 사망하면서 상속되어 공유자들이 늘어난 것이다.

그림 2.11 등기사항전부증명서 중 갑구(소유권 사항)

순위번호	등기목적	접수	등기원인	권리자 및 기타사항
1 (전 1)	소유권보존	1971년7월12일 제22105호		공유자 지분 4분의 1 김■■ 완주군 봉동면 구만리 ■■ 지분 4분의 1 김■■ 완주군 봉동면 구만리 ■■ 지분 4분의 1 김■■
2	1번김■■지분전부이전	2020년7월7일 제73587호	2002년10월9일 법정상속	공유자 지분 24분의 1 김■■ 500820-******* 전라북도 전주시 덕진구 작은모래내2길 ■■(인후동2가) 지분 24분의 1 김■■ 530819-******* 전라북도 전주시 완산구 홍산1길 21, 103동 ■■호(효자동2가, 서희스타힐스) 지분 24분의 1 김■■ 560305-******* 전라북도 전주시 덕진구 모래내7길 ■■(인후동2가) 지분 24분의 1 김■■ 580723-******* 전라북도 완주군 봉동읍 구만길 ■■ 지분 24분의 1 김■■ 620630-******* 전라북도 전주시 덕진구 인후5길 6-3, ■■호(인후동1가) 지분 24분의 1 김■■ 640925-******* 전라북도 전주시 덕진구 가재미5길 9-4, ■■호(인후동1가)
3	2번김■■지분강제경매개시결정	2024년1월4일 제752호	2024년1월4일 전주지방법원의 강제경매개시결정(2023타경■■92)	채권자 현대카드주식회사 110111-0377203 서울특별시 영등포구 의사당대로 3
4	3번강제경매개시결정등기말소	2024년1월19일 제4873호	2024년1월19일 취하	

여기서 주목해 보아야 할 것이 상속인 중 한 명의 지분이 강제경매 개시 결정을 받아 진행되었는데 곧바로 취하되었다는 것이다. 취하되었다는 건 이 물건을 지키려는 의도로 해석될 수가 있다.

> **Tip. 등기사항전부증명서란?**
>
> 등기사항전부증명서는 부동산의 소유권과 권리 관계를 확인하기 위해 사용되는 문서다. 갑구와 을구로 나뉘며 각각 기록하는 내용이 다르다.
> - 갑구(甲區): 소유권과 관련된 사항을 기록한다. 소유자의 이름, 소유권 변동 내역(매매, 증여, 상속 등), 가처분이나 경매 같은 소유권 제한 사항이 포함된다. 소유권의 상태를 확인할 때 중요한 부분이 된다.
> - 을구(乙區): 소유권 이외의 권리를 기록한다. 근저당권, 전세권, 임차권, 지상권 등 담보물권이나 제한물권이 여기에 포함된다. 금융거래나 임대차 계약 시 해당 부동산에 설정된 권리를 확인하는 데 활용된다.
>
> 결론적으로, 갑구는 소유권 정보를, 을구는 소유권 외 권리 정보를 제공하는 역할을 한다.

그럼 또 다른 매력적인 물건 한 가지를 살펴보면서 어떻게 좋은 물건을 찾는지 포인트를 얻어가면 좋겠다.

그림 2.12 좋은 경매 물건의 예

임야
2021-64640
경기도 고양시 일산동구 성석동 산69-31
토지 125.44㎡(37.946평)
토지만매각,지분매각(건물X) 분묘기지권

5,393,820
5,393,820

신건
(100%)

21.12.29
(10:00)
입찰 6일전

92
18:08

　

그림 2.12 물건은 묘가 굉장히 많아 얼핏 보면 공동묘지 같다. 하지만 등기부등본(그림 2.13)을 살펴보면 공유자가 8명에 불과하고 1명을 빼면 전부 김 씨다. 심지어 공유자 중에는 김씨종친회가 있는데 그가 지분의 대부분인 18분의 11을 갖고 있다.

따라서 이 묘지는 김씨 가문만이 소유하고 관리하는 묘지일 가능성이 크다고 해석할 수 있다. 이것이 가장 중요한 포인트다. 만약 이 묘지가 관리까지 잘되고 있다면, 경매에 낙찰되었을 때 공유자들이 빠르게 매입 의사를 밝힐 가능성이 크다.

등기부등본까지 살펴보는 이유는 이들의 기본 정보만 파악하기 위해서가 아

그림 2.13 등기부등본 소유 지분 현황

등기명의인	(주민)등록번호	최종지분	주소	순위번호
김■■ (공유자)	500630-*******	18분의 1	고양시 일산구 일산동 ■■■	2
김■및김씨충의공 파■서종친회 (공유자)	111231-3■■■■	18분의 11	경기도 고양시 일산서구 대화동 ■■■	16, 17, 18, 19, 20, 21, 22, 23, 24, 25
김■■ (공유자)	3901129-********	18분의 1	고양군 일산읍 일산리 ■■■	1
김■■ (공유자)	580607-*******	18분의 1	광명시 철산동 241 주공아파트 ■■■	2
김■■ (공유자)	720614-*******	18분의 1	고양시 덕양구 화정동 ■■■	2
김■■ (공유자)	630315-*******	18분의 1	안양시 동안구 비산동 570-8 대명맨션 ■■■	2
김■■ (공유자)	431108-*******	18분의 1	고양시 일산구 일산동 ■■■	2
최■■ (공유자)	710920-*******	18분의 1	인천광역시 부평구 경원대로 1422, ■■■ (부평동, 부평대덕아크로존)	36

니다. 등기부등본을 살펴보면서 공유자들이 재정적으로 여유가 있는 상황인지도 추측할 수 있는데, 그 중요한 팁을 이야기하겠다.

그림 2.13 등기부등본을 보면 공유자들이 고양시 일산구, 광명시 철산동에 거주하는 것을 알 수 있는데, 이곳은 유명한 신도시로 땅값이 비싸고 서울까지 접근성도 좋다. 공유자들이 이곳에 산다는 것은 재정적으로 어느 정도 여유가 있다고 추측할 수 있고 이는 투자자 입장에서는 확실히 플러스 요인이 된다.

더 확실하게 공유자들이 여유로운 상황인지 알아보는 방법은 등기부등본을 열람했을 때, 공유자가 그 집을 소유하고 있는지 을구에 근저당이 설정되었는지 여부를 확인하는 것이다. 설령 근저당이 설정되어 있더라도 현재 아파트 시세에 비해 근저당 비중이 크지 않다면, 재정적으로 어렵지 않은 상황이라고 생각해 볼 수 있다.

따라서 정말 마음에 드는 물건이라면 공유자들의 등기부등본까지 열람하는 것이 좋다. 경매 사이트는 유료 회원들에게만 등기부등본을 열람할 수 있도록 제공한다. 유료 회원으로 가입하기가 부담스럽다면 '네이버 부동산 경매'에서 한 달에 3건 무료로 열람할 수 있게 해주니 그것을 이용하는 것도 좋은 방법이다. 아니면 인터넷등기소에서 700원을 내고 열람하는 것도 추천한다.

이제 등기부등본 열람하는 방법을 좀 더 자세히 설명하도록 하겠다.

✓ 등기부등본 열람 방법

등기부등본 열람 대상은 공유자들 중에 비교적 최근에 등록된 주소 중 부촌이라 할 만한 주소지를 선택하는 것이 좋다. 그림 2.13(123쪽) 등기부등본 공유자 가운데 갑구에 표시된 소유자의 하나인 '종친회 대표자'의 주소가 2010년에 기재되어 있어서 그 등기부등본을 열람해 보기로 하자.

인터넷등기소(http://www.iros.go.kr)에 접속해 '열람하기'를 클릭한다.

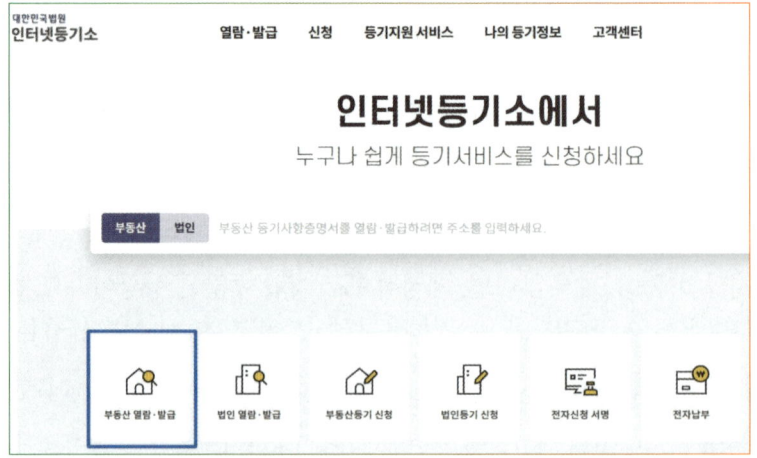

부동산 구분에서 아파트인 경우 '집합건물'로, 빌라인 경우는 '건물'로 검색하면 된다. 부동산 소재지번 검색 결과 단계에서는 '다음' 버튼을 클릭한다.

그러면 소유자의 이름 첫 글자인 성만 표시가 된다. 시간이 흘러 소유자가 이미 바뀌었을 수 있기 때문에 소유자의 성이 맞는지 확인하고 열람한다. 이제 '다음' 버튼을 클릭한다.

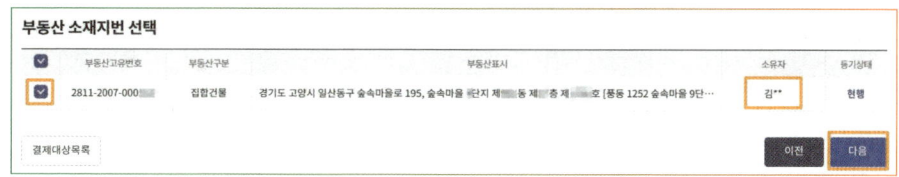

전부 - 말소사항포함으로 표시되면 '다음'을 클릭한다.

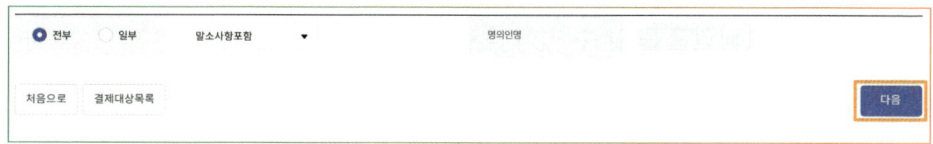

주민등록번호 공개 여부 검증 단계에서는 '미공개'로 선택한 후, '다음'을 클릭한다.

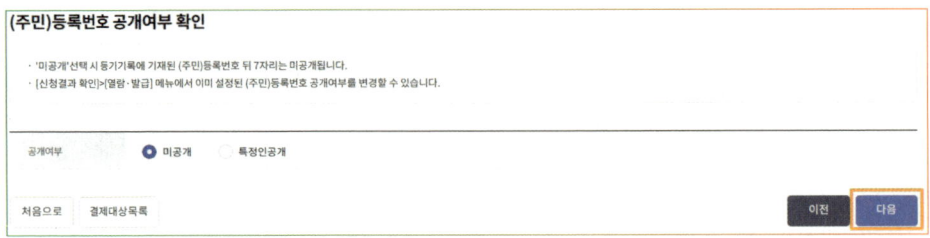

결제 창이 나오면 신용카드로 결제하면 된다.

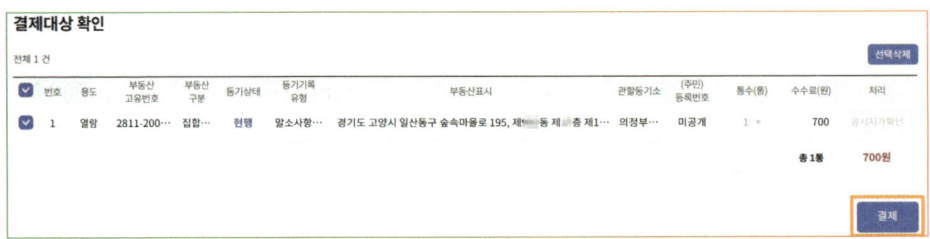

열람 오른쪽에 있는 체크박스에 체크하고 '열람' 버튼을 클릭한다.

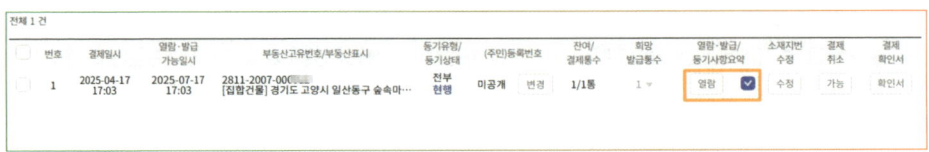

이제 원하는 종친회 대표자의 등기부등본을 열람할 수 있다. 그림 2.14 등기부등본을 살펴보니 2004~2019년까지는 안** 씨가 소유하고 있었고 2019년 5월에 김** 씨에게 매도되었음을 알 수 있다.

묘지 물건의 상당수 공유자의 지분이 증여된 2010년에는 대표자 김** 씨가 그 집에 거주한다고 등록되어 있다. 2010년 당시에는 안** 씨가 소유권을 갖고 있다.

그림 2.14 종친회 대표자의 등기부등본(갑구)

순위번호	등 기 목 적	접 수	등 기 원 인	권리자 및 기타사항
1	소유권보존	2007년1월12일 제○○○호		소유자 ○○○○○○○○ ○○○○○○○○
	신탁			○○○○○○
2	소유권이전	2007년1월24일 제○○○호	2004년10월15일 매매	소유자 안○○ 530622-******* 파주시 교하읍 와동리 603-10 파주교하1차현대아파트 106-1504
3	소유권이전	2019년6월5일 제○○○호	2019년5월9일 매매	소유자 김○○ 520814-******* ○○○○○○○○ 거래가액 금377,000,000원

안** 씨가 종친회 대표자 김** 씨의 배우자라고 생각해 볼 수는 있겠지만 현재로써는 다른 사람이 소유한 집으로 보인다. 만약 대표자 김** 씨가 소유한 집이고 근저당이 적었다면 재정 상황을 유추해 볼 수는 있는 대목이다.

이렇게 등기부등본을 열람해 보고 정확하게 공유자들의 재정 상황을 파악할 수는 없더라도 어느 정도 예상할 수 있는 플러스 요인이 되기 때문에 투자할 만한 물건인지 분석할 때 도움이 될 것이다.

10장

묘지투자 과정 2: 임장과 입찰 준비

01 시세 파악하기

투자 가치가 있을 만한 물건을 발견했다면 시세를 파악해야 한다. 주변 물건들의 시세와 비교해 적정한 가격에 올라왔는지가 시세 파악의 핵심이다. 이를 파악해야 어느 정도의 투자금이 필요한지, 얼마의 수익이 나올지 예측할 수 있다. 시세를 파악하는 방법에도 여러 가지가 있다.

✓ 경매 사이트 활용법

유료 경매 사이트에 들어가서 물건을 클릭하면 중간에 주변 매각 사례를 확인해 볼 수 있다. 인근 진행 정보로 주변 경매 진행 상태를 볼 수 있고, 동일 지번이 매각된 사례도 확인해 볼 수 있다. 그림 2.15는 탱크옥션에서 주변 매각 사례를 확인하는 화면이다.

경기도 고양시 일산동구 성석동 산69-31은 최근의 매각 이전, 두 차례의 매각이 있었던 물건이다. 이런 사례를 보면서 시세에 대한 감을 기른다.

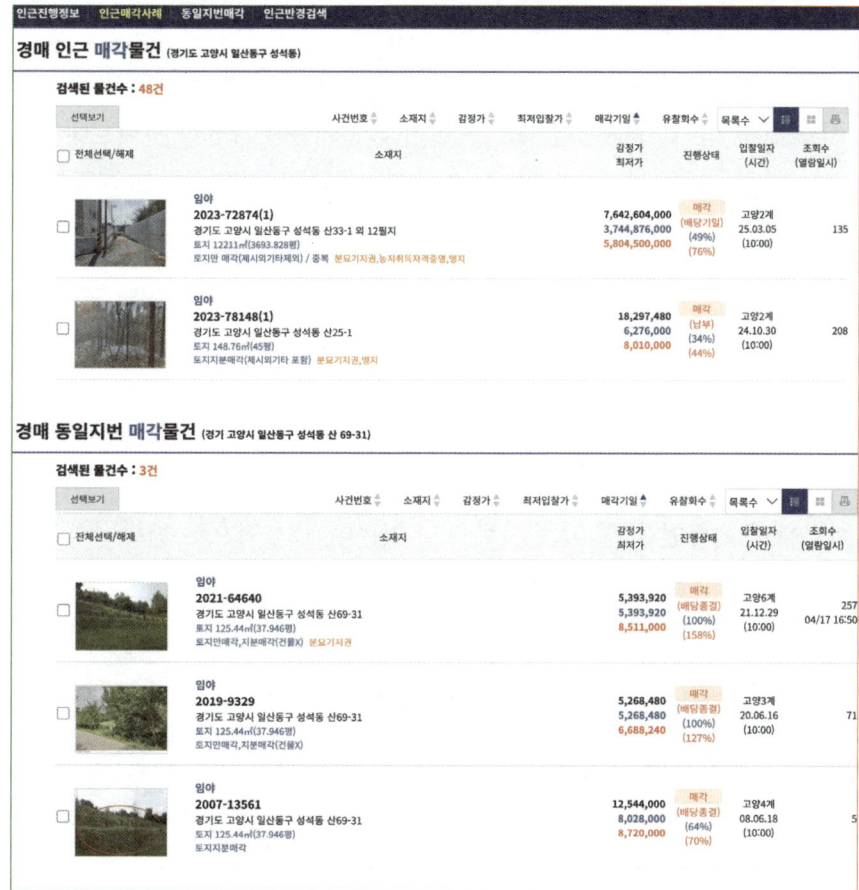

그림 2.15 탱크옥션에서 주변 매각 사례 확인하기

✅ 해당 지역 부동산에 전화하기

네이버에서 지역명 + 부동산을 검색하면 공인중개사무소가 나온다. 거기에 전화해서 인근 시세와 낙찰 통계를 물어보는 방법이 있다. 물어볼 때 팁은 인근 땅을 매입하려는 척하며 한 번, 매도하려는 척하며 한 번 이렇게 두 번 알아보는 것이 좋다. 왜냐하면 살 때와 팔 때의 가격 차이가 분명히 존재하기 때문이다. 하지만 임야 물건의 경우에 이 방법은 크게 의미가 없을 수 있다. 임야 거래는 드문 일이어서 그런데, 임야 시세는 밸류맵 등 실거래가 확인이 가능한 사이트에서 확인하는 것이 낫다. 이 방법은 아래에 소개한다. 하지만 전이나 답과 같은 지목의 물건이라면 부동산에 전화해 알아보는 것이 유용한 방법이 될 수 있다.

✓ 실거래가 확인 사이트 활용하기

실거래가를 확인할 수 있는 사이트도 있는데, 대표적으로 밸류맵과 땅야를 소개하겠다. 먼저 밸류맵 활용법을 알아보자.

밸류맵(https://www.valueupmap.com)에 접속한 다음, 왼쪽 상단에 주소를 입력하고 '검색' 버튼을 누른다(그림 2.16). 위성사진을 클릭하고 검색지 인근에 나타난 인근 거래 사례들을 확인한다. 감정가 대비 몇 배로 거래되었는지 확인해 본다. 지세나 도로 인접성에 따라 가격이 다르기 때문에 내가 검색하려는 땅과 비슷한 거래 사례를 최대한 활용한다. 너무 오래된 사례보다는 최근 사례가 더 신빙성이 있다.

땅야(https://ddangya.com)도 밸류맵과 비슷하다. 다만, 밸류맵에 실거래가가 등장하는데 땅야에 등장하지 않는 것도 있고, 땅야에 등장하는데 밸류맵에 등장하지 않는 사례도 있으니 둘 다 이용하며 꼼꼼히 실거래 사례를 살펴보는 것을 추천한다.

그림 2.16 밸류맵에서 거래 사례 확인하기

10장 | 묘지투자 과정 2: 임장과 입찰 준비

02 현장 조사(임장)

현장 조사란, 보통 부동산 투자 용어로 '임장'이라고 한다. 임장이란 물건 현장에 방문하여 투자할 만한 물건인지 알아보는 것을 말한다. 여기서 꼭 알아두어야 할 것은 현장 조사를 통해 투자의 리스크를 현저히 감소시킬 수 있다는 사실이다. 앞서 물건 검색이라는 절차를 밟았다고 해도 투자하기 전에 짚어봐야 할 모든 정보를, 인터넷을 통해 알 수 있는 것은 아니다. 우리가 현장 조사를 통해 알아보아야 할 것을 하나하나 살펴보자.

✓ 현장 조사를 하지 않아 실패한 사례

우선, 현장 조사가 얼마나 중요한지 상기하기 위해 임장을 하지 않아 투자에 실패한 사례를 소개하겠다.

그림 2.17 공매 2021-09223-001 사례

순번	변동일자 변동원인	소유권 지분	소유자 주소	등록번호 성명 또는 명칭
000001	1988년 03월 08일 (03)소유권이전	/	서울 구로 시흥 ▒▒ ▒▒	410708-1****** 우▒▒
000002	1988년 03월 08일 (03)소유권이전	/	서울 종로 부암 ▒▒	430115-1****** 우▒▒
000003	2021년 10월 19일 (03)소유권이전	4/7	경기도 이천시 장호원읍 경충대로519번길 ▒▒	293111-3****** 단양우씨문숙공파25세손▒▒공종중
000004	2022년 03월 28일 (03)소유권이전	1/7	대전광역시 서구 한밭대로570번길 26, 6층, ▒▒호(월평동)	160111-0****** 주식회사▒▒

▲ 충북 제천시 덕산면 선고리 201-1

그림 2.17을 보면 이 물건 투자자는 임장을 하지 않은 듯하다. 그렇게 추정하는 이유를 살펴보자. 이 물건은 우 씨의 묘지였던 것으로 보인다. 우 씨 종중이 공유자에 포함되어 있기 때문이다. 투자자는 아마도 종중 소유이니 묘지가 잘 관리되고 있으리라 생각했을 것이다. 분명 공매 물건 감정평가서에는 그림 2.17처럼 번듯한 묘지 사진이 수록돼 있다.

나 또한 이 물건에 투자해 볼 생각으로 현장 조사를 다녀왔으나 그 뒤 입찰을 포기했다. 왜냐하면 현장에 가보니 원래 있던 묘 5기가 모두 철거되어 있었기 때문이다. 봉분 3기는 모두 흔적조차 없어졌고 그나마 남아 있는 2기의 석묘도 돌들이 틀어져 있는 것으로 보아 석묘 안의 시신이 다른 데로 옮겨진 것으로 추정되었다. 결국 나는 공유자들에게 이 땅이 묘지로서 가치가 없다고 판단해 입찰을 하지 않았다.

그런데 공교롭게도 이 물건은 굉장히 높은 가격인 신건 최저 입찰가 870만 5,000원을 넘어 950만 원에 낙찰되었다. 이 물건 낙찰자는 임장을 하지 않고 낙찰받은 것으로 보인다. 이 투자자는 2022년 3월 22일에 공매로 낙찰받아 3년이 지난 2025년 4월 17일까지(이 글을 쓰는 현재)도 매도하지 못하고 있다. 황금 같은 투자금 950만 원이 묶이는 어리석은 짓을 한 것이다. 현장 조사를 하지 않으면 이렇게 될 가능성이 있기 때문에, 나는 이런 불상사를 피하기 위해 반드시 현장 조사를 한 뒤에 입찰을 한다.

✅ 현장 조사를 위한 효율적 방법

현장 조사를 할 때 중요한 팁을 알려주겠다. 무턱대고 하지 말고 원칙을 가지고 현장 조사에 나서자. 우선, 다음 지도나 네이버 지도를 이용해 위성사진을 살펴본다. 위성사진에 사람들이 묘지에 드나들 만한 길이 보일 수 있다. 어쨌거나 관리하는 묘일 경우에는 산에도 길을 내서 그 길로 다니기 때문이다.

이 길이 위성사진상에 보이지 않는다면 도로에서 멀지 않은 곳으로 일단 내비게이션을 찍고 가보라. 거기서 목적지까지 가는 길을 찾았다면 그 길로 가면 된다. 하지만 길을 찾지 못했다면, 다음 지도로 현재 나의 GPS를 보면서 목적지까지 가는 험난한 산을 타야 할 수 있다. 길이 없으면 내가 길을 만들어서라도 가는 것이 임장이다. 아무리 힘들어도 동네 뒷산 정상까지 가는 것보다는 쉽다. 그러니 포기하지 말고 직진하길 바란다.

나는 어떻게 해서라도 길을 찾거나 나만의 루트로 임장을 하고 있다. 거기까지 간 것이 아까워서라도 절대 포기하지 않는다. 하지만 명심해야 할 것은 목적지까지 가서 현장을 조사했는데 묘지가 잘 관리되지 않았다면 과감히 포기해야 한다는 점이다. 가끔은 길을 못 찾아 정말 힘들게 올라갔는데, 뜻밖에 묘지 관리가 엄청 잘된 경우도 있다. 이런 경우는 묘지에서 내려오는 길에 내가 미처 몰랐던 쉬운 길을 발견해서 편하게 하산하기도 한다.

우리는 그 묘지를 처음 찾아가기 때문에 쉽게 오르는 길을 모를 수 있다. 그러니 일단 현장까지는 꼭 가겠다는 마음으로 가기를 바란다. 묘가 위치한 곳은 대개 산지이기 때문에 험지가 많다. 가볍고 견고해 신체를 보호할 수 있는 복장을 갖추길 바란다. 최악의 경우 뱀이 있을 수 있으니 장화를 신으면 더 좋다. 아무거나 만졌을 때 손이 다치지 않도록 장갑도 준비하라.

현장 조사 때 체크할 사항

◆ 공유자들이 당사자인가?

등기부등본상 공유자들이 한 가문으로 보인다면 그 묘지에 다른 사람들이 묘를 쓰는 건 굉장히 드문 일이지만 확인해 보아야 한다. 왜냐하면 공유자들이 이 묘를 쓰고 있는 게 아니라면 공유자들에게 나의 지분을 매도하기 어렵기 때문이다. 아주 드문 일이긴 하지만, 공유자들이 친한 다른 가문에 묘지로 사용하라고 자신들의 땅을 제공할 수도 있으니 반드시 묘지에 가서 묘비를 확인해야만 한다.

만약 공유자들이 그 묘지 사용자가 아니라면, 공유자들은 우리가 투자하려는 지분에 관심이 없을 게 분명하다. 우리가 투자하는 지분을 원하는 사람은 묘를 현재 쓰고 있는 사람들이다. 우리의 지분이 그들의 묘지를 유지하는 데 방해가 되어 그들이 잘 모시고 있는 묘지 전체가 경매로 매각될 수 있다는 상황이 발생할 수 있어야만 그들은 우리가 가진 지분에 관심을 보일 것이기 때문이다.

◆ **사진처럼 현재도 잘 관리되고 있나?**

인터넷에 올라온 사진은 오래전에 촬영된 것일 수 있으니 이 묘지가 현재까지도 잘 관리되고 있는지 살펴보아야 안전하다. 앞에서도 계속 강조했던 내용을 기억해야 한다. 묘지에 벌초가 잘 되어 있는지, 묘의 기수가 여러 개인지, 묘비석이 세워져 있는지, 한 가문의 것인지, 최근 몇 년 이내로 새로운 묘가 설치되었거나 새로운 묘가 설치될 장소가 준비되어 있는지 말이다. 올라가는 길이 잘 되어 있는지도 살펴보자.

열정을 가지고 현장 조사에 임하길 바란다. 좋은 물건을 찾는 것은 쉬운 일이 아니다. 그렇지만 이런 준비를 하는 사람이 많지 않기 때문에 좋은 물건을 찾기만 한다면 당신의 수익은 보장된다. 정말로 중요한, 투자 수익에 관한 사항은 경매 입찰 전에 이미 결정된다. 좋은 물건을 낙찰받게 되면 그 이후의 일은 그리 어려운 일이 아닐 것이다.

03 본격적인 입찰 준비

임장을 통해 좋은 물건을 찾았다면 이제 경매에 입찰하면 된다. 경매를 처음 하는 분들을 위해 경매 절차를 비롯해 도움이 될 정보를 설명하겠다.

✅ 입찰 마감 시간을 유념하라

경매에 입찰하려면 먼저, 경매를 진행하는 날짜에 경매를 진행하는 법원에 가야 한다. 경매 사이트에서 물건을 보면 물건 페이지 위쪽에 매각일자가 적혀 있다. 다음 쪽 그림 2.18을 보면 '매각일자 2025.04.28.(월) 10:00'로 적혀 있다. 이는 2025년 4월 28일 월요일 10시부터 입찰이 시작된다는 의미다.

유념해야 할 것은 법원별로 입찰 마감 시간이 다르다는 것이다. 어떤 곳은 10시 50분, 어떤 곳은 11시 20분, 어떤 곳은 11시 40분 등 법원마다 법원 마감 시간이 다르기 때문에 항상 여유 있게 입찰 법원에 도착할 수 있도록 준비하길 바란다. 법원에 미리 전화해서 마감 시간을 알아보는 것도 좋다.

2.18 물건 페이지에서 경매 날짜 확인하기

✓ 2인 이상 공동입찰하라

　경매 입찰을 할 때는 웬만하면 단독 입찰이 아니라 공동입찰을 해야 한다. 2인 이상이 모여서 입찰을 하라는 뜻이다. 공동입찰 시 한 사람의 면적은 $60m^2$보다 작게 만들어야 한다. 예를 들어 $1,000m^2$의 땅을 공동입찰한다면 그중 한 사람의 지분이 $50m^2$가 되게 만들라. 공동입찰자 목록에는 한 사람에게 '지분 20분의 1' 다른 사람에게는 '지분 20분의 19'라고 적어낸다. 이해가 되는가?

　만약 2인이 $3,000m^2$를 공동입찰한다면 어떻게 할 것인가? 공동입찰자 목록에 한 사람에게 '지분 60분의 1' 다른 사람에게는 '지분 60분의 59'라고 적어낸다. 이해가 되는가? 반드시 한 사람의 지분 면적은 $60\,m^2$보다 작게 만들어야 한다. 만약 3인이 공동입찰을 하려고 한다면? 한 사람에게 60분의 1, 다른 한 사람에게 60분의 1, 마지막 사람에게 60분의 58 이런 식으로 진행하면 되겠다.

이는 묘지경매에서 알아야 할 필수 지식인 '최소분할면적'과 관련이 있다. 최소분할면적이란 토지 분할 시 더는 작게 나눌 수 없는 면적을 말한다. 우리가 투자할 대상인 묘지는 보통 녹지지역에 있는 경우가 많은데, 녹지지역의 경우 동 지역은 $90\,m^2$, 읍 및 면 지역은 $60\,m^2$ 미만으로 분할해 또 다른 필지(필지란 토지의 최소 단위를 말함)를 만들 수 없다. 이것이 중요한 이유가 있다.

공동입찰을 하지 않고 단독으로 입찰할 경우, 내가 입찰하려는 물건의 면적이 최소분할면적 미만이 아니라면 이 땅은 공유물분할 소송의 결과로 필지 분할이 될 수 있다는 점을 명심해야 한다. 즉, 내가 소유한 지분이 더는 지분이 아니라 나만 소유한, 아예 다른 필지로 나뉠 가능성이 있다. 그렇게 되면 기존 공유자들과의 거래 가능성은 없어지고 새로 필지로 나뉜 땅은 공인중개사무소를 통해 내놓아 매수할 사람을 찾아서 매각해야만 한다.

현물분할이 원칙인 공유물분할 청구 소송에서 토지 공유자들이 현물분할안을 원하면, 대체로 판사는 이에 대해 현물분할안을 제시할 것을 명하게 되는데 이때 판사가 현물분할안을 승인하게 되면, 각자의 지분은 서로 다른 땅 필지로 나뉘게 된다. 이런 경우 단독 입찰을 한 최소분할면적 이상의 면적을 가진 투자자는 최악의 경우 돈 대신 실제 땅을 받게 된다. 부동산 지분경매투자의 목표는 수익을 내는 것이기 때문에 이는 최악의 상황이 된다. 특히 묘지로 사용되는 땅은 구매자를 찾기가 매우 어려우므로 자칫하면 투자금을 회수하는 데 오랜 시간이 걸릴 수도 있다.

따라서 공동입찰을 통해 지분을 쪼개 입찰함으로써 현물분할이 가능한 상황을 사전에 차단하는 것이 매우 중요하다. 현물분할 상황을 피하는 이 단계가 투자의 성패를 결정짓는다고 해도 무방하다.

✅ 입찰 서류 작성하기

지금부터 법원에 제출할 입찰 서류들을 작성하는 방법에 대해 알아보자. 입찰 서류에는 공동입찰을 위한 기일입찰표, 공동입찰신고서, 공동입찰자 목록이 있다. 공동입찰자 중 1명만 입찰에 참여할 경우는 나머지 입찰 위임자의 위임장, 인감증명서(공동입찰을 위임한 사람의 인감)가 추가로 필요하다. 각 서류 작성하는 방법을 하나하나 자세히 설명하겠다.

공동입찰(개인과 개인) 항목은 그림 2.19를 참고해 기일입찰표를 작성한다. 그림 2.19 각 항목에 대한 설명은 아래와 같다.

① 입찰법원명을 입력한다.
② 입찰 기일을 입력한다.
③ 사건번호, 물건번호를 입력한다.
④ 대리인 정보를 입력한다.
⑤ 입찰가격, 보증금액을 입력한다. 보증의 제공 방법에는 '현금·자기앞수표'에 체크한다.
⑥ 입찰자 이름을 쓰고 인감도장을 날인한다.

그림 2.19 기일입찰표 앞면 작성 예시

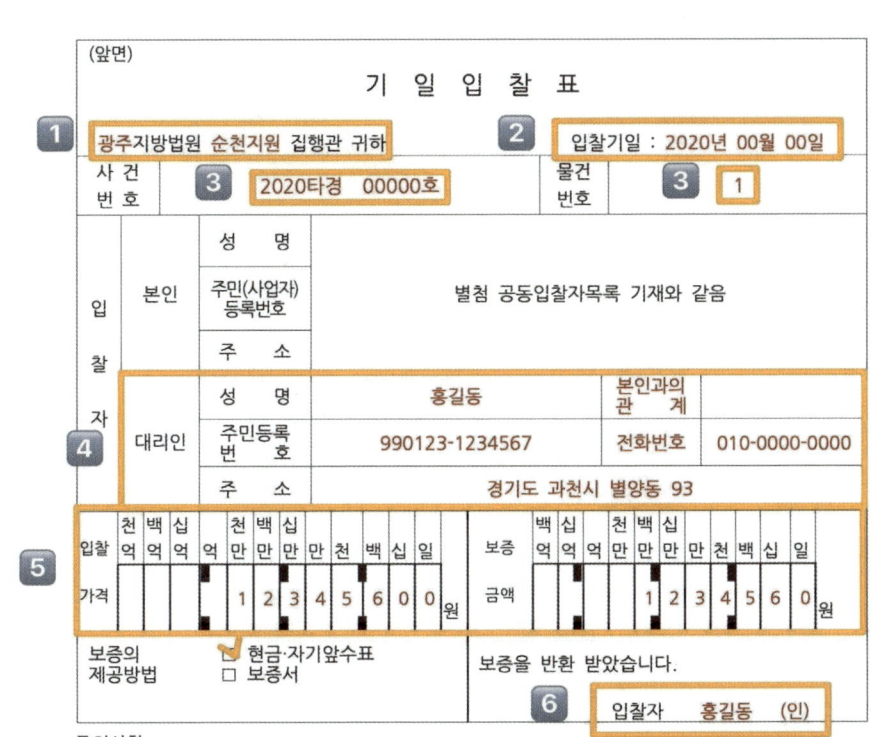

10장 | 묘지투자 과정 2: 임장과 입찰 준비

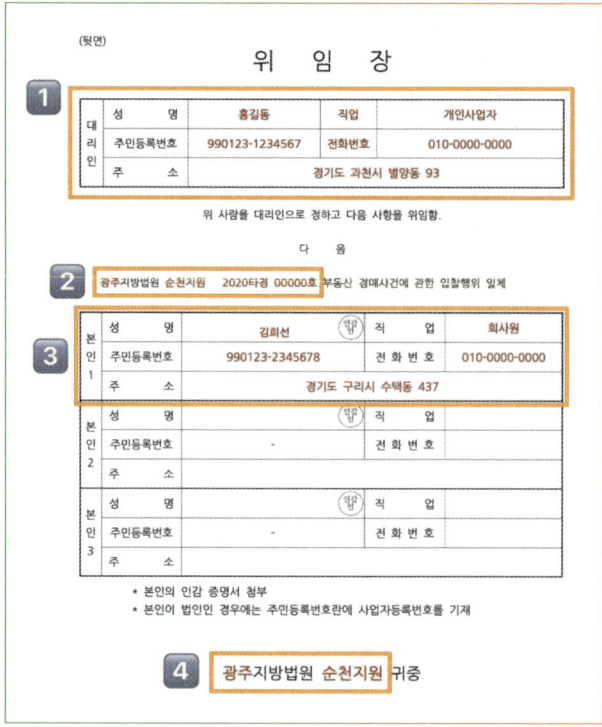

그림 2.20 위임장 작성법(경매 기일입찰표 뒷면)

법원에 나오지 않은 공동입찰자의 위임장은 기일입찰표 뒷면에 있다. 그림 2.20을 참고해 위임장을 작성한다. 마찬가지로 그림 2.20 각 항목에 대한 설명은 아래와 같다.

① 대리인 정보를 입력한다.
② 입찰법원명, 사건번호를 입력한다.
③ 위임인 정보를 입력한다.
④ 입찰법원명을 입력한다.

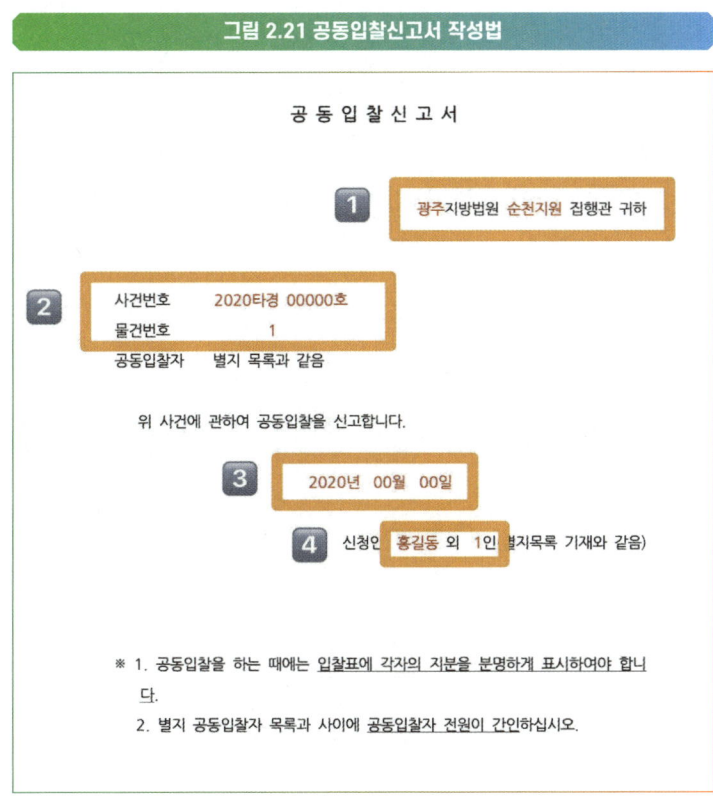

그림 2.21 공동입찰신고서 작성법

다음에 살펴볼 입찰 서류는 공동입찰신고서다. 그림 2.21을 참고해 작성해 보자. 그림 2.21 각 항목에 대한 설명은 아래와 같다.

① 입찰법원명을 입력한다.
② 사건번호, 물건번호를 입력한다.
③ 입찰일을 입력한다.
④ 입찰자를 입력한다.

다음 작성할 서류는 공동입찰자 목록이다. 그림 2.22를 참고해 공동입찰자 목록을 작성해 보자.

모든 입찰 서류를 작성했다면, 이제 공동입찰자 목록과 공동입찰신고서 사이에 공동입찰자 전원이 간인을 한다. 간인이란 종이 두 장을 일부 겹쳐 도장을 찍는 것을 말한다.

법원에 공동입찰자 모두가 가지 않고 대리인이 입찰하면 법원 입찰 현장에 출

그림 2.22 공동입찰자 목록 작성법

공 동 입 찰 자 목 록

번호	성 명	주 소		지분
		주민(법인)등록번호	전화번호	
1	홍길동 (인)	경기도 구리시 수택동 437		9/10
		123456-1234567	010-1234-5678	
2	김하나 (인)	경기도 과천시 별양동 93		1/10
		990123-1234567	010-1234-5678	
	(인)	-		
	(인)	-		
	(인)	-		
	(인)	-		
	(인)	-		
	(인)	-		
	(인)	-		
	(인)	-		

석하지 않는 위임인의 인감증명서를 반드시 준비해야 한다. 낙찰되더라도 위임인의 인감증명서가 없으면 낙찰이 무효가 된다. 그림 2.23은 인감증명서 예시다.

서류 준비의 마무리는 입찰 봉투를 봉인하는 것이다. 법원에서 제공하는 입

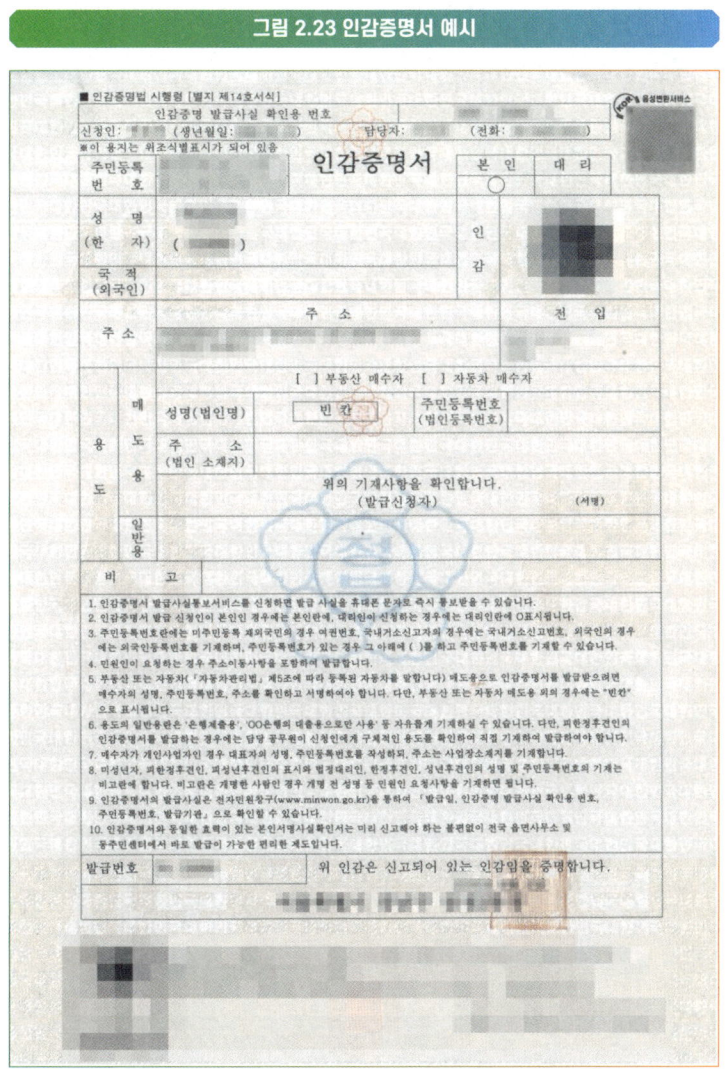

그림 2.23 인감증명서 예시

찰 봉투에 지금까지 작성한 모든 서류와, 보증금이 든 입찰보증금 봉투를 동봉하고 봉인한 다음 입찰한다.

입찰 서류를 다시 정리하면, 공동입찰자 전원이 법원에 출석했다면 기일입찰표, 공동입찰신고서, 공동입찰자 목록이 될 것이고, 공동입찰자 중 1명만 입찰에 참여했다면 기일입찰표, 공동입찰신고서, 공동입찰자 목록, 위임장, 인감증명서(공동입찰을 위임한 사람의 인감)가 될 것이다.

3부

낙찰받은 후 할 일: 잔금 납부부터 등기까지

11장

경·공매 셀프등기 방법

01 경매 셀프등기

    물건을 낙찰받아 매수인이 되었다면, 잔금 납부 통지서가 도착할 것이다. 이제 할 일은 잔금을 납부한 다음 등기소에 등기하는 것이다. 여기서 잔금을 납부하는 두 가지 방법이 있다. 하나는 자신이 직접 잔금을 납부하고 법원에서 소유권이전 등기촉탁까지 모두 직접하는 일명 '셀프등기'라는 방법, 다른 하나는 잔금 납부와 등기촉탁 처리를 법무사에 의뢰하는 방법이다.

    여기서 셀프등기란, 낙찰받은 물건을 내가 직접 소유권이전등기 촉탁을 하여 내 명의의 물건으로 만드는 것을 말한다. 경매가 처음이라면 모든 절차를 완전하게 이해하고 경험하기 위해서라도 경매 물건을 직접 처리하는 셀프등기를 추천한다. 물론 법무사에게 맡기면 알아서 처리해 주기 때문에 편하겠지만, 수십만 원의 비용이 추가로 발생한다. 본인이 직접 잔금 납부와 등기를 하면 돈도 아끼면서 법원의 사무를 익힌다는 유익이 있다. 직접 잔금을 납부하고 셀프등기까지 하는 방법을 차례로 알아보자.

✅ 낙찰 대금 지급

    경매 물건을 낙찰받고 나면 보통 일주일이 지나서 매각 허가, 불허가 결정이

난다. 매각 허가 결정이 났다면 그로부터 일주일이 지나서 매각 허가 결정이 확정된다. 그 이후에 곧 기일입찰표(공동입찰자 목록)에 작성한 주소로 대금 지급 기한통지서가 도착한다(그림 3.1). 대금 지급 기한통지서를 수령하면 법원으로 향한다.

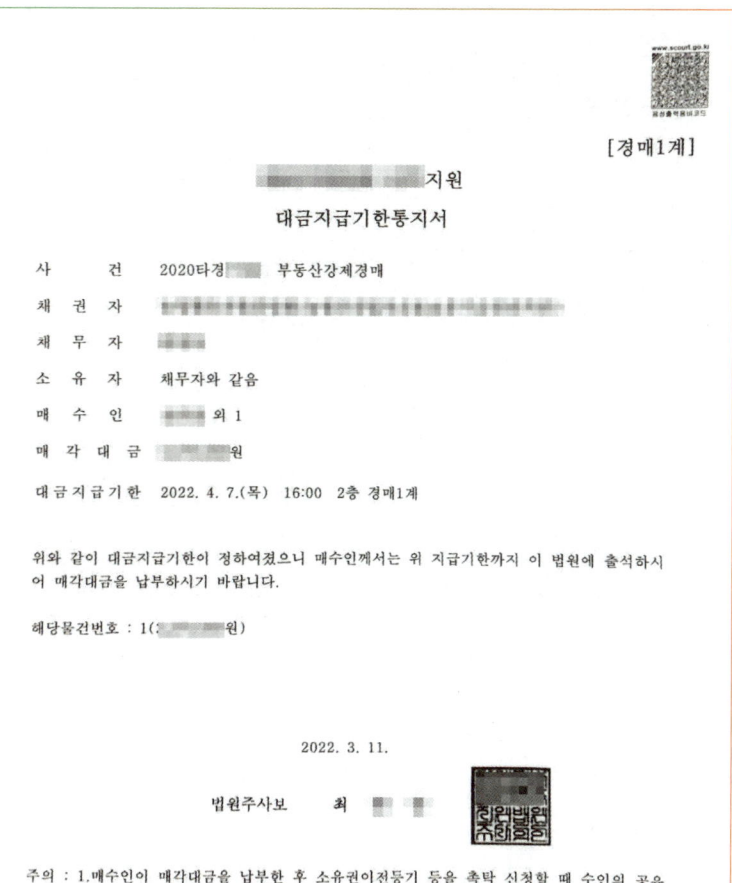

그림 3.1 대금 지급 기한통지서

그림 3.2 법원보관금 납부명령서

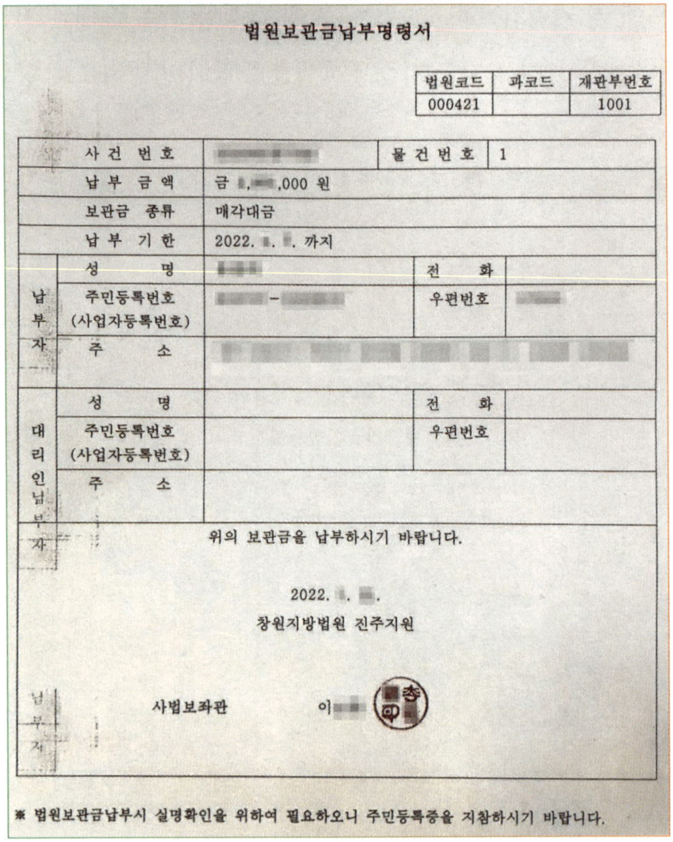

법원에 도착해 해당 경매계에 대금 지급 기한통지서를 제출하고 법원보관금 납부명령서를 교부받는다(그림 3.2).

다음은 매각대금 중 입찰할 때 제출한 보증금을 제외한 나머지 잔금을 납부할 차례다. 은행에 법원보관금 납부명령서를 제출하고 법원보관금 영수필통지서(그림 3.3)를 받는다. 법원 내 은행이 주거래 은행이 아닐 경우를 대비해, 미리 현금 또

그림 3.3 법원보관금 영수필통지서

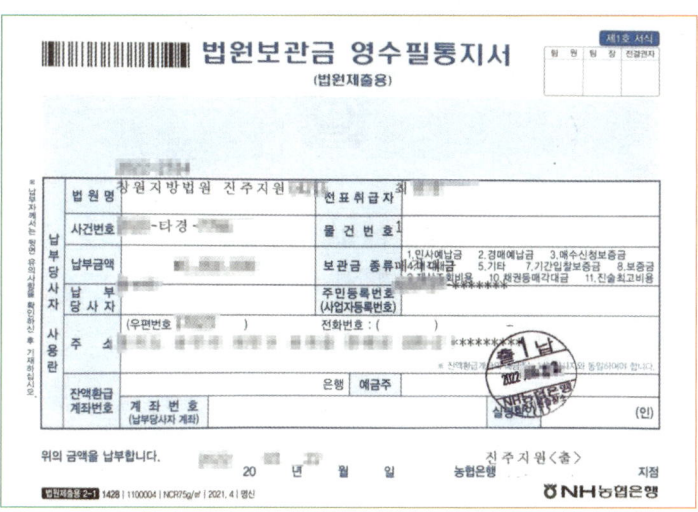

는 수표를 준비하면 좋다. 그리고 정부수입인지(500원) 한 장을 미리 구매한다.

법원 해당 경매계에 법원보관금 영수필통지서를 제출하면서 매각허가결정정본을 수령한다(156쪽, 그림 3.4). 다음으로 매각대금 완납증명원(157쪽, 그림 3.5)을 발급받아야 하는데, 어디서 발급해 주는지는 매각허가결정정본을 경매계에서 받으면서 문의하라. 큰 법원은 법원 민원실에서 따로 발급해 주기도 하고 작은 법원은 경매계에서 발급해 주기도 한다.

매각대금 완납증명원을 발급받기 위해서는 500원짜리 정부수입인지가 필요하다. 정부수입인지는 은행에서 구입할 수 있다. 매각대금 완납증명원 신청서를 작성하지 않아도 발급해 주는 법원이 있고 매각대금 완납증명원 신청서를 작성해야 발급해 주는 법원도 있다. 혹시 모르니 매각대금 완납증명원 신청서를 미리 준비해 두면 법원에서 시간을 아낄 수 있다.

그림 3.4 매각허가결정정본

창원지방법원 진주지원

매각허가결정 정본입니다.
2022. 3. 22.

법원주사보 최■■

사 건   2020타경■■■ 부동산강제경매

최고가매수신고인   ■■■■■■■■■ (지분 100분의 99)
                 ■■■■■■■■■
                 ■■■■■■■■■ (지분 100분의 1)
                 ■■■■■■■■■

매각가격   원

별지 기재 부동산에 대하여 최고가로 매수신고한 위 사람에게
매각을 허가한다.

2022. 3. 3.

사법보좌관

※ 각 법원 민원실에 설치된 사건검색 컴퓨터의 발급번호조회 메뉴를 이용하거나, 담당 재판부에 대한 문의를 통하여 이 문서 하단에 표시된 발급번호를 조회하시면, 문서의 위, 변조 여부를 확인하실 수 있습니다.

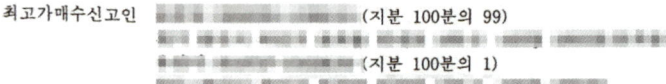

2022-0212412221-AF07E   1/2

그림 3.5 매각대금 완납증명원

✅ 취득세 및 등록면허세 납부

매각허가결정정본, 매각대금 완납증명원을 지참해 법원 내 시·군·구청 출장소 혹은 시·군·구청에 방문한다. 그리고 취득세 신고서, 등록면허세 신고서를 작성해 함께 제출한다. 등록면허세는 말소할 권리를 처리하는 비용이다. 말소할 권리란 우리가 경매로 낙찰받은 물건의 매각대금을 납부하는 즉시 소유권을 취득하게 되는데, 그 순간에 말소되는 권리를 말한다.

소유권이전등기촉탁 시 말소할 권리를 신고하면 추후에 등기소에서 확인한 후 등기사항전부증명서에 빨간색 줄로 말소되었음을 표시해 준다. 말소할 권리에는 우리가 낙찰받은 물건의 전 소유자에게 등기된 압류나 가압류, 가처분 등이 포함된다. 말소할 권리의 개수를 센 다음 등록면허세 신고서에 기재하면 된다. 등록면허세(말소)는 1건에 7,200원이 소요된다. 신고서 작성이 어려우면 직원의 도움을 받을 수 있다.

작성한 취득세 신고서, 등록면허세 신고서를 제출한 뒤에 모든 것이 끝나면 취득세 및 등록면허세 납부 지로 용지를 받을 것이다. 이 납부 용지를 가지고 은행에 가서 세금을 납부하고 취득세 및 등록면허세 납부 영수증을 받는다.

취득세 납부 용지상 시가표준액 500만 원 이상인 경우는 반드시 국민주택채권을 매입해야 한다. 인터넷 사이트 '부동산계산기.com/국민주택채권'에 방문하면 채권 매입 금액을 계산할 수 있다. 여기서 계산한 채권 매입 금액을 은행에 가서 말하면 된다.

이때 국민주택채권은 말 그대로 채권이라 계속 들고 있어도 되는 것이지만, 보통은 채권할인료(채권의 현 시장가치와 액면가치 또는 만기가치의 차액)만큼을 손해 보며 은행에서 바로 매도하게 된다. 예를 들어 500만 원에 낙찰받은 물건의 경우 채권 매입 금액은 10만 원(기타 지역, 토지 기준)이며, 채권할인료는 이날 기준으로 1만 2,677원이다. 그림 3.6을 참조하라. 국민은행 온라인뱅킹으로 미리 처리할 수도 있다.

이어서, 법원 은행이나 법원 등기과 내부에 비치된 기계에서 등기 처리 수수료를 납부한다. 모를 때는 항상 근처 직원에게 물어보면 자세하게 알려준다. 소유권 이전은 1만 5,000원, 말소는 1건당 3,000원이다.

소유권 이전할 것이 1필지라면 1만 5,000원(=15,000 × 1), 소유권 이전할 것이 2필

그림 3.6 국민주택채권 매입 금액 계산하기

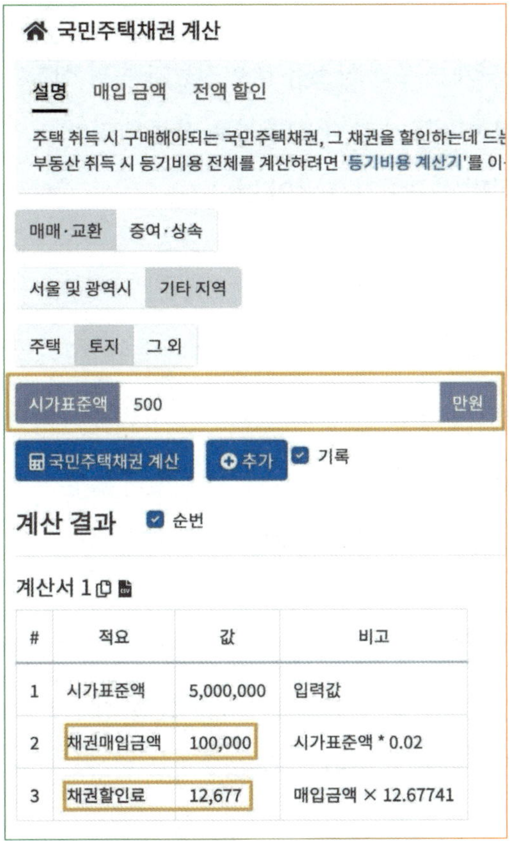

```
🏠 국민주택채권 계산

설명    매입 금액    전액 할인

주택 취득 시 구매해야되는 국민주택채권, 그 채권을 할인하는데 드는
부동산 취득 시 등기비용 전체를 계산하려면 '등기비용 계산기'를 이…

매매·교환    증여·상속

서울 및 광역시    기타 지역

주택    토지    그 외

시가표준액    500                              만원

📊 국민주택채권 계산    ➕ 추가    ☑ 기록

계산 결과    ☑ 순번

계산서 1

| # | 적요      | 값        | 비고              |
|---|-----------|-----------|-------------------|
| 1 | 시가표준액 | 5,000,000 | 입력값            |
| 2 | 채권매입금액 | 100,000 | 시가표준액 * 0.02  |
| 3 | 채권할인료 | 12,677    | 매입금액 × 12.67741 |
```

▲ 출처: 부동산계산기.com/국민주택채권

지라면 3만 원(=15,000 × 2)이다.

 말소는 1건당 3,000원이다. 앞서 등록면허세를 납부한 건수대로 말소할 비용을 산출하면 된다. 말소할 건수가 7건이라면 2만 1,000원(=3,000 × 7)이다. 소유권 이전이 2필지이고 말소할 건수가 7건이라면 5만 1,000원(=30,000 + 21,000)의 등기 처리 수수료를 납부하면 된다. 납부하고 납부영수증을 잘 보관하길 바란다.

✅ 부동산소유권 이전등기 촉탁 신청

대망의 마지막 단계는 부동산소유권 이전등기 촉탁 신청 단계다. 법원 민원실에서 부동산소유권 이전등기 촉탁 신청서를 작성하고, 아래의 준비물을 함께 제출한다. 여기까지 하면 셀프등기가 끝이 난다.

※ 촉탁 신청 준비물 목록
- 부동산 목록(매각허가결정정본 뒷면)
- 부동산등기부등본 1부(각 필지마다)
- 토지대장 혹은 임야대장(정부24)
- 매각허가 결정정본 1부, 매수인 주민등록초본 1부(과거 주소 이전 내역 포함)
- 취득세 및 등록면허세 영수증(등기소用)
- 등기 처리 수수료 납부영수증, 우표:
  우표는 해당 법원 관할 지역이 아닌 부동산일 경우 5,500원짜리 2개, 3,000원짜리 1개를 준비한다. 우편 가격은 수시로 변동하므로 해당 법원 안내를 따른다.
- 말소할 사항 4부, 국민주택채권 매입필증:
  국민주택채권은 시가표준액 토지 500만 원, 주택 2,000만 원 이상일 때 구입한다.
- 등기필증 우편송부 신청서(등기필증 수령을 집에서 하기 위해 제출. 공유자의 인감증명서도 첨부)

02 공매 셀프등기

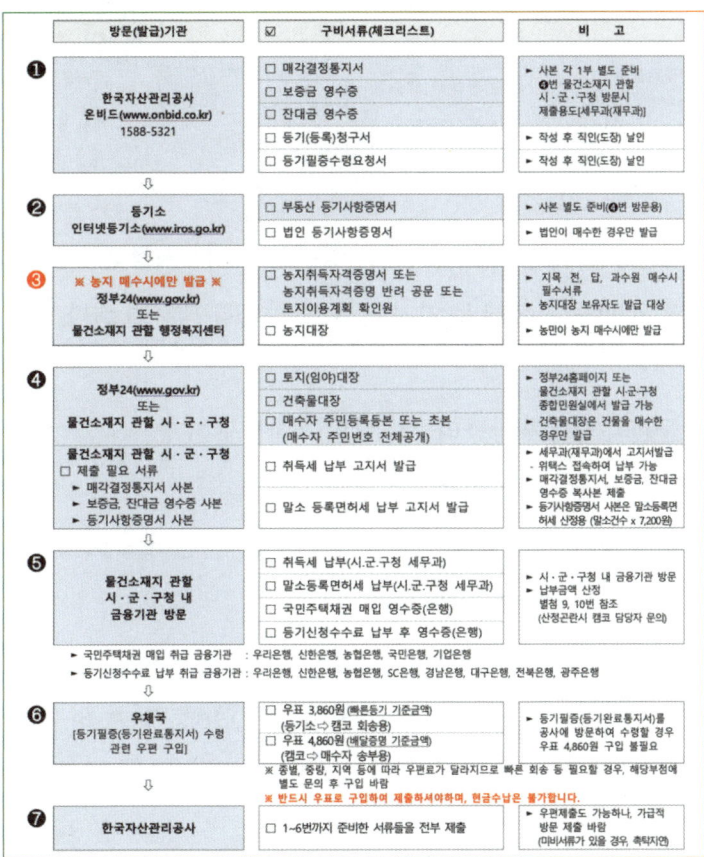

표 3.1 압류재산 소유권이전 준비서류 및 절차

▲ 자료: 한국자산관리공사

이번에는 공매 셀프등기 방법을 알아본다. 공매로 낙찰받고 잔금 납부한 것을 셀프로 소유권이전등기를 처리해 보겠다. 서류는 경매 셀프등기 때 제출하는 것과 거의 같다. 공매 셀프등기에 필요한 서류와 절차를 요약하면 표 3.1(161쪽)과 같다. 각 절차에 대해 자세히 알아본다.

① 온비드 - 매각결정통지서, 잔대금 영수증

| 한국자산관리공사
온비드(www.onbid.co.kr) | □ 매각결정통지서
□ 보증금 영수증
□ 잔대금 영수증
□ 등기(등록)청구서
□ 등기필증수령요청서 | ▶ 사본 각 1부 별도 준비
❹번 물건소재지 관할
시·군·구청 방문시
제출용도[세무과/재무과]
▶ 작성 후 직인(도장) 날인
▶ 작성 후 직인(도장) 날인 |

먼저 매각결정통지서, 보증금/잔대금 영수증, 등기(등록)청구서 및 등기필증 수령요청서를 발급받는다. 아래 두 가지 방법 중 하나를 택하면 된다.

- 매수 물건의 한국자산관리공사 관할 지역본부 내방
- 온비드(www.onbid.co.kr) 사이트에서 발급(내방 불필요)
  ▸ 매각결정통지서, 보증금, 잔대금 영수증 출력: 온비드 로그인 〉 나의 온비드 〉 화면 하단 매각결정통지서
  ▸ 등기(등록)청구서 및 등기필증 수령요청서 출력: 온비드 로그인 〉 입찰/이용안내 〉 자료실 〉 서식자료실 〉 압류재산 〉 16.등기(등록)청구서 및 등기필증 수령요청서

이어서, 발급받은 매각결정통지서, 보증금, 잔대금 영수증 사본을 각 1부 준비한다.

이 사본의 용도는 물건 소재지 관할 시·군·구청 세무과(또는 재무과)에 취득세 납부고지서 발급 시 과세신고 제출용이다.

매각결정통지서 발급받는 방법을 차례대로 그림과 함께 설명한다. 차근차근 따라해 보자. 우선 온비드에 들어가 로그인 후 '나의 온비드'에 접속한다.

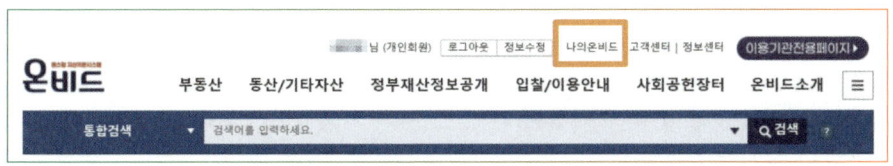

'나의 입찰내역'이라는 화면이 나오면, 여기서 '개찰 완료' 중 큰 숫자를 누른다.

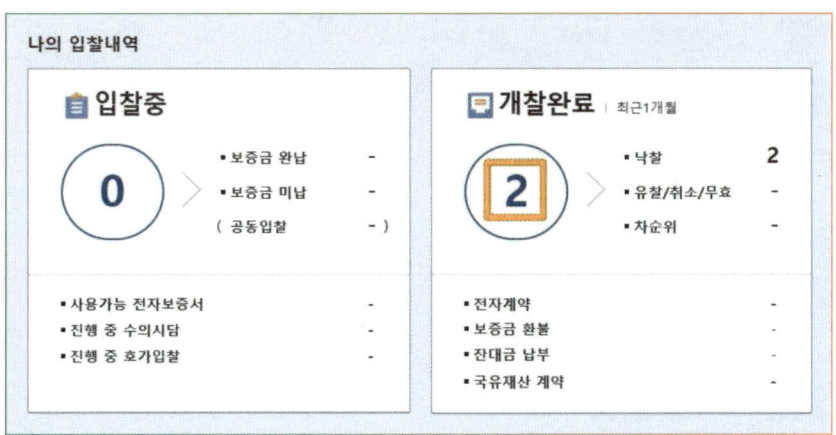

'낙찰' 버튼을 클릭한다.

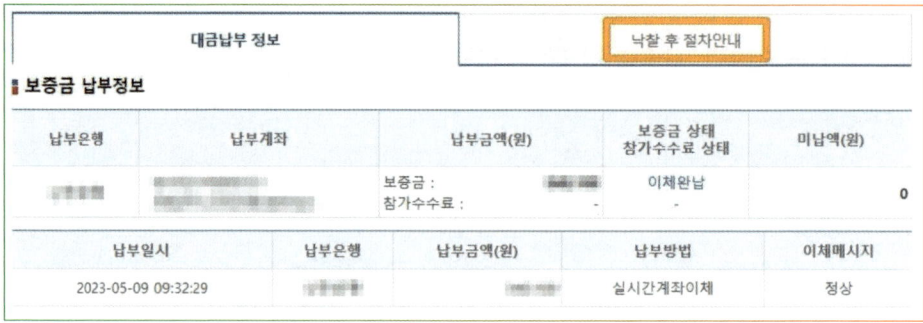

'낙찰 후 절차안내'를 클릭한다.

화면 하단에서 '매각결정통지서 및 잔대금 납부영수증 발급'을 클릭한다.

매각결정통지서와 잔대금 영수증을 다운로드한다.

11장 | 경·공매 셀프등기 방법

매각결정통지서는 아래와 같다. 매각결정통지서에 보증금 영수증도 포함되어 있다.

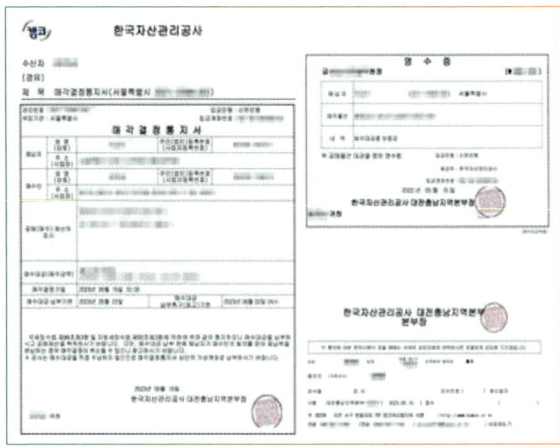

▲ 매각결정통지서 1쪽(좌), 보증금 영수증(매각결정통지서 2쪽)(우)

잔대금 영수증은 아래와 같다.

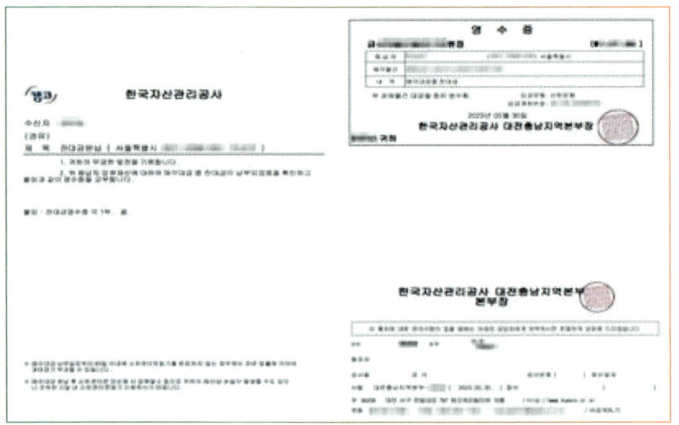

▲ 잔대금 영수증 1쪽(좌), 잔대금 영수증 2쪽(우)

등기등록 청구서와 등기필증 수령요청서는 뒤에서 살펴본다.

② 부동산 등기사항전부증명서 발급

등기소	☐ 부동산 등기사항증명서(등기부등본)	▶ 사본 별도 준비(❹번 방문용)
인터넷등기소(www.iros.go.kr)	☐ 법인 등기사항증명서	▶ 법인이 매수한 경우만 발급

부동산 등기사항증명서(등기부등본)를 발급하고 사본 1부를 준비한다(법인 매수자는 법인등기사항증명서 포함). 등기부등본 발급은 아래 세 가지 방법 중 하나를 택한다.

- 등기소 방문을 통한 발급
- 인터넷등기소(www.iros.go.kr)에서 발급
- 무인민원발급기 발급
  - ▶ 정부24(www.gov.kr) 〉 고객센터 〉 무인민원발급안내 페이지에서 전국 설치 장소를 확인할 수 있다.

③ (농지 취득 시) 농지 취득자격증명 발급

※ 농지 매수시에만 발급 ※ 정부24(www.gov.kr) 또는 물건소재지 관할 행정복지센터	☐ 농지취득자격증명서 또는 농지취득자격증명 반려 공문 또는 토지이용계획 확인원	▶ 지목 전, 답, 과수원 매수시 필수서류 ▶ 농지대장 보유자도 발급 대상
	☐ 농지대장	▶ 농민이 농지 매수시에만 발급

※ 농지(전, 답, 과수원)를 매수한 경우에만 해당한다.

※ 매수한 농지가 도시계획구역 안의 주거지역, 상업지역, 공업지역 또는 도시계획시설예정지로 지정되었거나 결정된 농지에 해당할 경우, 농지 취득자격증명원이 아닌 토지이용계획확인원을 발급받아 제출한다.

※ 정부24에서 발급 가능 서류: 농지 취득자격증명원, 토지이용계획확인원,

농지대장

물건 소재지 관할 행정복지센터(주민센터)에 방문해 농지 취득자격증명 신청서와 농업경영계획서를 작성해 신청하거나 정부24 홈페이지에서 신청할 수 있다. 농지 취득자격증명은 대상에 따라 발급 소요 기간이 4~14일로 상이할 수 있다. 농지 취득자격증명 신청 과정은 [더 알아보기](181쪽)에 정리했다.

④ 정부24 - 토지대장, 매수자 주민등록초본 발급

정부24(www.gov.kr) 또는 물건소재지 관할 시·군·구청	□ 토지(임야)대장	▶ 정부24홈페이지 또는 물건소재지 관할 시·군·구청 종합민원실에서 발급 가능 ▶ 건축물대장은 건물을 매수한 경우만 발급
	□ 건축물대장	
	□ 매수자 주민등록등본 또는 초본 (매수자 주민번호 전체공개)	
물건소재지 관할 시·군·구청 □ 제출 필요 서류 ▶ 매각결정통지서 사본 ▶ 보증금, 잔대금 영수증 사본 ▶ 등기사항증명서 사본	□ 취득세 납부 고지서 발급	▶ 세무과(재무과)에서 고지서발급 - 위택스 접속하여 납부 가능 ▶ 매각결정통지서, 보증금, 잔대금 영수증 복사본 제출 ▶ 등기사항증명서 사본은 말소등록면허세 산정용 (말소건수 x 7,200원)
	□ 말소 등록면허세 납부 고지서 발급	

먼저 '정부24'에서 토지대장을 발급한다. 정부24 검색창에 '토지대장'이라고 입력한다. 검색 결과에서 토지(임야)대장등본 '발급하기' 버튼을 클릭한다.

신청 내용을 채워주고 화면 하단의 '민원 신청하기' 버튼을 클릭한다.

바로 전산 처리가 된다. '문서 출력' 버튼을 눌러 PDF 파일을 저장한다.

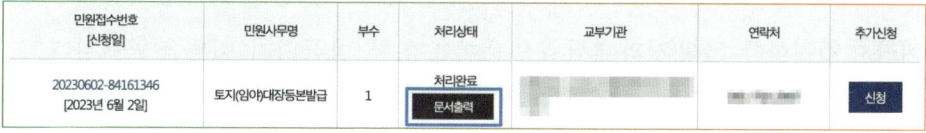

토지대장을 출력한다.

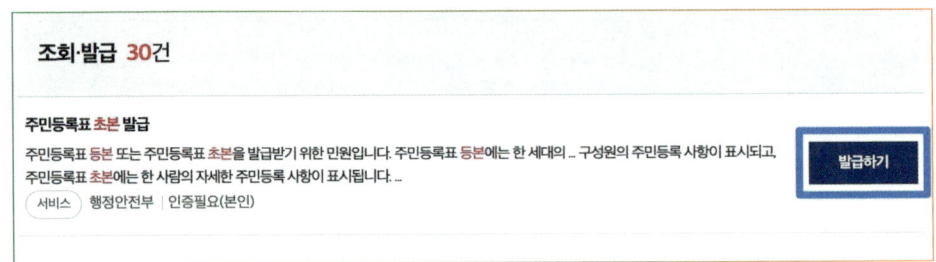

이어서 정부24에서 매수자 본인의 주민등록초본을 발급한다. 검색창에 '초본'이라고 입력한다. 검색 결과에서 주민등록표 초본 '발급하기' 버튼을 클릭한다.

바로 '민원 신청하기' 버튼을 클릭하면 된다.

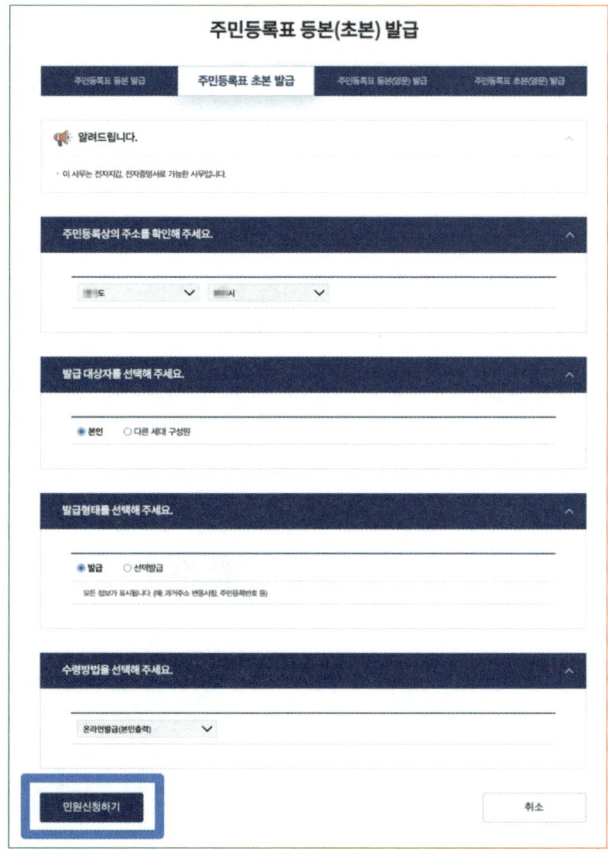

'문서 출력' 버튼을 눌러 PDF 파일을 저장한다. 주민등록초본을 출력한다.

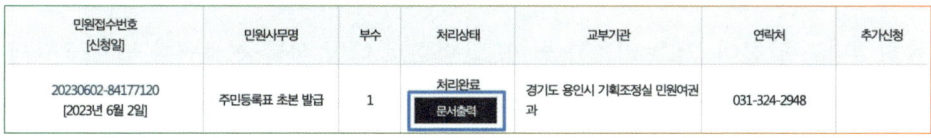

⑤ 취득세, 말소등록면허세 납부

| 물건소재지 관할
시·군·구청 내
금융기관 방문 | □ 취득세 납부
□ 말소등록면허세 납부
□ 국민주택채권 매입 영수증(은행)
□ 등기신청수수료 납부 후 영수증(은행) | ▶ 시·군·구청 내 금융기관 방문
▶ 납부금액 산정
　별첨 9, 10번 참조
　(산정 곤란 시 캠코 담당자 문의) |

취득세와 말소등록면허세는 물건 소재지 관할 시·군·구청에 고지서 발급을 요청한 후 납부한다. 굳이 지방까지 가지 않아도 되고 전화 한 통이면 고지서를 발급받을 수 있다.

먼저 인터넷 검색창에서 해당 시·군·구청을 검색한다. 아래와 같이 조직도를 검색해 '취득세' 담당자에게 전화를 건다.

취득세 담당자에게 고지서 발급이 필요한데 해당 시·군·구청과 멀리 떨어져 있어 팩스로 매각결정통지서와 잔대금 영수증, 취득세, 등록면허세 신고서를 제출하겠다고 말한다. 팩스 번호를 받아 그 번호로 해당 서류를 보낸다. 납부고지서를 받을 때도 보통 팩스로 받으므로 개인 팩스 번호가 필요하다.

서류를 보낼 때, 그리고 납부고지서를 받을 때 유용하게 쓸 수 있는 애플리케이션이 있는데 바로 '모바일 팩스'다.

※ 아이폰용 모바일팩스(https://apple.co/3JfUp5l)

※ 안드로이드용 모바일팩스(https://bit.ly/3OPrbgW)

아래는 신고서 견본이다.

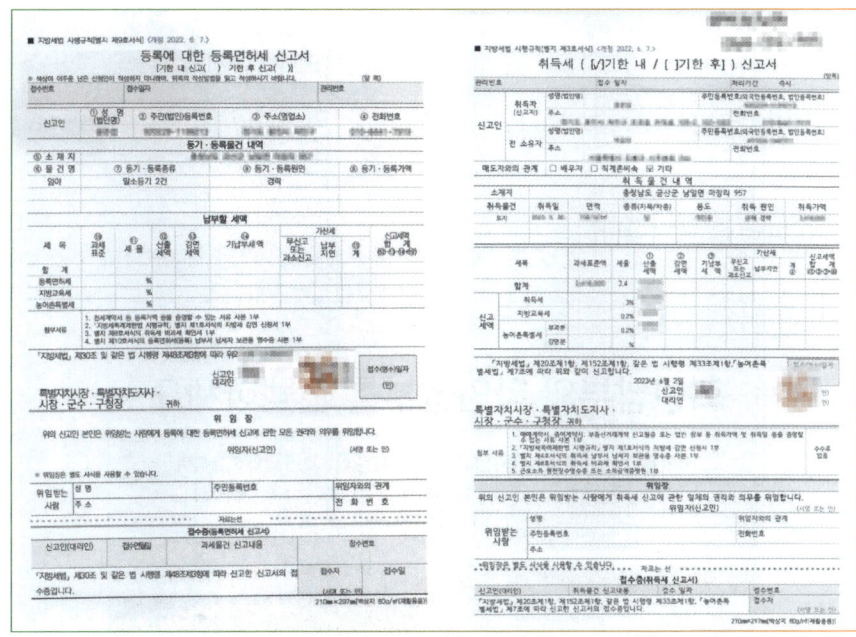

▲ 취득세 신고서(좌) 등록면허세 신고서(우)

만약, 지자체로부터 팩스로 처리가 불가하다는 통지를 받았다면 '위택스(www.wetax.go.kr)'를 이용하자. 위택스에서도 취득세 신고와 말소등기를 위한 등록면허세 신고가 가능하다.

이제 취득세 고지서를 받는다. 취득세 고지서상 토지시가표준액이 500만 원 이상이라면 국민주택채권을 매입해야 한다. 취득세 납부는 은행에서 할 수 있지만, 간편하게 집에서 위택스로도 가능하다. 위택스 홈페이지에 로그인해서 '납부하기'에 들어가면 바로 납부할 금액이 나온다. '납부' 버튼을 클릭한다.

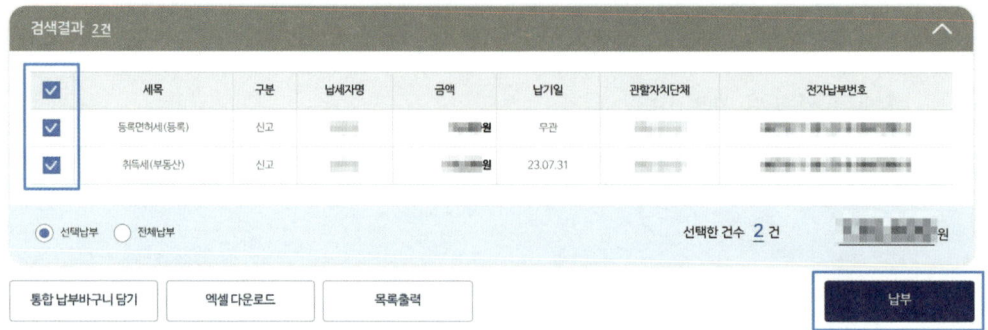

'회원 납부'를 클릭한다.

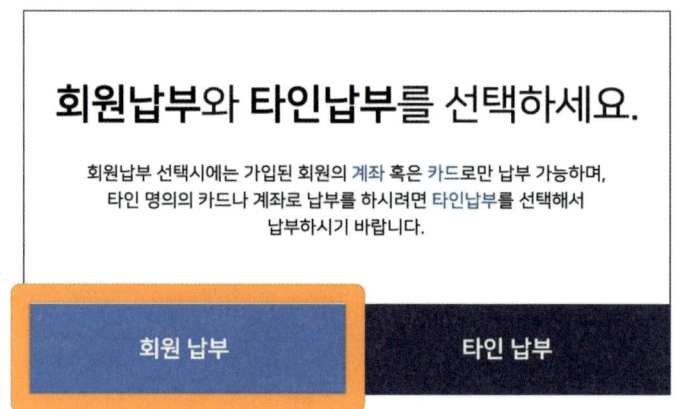

계좌이체, 신용카드, 간편결제(신용카드) 중 원하는 것으로 납부한다.

납부가 완료되면 화면에 납부 확인증이 나타난다. 납부 확인증을 저장해 둔다.

등기신청수수료는 인터넷등기소(www.iros.go.kr)에서 전자납부하면 된다. 등기신청수수료 산정 기준은 다음과 같다.

(소유권 이전 물건 수 × 15,000원) + (등기사항증명서상 말소할 건수 × 3,000원)

예를 들어 토지등기부 2통, 건물등기부 1통, 말소할 건수 5건일 때 등기신청수수료는 6만 원[= (3통 × 15,000원) + (5건 × 3,000원)]이다.

인터넷등기소에서 등기신청수수료를 전자납부하는 방법을 알아보자. 사이트에 접속해 '전자납부' 메뉴를 클릭한다.

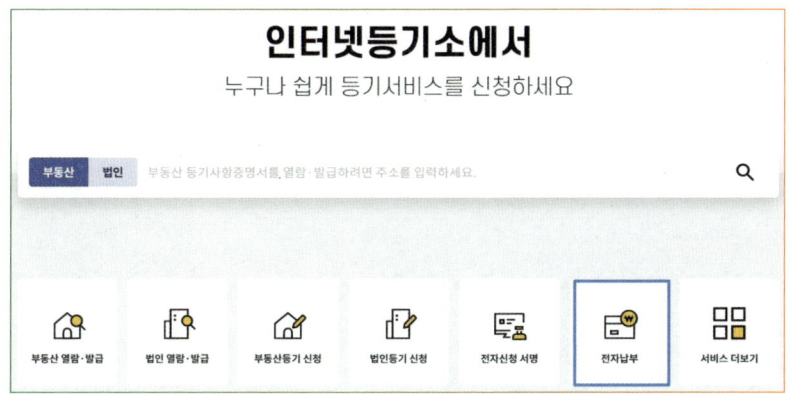

'전자납부 정보 입력' 버튼을 클릭한다.

'전체 등기소 검색' 버튼을 눌러 물건의 시 또는 군을 검색해 해당 시·군의 등기소를 등록한다. 납부금액은 '경매 셀프등기' 때와 마찬가지로 소유권 이전은 1만 5,000원, 말소는 1건당 3,000원이다. 계산된 납부금액을 입력한 다음 '저장 후 결제'를 클릭한다.

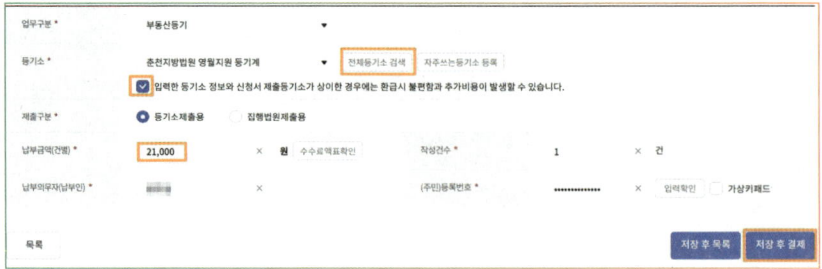

결제 과정은 이전과 동일하다. 이후에 등장하는 화면에서 납부완료 현황(1)을 클릭한 뒤 해당 결제 내역을 선택(2)해 주고 영수필확인서 출력(3) 버튼을 클릭해서 영수필확인서를 다운로드한다.

이어서 등기청구서, 등기필증 수령요청서를 작성한다.

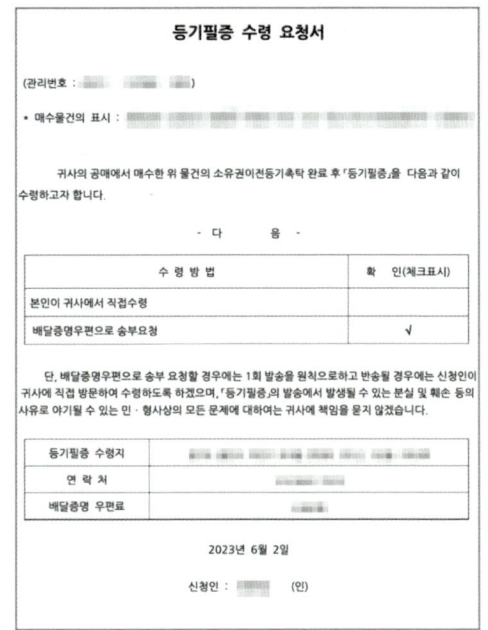

⑥ 우체국- 등기필증 수령 관련 우편 구입

| 우체국
[등기필증(등기완료통지서) 수령
관련 우편 구입] | ☐ 우표(선납라벨) 3,860원 (빠른등기 기준금액)
(등기소 ⇨ 캠코 회송용)
☐ 우표(선납라벨) 4,860원 (배달증명 기준금액)
(캠코 ⇨ 매수자 송부용) | ▶ 등기필증(등기완료통지서)를
공사에 방문하여 수령할 경우
우표 4,860원 구입 불필요 |

우체국에서 등기필증(등기완료통지서) 수령 관련 우표를 구입한다.

※ 종별, 중량, 지역 등에 따라 우편료가 달라지므로 빠른 회송 등 필요할 경우 해당부점에 문의한다.

※ 우편비용 인상에 따라 우표 금액은 달라질 수 있으니 사전에 확인한다.

⑦ 한국자산관리공사, 부동산소유권 이전등기 촉탁 신청

| 한국자산관리공사 | ☐ 1~6번까지 준비한 서류들을 전부 제출 | ▶ 우편 또는 방문 제출 (미비서류가 있을 경우, 촉탁 지연) |

대망의 마지막 단계인 부동산소유권 이전등기 촉탁 신청 단계다. 해당 물건을 관할하는 한국자산관리공사 본부에, 부동산소유권 이전등기 촉탁 신청서와 ①에서 ⑥까지 준비한 서류들을 한국자산관리공사에 모두 제출한다. 여기까지 하면 셀프등기가 끝이 난다. 준비물 목록을 다시 정리하면 다음과 같다.

[촉탁 신청 준비물 목록]
- 매각결정통지서
- 보증금 영수증
- 잔대금 영수증
- 등기(등록)청구서
- 등기필증 수령요청서
- 부동산 등기사항전부증명서
- 토지대장 혹은 임야대장(정부24)
- 매수인 주민등록초본 1부(정부24, 과거 주소 이전 내역 포함)
- 취득세 및 등록면허세 영수증(등기소用)
- 등기신청수수료 영수필확인서
- 국민주택채권매입필증(토지 500만 원, 주택 2,000만 원 이상 구입 시)
- 우표 3,860원짜리(등기소 ⇨ 캠코 회송용), 우표 4,860원짜리(캠코 ⇨ 매수자 송부용)

더 알아보기

농지 취득자격증명(농취증) 신청 과정

많은 사람이 농취증 신청을 어려워한다. 정부24(gov.kr)를 통해 농취증을 신청하는 과정을 보여주겠다. 우선 정부24에 들어가 검색창에 '농지 취득자격증명'이라고 입력한다.

'서비스 바로가기' 밑에 세 항목이 나온다. 각 항목에 대해 자세히 설명하면 다음과 같다.

1. 농업경영계획서를 제출하는 경우: 농업인, 혹은 신청하려는 농지가 $1,000\,m^2$ 이상.

2. 농업경영계획서를 제출하지 않는 경우: 농업인이 아닌 개인이 주말·체험 영

농에 이용하고자 농지를 취득하는 경우는, 신청 당시 소유하고 있는 농지의 면적에 취득하려는 농지의 면적을 합한 면적이 1,000㎡ 미만일 것.
3. 농지위원회 심의 대상인 경우: ① 토지거래허가구역 내 농지 ② 3인 이상 공동농지 취득 ③ 농업법인의 농지 취득 ④ 외국인 농지 취득 ⑤ 취득 농지 소재지 연접 시 군 구에 거주하지 않고, 농지에서 30㎞ 이상 떨어진 곳에 거주하는 자로 최초 농지를 취득하려는 자.

그중 농지위원회 심의 대상인 경우가 많을 것이다. 해당하는 경우를 선택해 클릭한다.

신청인의 정보를 입력한다.

취득(원인)은 '경락'으로 선택한다.

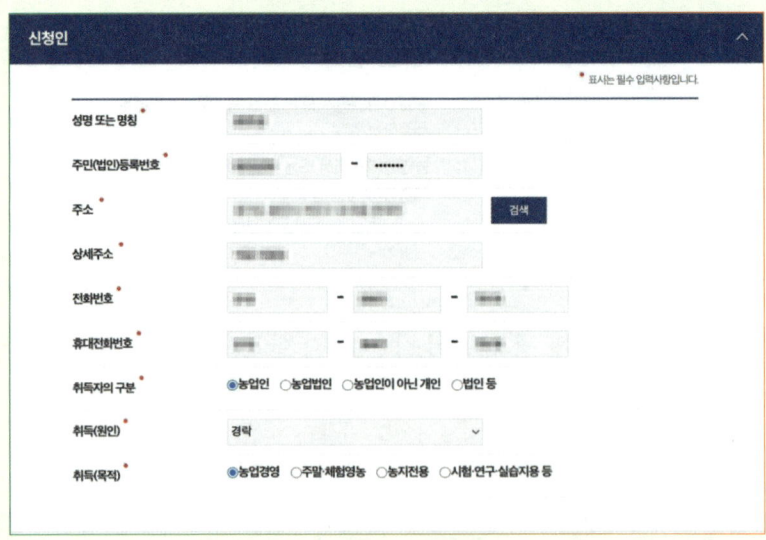

○ 취득 농지의 표시

농지의 토지대장이나 등기사항전부증명서를 보면서 입력해 주면 된다. 농지 구분에서 '지역'은 '토지이음'에서 토지이용계획을 확인해 보면 나오니 정확히 입력한다. 같은 지역 내의 여러 필지를 한 번에 신청할 때는 '농지 추가'를 눌러서 더 입력할 수 있다.

○ 구비서류

주말체험이면 주말체험 영농계획서, 나머지 경우는 농업경영계획서를 첨부해야 한다.

농업경영계획서 작성법은 그림 3.7을 참조하면 된다.

※ 농업경영계획서 양식 다운로드 링크

☞ https://bit.ly/3qs23CT

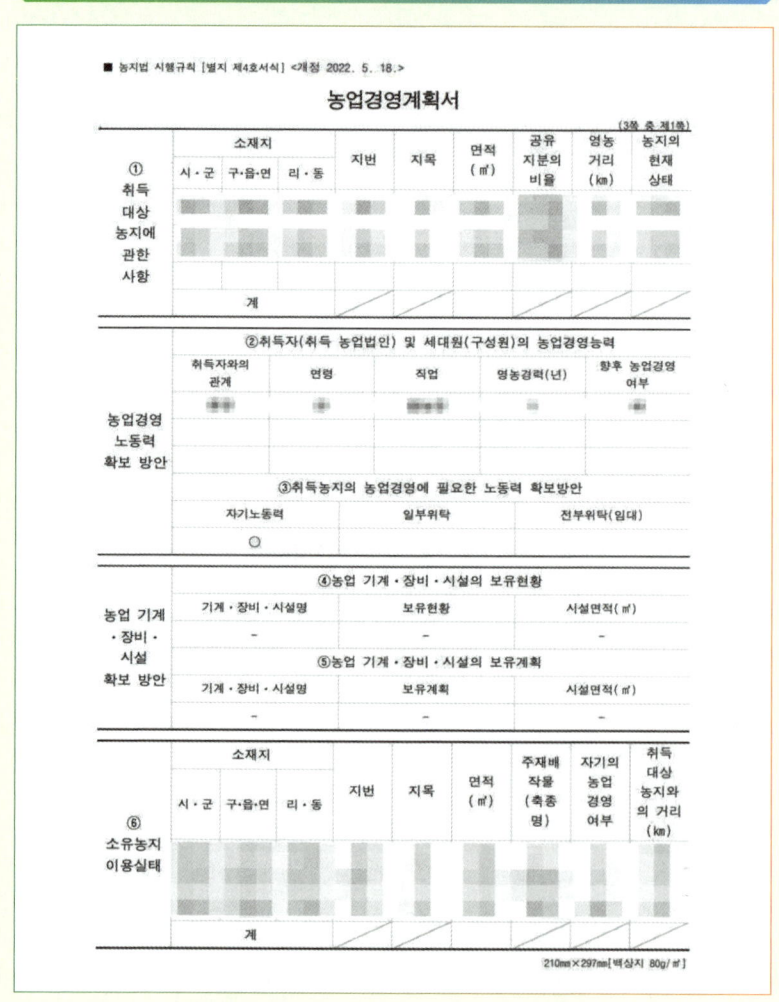

그림 3.7 농업경영계획서 작성법

(계속)

(3쪽 중 제2쪽)

⑦연고자에 관한 사항	연고자 성명		관계	
⑧농지취득자금 조달계획	자기자금	차입금 등		합계
	300,000원	원		원

	주재배작물 (축종명)	무화과나무			
	영농착수 시기	2024년 1월 10일			
	수확 예정 시기	2025년 8월 3일			
⑨ 영농계획에 관한 사항	작업일정	작업 내용	참여 인원(명)	소요자금	자금조달방안
	합 계		2명	300천원	자기자금
	2024.1월부터 2024.2월까지	묘목 정식	2명	150천원	자기자금
	2024.2월부터 2024.2월까지	비닐멀칭	2명	40천원	자기자금
	2024.2월부터 2024.6월까지	시비	2명	70천원	자기자금
	2025.1월부터 2025.2월까지	전지	2명	40천원	자기자금
	부터 까지			300천원	

⑩임차(예정) 농지 현황

소 재 지				지번	지목	면적 (㎡)	주재배 (예정) 작물의 종류 (축종명)	임 차 (예정) 여부
시·도	시·군	읍·면	리·동					

⑪공유로 취득하려는 경우 각자가 취득하려는 농지의 위치

공매로 낙찰받는 건이기 때문에 소유권 취득 및 이전 후 기존 공유자들과 협의하여 농지의 위치를 특정할 것임

「농지법」 제8조제2항, 같은 법 시행령 제7조제1항 및 같은 법 시행규칙 제7조제1항제3호에 따라 위와 같이 본인이 취득하려는 농지에 대한 농업경영계획서를 작성·제출합니다.

2023년 6월 6일

제출인   (서

시장·구청장·읍장·면장 귀하

210mm×297mm[백상지 80g/㎡]

(계속)

(3쪽 중 제3쪽)

첨부 서류	1. 「농업·농촌 및 식품산업 기본법 시행령」 제3조제2항에 따라 발급된 농업인 확인서(신청인이 「농어업경영체 육성 및 지원에 관한 법률」 제4조제1항제1호에 따라 농업경영체로 등록하지 않은 농업인인 경우만 해당합니다) 2. 정관(신청인이 농업법인인 경우만 해당합니다) 3. 임원 명부와 업무집행권을 가진 자 중 3분의 1 이상이 농업인임을 확인할 수 있는 서류(신청인이 농업회사법인인 경우만 해당합니다) 4. 재직증명서·재학증명서 등 직업을 확인할 수 있는 서류(신청인이 농업인이 아닌 개인인 경우만 해당합니다) 5. 신청인을 포함하여 각자가 취득하려는 농지의 위치와 면적을 특정하여 구분소유하기로 하는 약정서 및 도면자료(신청인이 1필지의 농지를 공유로 취득하려는 공유자인 경우만 해당합니다)

작성방법

①란은 취득하려는 농지의 소재지·지번·지목, 면적, 공유로 취득하려는 경우 공유 지분의 비율을 적고, 거주지로부터 농지 소재지까지 일상적인 통행에 이용하는 도로에 따라 측정한 거리를 적습니다.

②란은 노동력을 제공할 수 있는 세대원(구성원)의 현황과 앞으로 영농참여 여부를 적습니다.

③란은 취득하려는 농지의 농업경영에 필요한 노동력을 확보하는 방안을 다음 구분에 따라 해당되는 난에 표시합니다.
 가. 같은 세대의 세대원의 노동력만으로 영농하려는 경우에는 자기노동력 란에 ○표
 나. 자기노동력만으로 부족하여 농작업의 일부를 남에게 위탁하려는 경우에는 일부위탁란에 ○표
 다. 자기노동력에 의하지 않고 농작업의 전부를 남에게 위탁하거나 임대하려는 경우에는 전부위탁(임대)란에 ○표

④란과 ⑤란은 농업경영에 필요한 농업 기계·장비·시설의 보유현황과 앞으로의 보유계획을 적습니다.
 가. 기계·장비·시설명란에는 보유한 농업 기계·장비·시설의 명칭과 보유 계획이 있는 농업 기계·장비·시설의 명칭을 적습니다.
 나. 보유현황 및 보유계획란에는 수량을 적습니다.
 다. 시설면적(㎡)란에는 농지소재지에 시설(고정실온실, 버섯재배사, 비닐하우스, 축사, 곤충사육사 등)이 있거나 설치 계획이 있는 경우 그 면적을 적습니다.

⑥란은 기존에 소유한 농지의 소재지·지번·지목·면적을 적고 취득하려는 농지와의 통행거리를 적습니다.

⑦란은 취득농지의 소재지에 거주하고 있는 연고자의 성명 및 관계를 적습니다.

⑧란은 다음의 구분에 따라 농지취득자금 조달계획을 적습니다. 다만, 농지를 취득하려는 자가 「부동산 거래신고 등에 관한 법률 시행규칙」 제2조제8항부터 제10항까지의 규정에 따라 토지취득자금 조달 및 토지이용계획서를 제출하거나 「부동산 거래신고 등에 관한 법률 시행규칙」 제9조제2항제2호에 따라 토지취득자금 조달계획서를 제출하는 경우에는 ⑧란의 작성을 생략할 수 있습니다.
 가. 자기자금: 금융기관 예금액, 주식·채권 매각대금, 증여·상속, 현금 등 그 밖의 자금, 부동산 처분대금 등, 토지보상금 등의 소계
 나. 차입금 등: 금융기관 대출액 합계(토지담보대출, 신용대출, 그 밖의 대출), 그 밖의 차입금 등의 소계

⑨란은 영농계획에 관한 사항을 다음 각 목의 구분에 따라 적습니다.
 가. 주재배작물(축종명)란은 경작하려는 농작물 또는 재배하려는 다년생식물의 종류 등 농업경영 대상을 구체적으로 적습니다.
 나. 영농착수 시기란과 수확예정 시기란은 농지취득 후 경영착수일과 수확이 예정되는 시기를 구체적으로 적습니다.
 다. 작업일정란은 3년간의 작업 일정을 6개월 단위로 작업내용과 농업경영계획의 이행에 필요한 인력, 소요자금의 규모와 조달방안을 구체적으로 적습니다.

⑩란은 임차 중이거나 임차 예정인 농지에서의 영농상황과 계획을 적습니다.

⑪란은 공유로 취득하려는 경우 각자가 취득하려는 농지의 위치를 적습니다.

210mm×297mm[백상지 80g/㎡]

(계속)

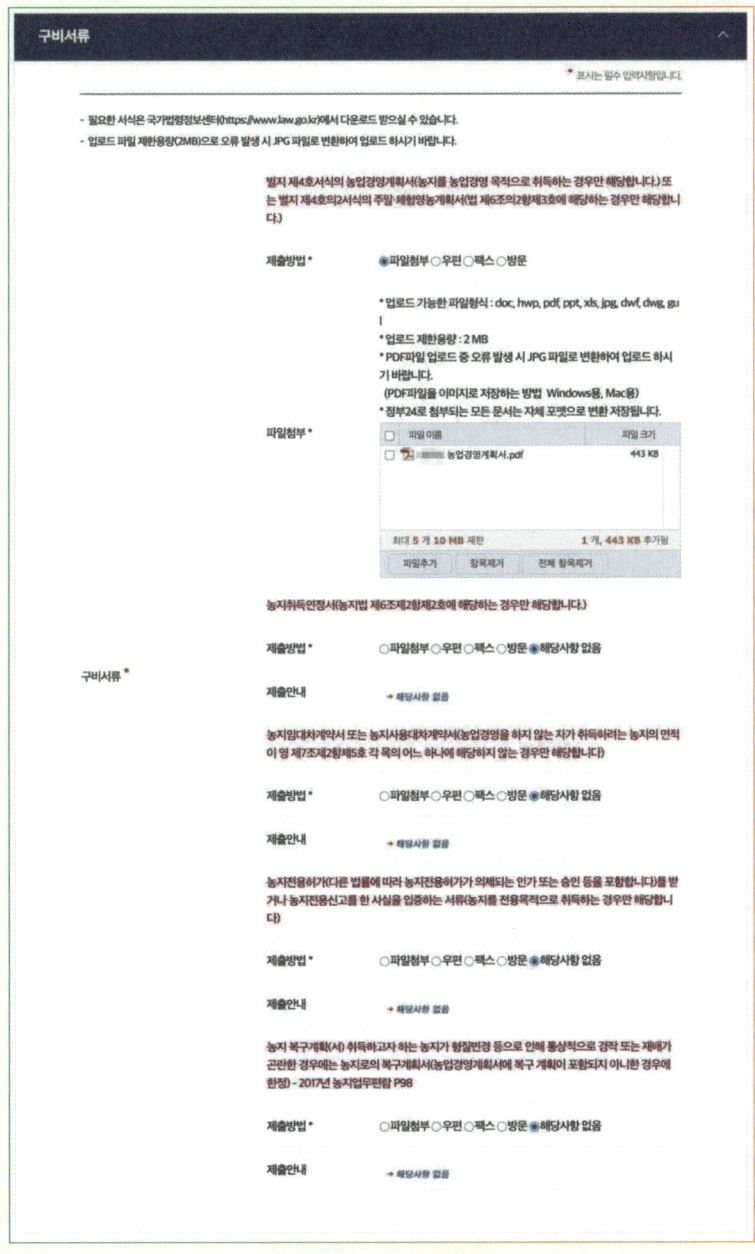

여기서 팁은 농지 취득을 신청하려는 지역 특성에 맞는 작물에 대한 영농계획을 최대한 자세하게 작성해야 발급 확률이 높다는 것이다.

○ 수수료 납부

마지막으로 한 건당 수수료 1,000원을 납부하면 신청이 완료된다.

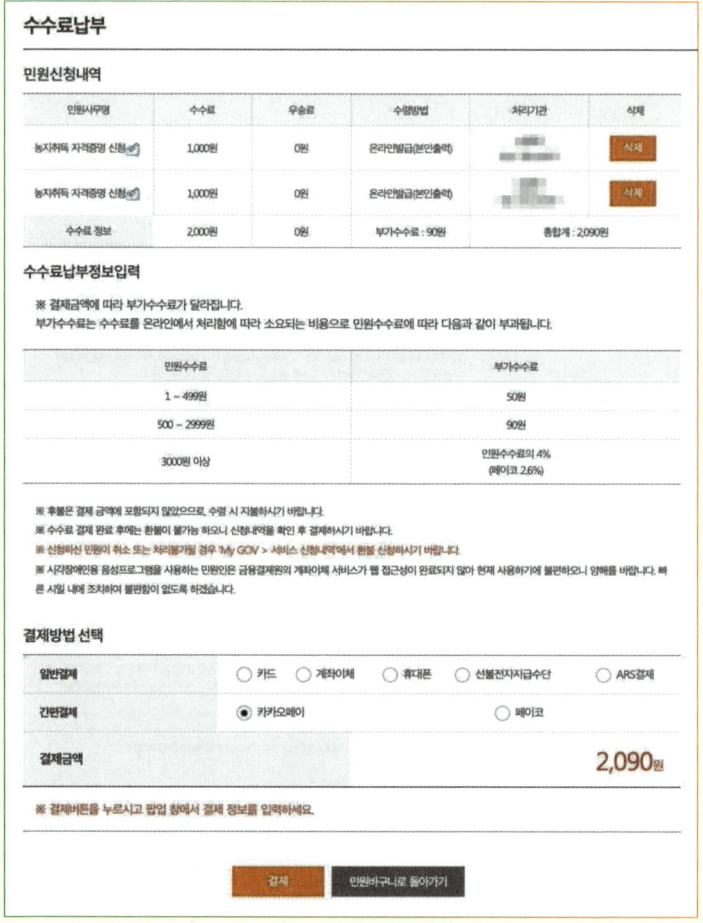

이렇게 하면 너무나 간단하게 농지 취득자격증명을 신청할 수 있다. 하나도 어렵지 않지 않은가? 한번 해보면 다음엔 너무 쉽다.

농취증 신청 후 결과가 나오기까지 최소 2주는 잡아야 한다. 넉넉히 입찰일 3~4주 전에는 신청해야 농취증 결과가 나온다.

12장

공유자와 협상하기

01 내용증명 보내기

협상의 시작은 공유자들에게 내용증명을 보내는 것이다. 내용증명 보내기는 물건 매도를 위한 첫 단계로, 공유자들과 협상이 시작되는 중요한 의미가 있다. 공유자들에게 보내는 내용증명은 두 가지 의미를 담아야 하는데, 하나는 공유자에게 협상을 제안하는 것이고, 다른 하나는 공유자를 압박하는 의미다.

공유자들은 자신이 소유한 물건의 지분이 낙찰되었는지 모를 수 있다. 왜냐하면 주변에서 많은 사람이 묘지가 경매로 올라가도 낙찰될 일이 없다고 조언하기 때문이다. 이런 조언을 들은 공유자들은 물건이 헐값에 떨어지길 기다렸다가 그때 경매에 입찰해 낙찰받으려고 한다. 우리는 이런 허점을 이용해 경매투자를 진행하는 것이다.

일단은 부드러운 어조의 내용증명을 보낸다. 부동산을 적절한 가격에 매도하고 싶다는 의사를 내비치는 것이다. 이 내용증명에 아무런 답장이 없을 때가 많다. 그럼 2차 내용증명을 보낸다. 2차 내용증명을 보낼 때는 '부동산 처분금지 가처분' 신청에 따른 가처분 결정문을 첨부하고 법적인 조처를 할 의사를 내비친다. 2차 내용증명에도 아무런 답변이 없을 시에는 바로 공유물분할 소송에 들어간다.

여기서 핵심은 공유자와 협상을 계속해 나가면서 매도까지 이어지도록 하는 것이다. 처음부터 바로 매도가 이루어지지 않는다고 해서 실망할 필요가 없다. 공유자들이 결국 매수할 수 있도록 매끄럽게 협상하도록 한다. 협상하는 기술과 방법이 중요하므로 [더 알아보기](259쪽)에서 좀 더 자세히 설명한다. 1차 내용증명, 2차 내용증명 서식 샘플은 아래에 첨부한다.

> **Tip. 내용증명이란?**
>
> 내용증명이란 우편물 발송자가 해당 일자에 내용증명 서류에 기재된 내용을 수취인에게 발송했음을 우체국에서 증명해 주는 제도이다. 내용증명이 기재된 내용의 진실을 추정해 주는 것은 아니지만, 그 내용 사실을 우체국이 증명하는 제도이므로 내용의 발송 사실, 발송 일자 및 전달 사실까지 증명될 수 있다. 주로 법적 조치 이전에 진중하게 의사를 표현할 때 사용된다.
>
> 내용증명을 보낼 때는 문서 내용 안에 발송하는 사람의 성명과 주소, 수신하는 사람의 성명과 주소를 적어야 하며, 이는 우편 봉투에 적힌 내용과 정확히 일치해야 한다. 내용증명서의 문서는 기본적으로 3부가 필요하다. 1부는 발송인용, 1부는 수신인용, 1부는 우체국 보관용이다.
>
> 공유자들에게 내용증명을 보낼 때는 보통 동일한 내용으로 다수에게 보낸다. 이럴 때는 '동문내용증명'을 이용한다. 공유자가 3명이면 문서는 5부가 필요하다. 3부는 수신인용, 1부는 발송인용, 1부는 우체국 보관용이다. 이때 5부의 내용문이 전부 동일해야 하고, 발송인과 수신인들의 성명과 주소가 기재되어야 한다.

내용증명(1차)

수신1 : 김 하 나
　주소 : 강원도 강릉시 홍제동 34
수신2 : 김 둘 둘
　주소 : 강원도 인제군 인제읍 상동리 12
수신3 : 김 삼 삼
　주소 : 충북 충주시 금릉동 21

발신: 홍 길 동
　　주소: 서울특별시 강남구 도곡동 10
　　휴대전화: 010-○○○○-○○○○

> 해당 부동산: 강원도 ○○시 ○○동 산 ○○ 임야 ○○○m²

1. 안녕하십니까. 본사는 위 부동산의 기존 공유자인 '김하나'의 1/4 지분을 ○○지방법원 경매를 통해 낙찰받아 소유하게 되었습니다. 이에 따라 본사는 해당 부동산의 지분권자로서, 귀하와의 공유물 분할 협의를 위한 본 내용증명을 송부합니다.

2. 본사는 민법 제268조에 따라 공유물 분할청구권을 보유하고 있으며, 이를 행사하기에 앞서 협의를 통해 자발적인 해결을 모색하고자 합니다. 본사는 아래 두 가지 방식 중 하나로 협의가 가능함을 안내드립니다.

　　【협의 방안】
　　방안 ① 본사 소유 지분(1/4)을 귀하가 매수하는 방안
　　방안 ② 협의 불발 시, 법원을 통한 공유물분할청구 소송 및 필요 시 부당이득반환청구 소송 진행

3. 본사는 원만한 협의를 희망하나, 귀하의 응답이 없거나 협의가 지연될 경우에는 민사소송 절차를 통해 강제 분할을 진행할 수밖에 없음을 알려드립니다. 해당 소송의 결과에 따라, 부동산 전부(○○○○m²)는 제3자에게 매각될 수 있으며, 이 과정에서 귀하에게 상당한 법적 부담이 발생할 수 있습니다. 또한 참고로 말씀드리자면, 부동산 시장 상황과 본사의 내부 매각 계획에 따라 시간이 지체될수록 본사 지분의 평가금액은 상승할 수 있으며, 이는 귀하가 매수하고자 할 경우 오히려 불리한 조건이 될 수 있습니다. 이러한 점도 충분히 고려하여 빠른 협의를 요청드립니다.

4. 따라서 본 내용증명을 수령하신 후에는 자녀분이나 친족분들과 상의하시고, 공인중개사·법무사·변호사 등 전문가 자문을 받으신 뒤 가급적 빠른 시일 내에 협의 의사를 전달해주시기 바랍니다. 본사 역시 필요 시 직접 면담 또는 전화

상담을 통해 성실히 응대할 준비가 되어 있습니다.

본 통지는 귀하에게 협의 기회를 드리고자 하는 것으로, **귀하가 이 서신을 수신한 이후 7일 내로 귀하의 회신이 없을 경우 본사는 즉시 법적 절차에 착수할 수 있음을 알려드립니다.**

2025년 O월 O일

발신인 : 홍길동 (인)

연락처 : 010-OOOO-OOOO

> **Tip. 협상 시 마감 기한 선정**
>
> 협상은 인내심 싸움이다. 왜냐하면 시간이 촉박한 사람이 불리한 싸움이기 때문이다. 묘지 경매 협상을 할 때는 마감 기한을 설정해야 한다. 1차 내용증명을 보낼 때 언제까지 연락을 달라는 문구를 적어 넣어야 한다. 그때까지 연락을 주지 않으면 부동산 처분금지 가처분과 공유물분할 소송을 진행할 수 있다는 내용도 포함해야 한다.
>
> 그래야만 상대방에게 무한정의 시간을 주지 않으며 내가 제시한 옵션은 한정된 시간 동안만 유효하다는 의미의 메시지를 전달할 수 있다. 즉, 상대방을 시간에 구속되게 하는 것이다.

내용증명(2차)

수신 1: 김 하 나
    주소: 강원도 강릉시 홍제동 34

수신 2: 김 둘 둘
    주소: 강원도 인제군 인제읍 상동리 12

수신 3: 김 삼 삼
    주소: 충북 충주시 금릉동 21

발신: 홍 길 동
주소: 서울특별시 강남구 도곡동 10
휴대전화: 010-○○○○-○○○○

해당 부동산: 강원도 ○○시 ○○동 산 ○○ 임야 ○○○m²

1. 안녕하십니까. 귀하의 무궁한 발전과 평안을 기원합니다.

2. 본사는 귀하와 협의하여 해당 부동산에 대한 공유관계 해소가 잘 이루어지길 바랐지만, 귀하가 1차 내용증명을 수신하였음에도 아무런 대응도 이루어지지 않아(혹은 협의가 이루어지지 않아) 어쩔 수 없이 귀하가 소유한 공유 지분에 대하여 부동산 처분금지 가처분을 하였습니다. 귀하의 지분은 공유물분할 절차가 끝날 때까지 처분(양도, 증여, 매도 등)될 수 없습니다.

3. 본사는 지난 내용증명에서 말씀드린 대로 협의가 진행되지 않을 경우에 취할 수 있는 방안 ② 부당이득반환청구 소송 및 공유물분할 청구 소송을 진행할 예정입니다. 해당 소송이 진행되면 해당 공유물, 전체 부동산이 제3자에게 경매로 매각되어 해당 부동산이 분할됩니다. 그때까지 귀하가 해당 부동산에 대하여 묘지 관련 시설을 설치하여 유지하는 부당이득금 부분에 대하여 월 000,000원(경매 혹은 공매 감정가의 1%)을 부당이득금으로 청구하는 소를 진행하게 됩니다.

4. 또한 해당 부동산에 설치된 묘지 관련 시설에 대한 분묘 철거 소송을 진행할 수 있습니다. 이 같은 소송이 진행될 경우 해당 분묘는 철거되며 이에 수반하는 철거 비용은 모두 귀하께서 부담하셔야 함을 알려드립니다.

5. 위 내용에 관해 숙고해 보시고 기타 궁금한 사항이 있으시면 부담 없이 연락해 주시기 바랍니다.

2025년 ○월 ○일
발신인 : 홍길동 (인)
연락처 : 010-○○○○-○○○○

부동산 처분금지 가처분 신청

1차 내용증명을 보냈는데 아무런 반응이 없을 경우, 부동산 처분금지 가처분을 신청한다. 부동산 처분금지 가처분의 의미는 무엇인지, 왜 하는지 알아보자.

우선 가처분을 이해하기에 앞서 '처분'에 대해 알아본다. 처분이란 권리에 대해 변동을 일으키는 법률행위를 가리키는 법률 용어다. 여기에 '거짓 가(假)'를 붙여 임시로 처분한다는 의미로 가처분이라고 한다. 그러므로 부동산 처분금지 가처분 신청이란 부동산 처분금지라는 효과를 갖는 가처분을 내려줄 것을 법원에 신청하는 것이다. 즉, 부동산 처분금지 가처분이란 부동산 처분을 금지하는 것을 뜻한다.

왜 다른 공유자들의 부동산 처분을 금지해야 할까? 만약 부동산 처분금지 가처분을 신청하지 않고 공유물분할 소송을 진행하여 현물분할이나 대금분할 같은 판결이 나왔을 때, 해당 부동산의 공유자가 바뀌게 되면 공유물분할 소송을 다시 진행해야 하는 경우가 생긴다. 왜냐하면 기존 소송은 기존 공유자들을 상대로 진행한 것이기 때문이다. 따라서 공유물분할 소송을 하기 전에 부동산 처분금지 가처분을 신청해 공유자들이 해당 부동산의 처분을 금지하도록 해야 한다.

그럼 부동산 처분금지 가처분 신청 방법에 대해 자세히 알아보자.

☑ 부동산 처분금지 가처분 신청 방법

대한민국 법원 전자소송포털(https://ecfs.scourt.go.kr/)에 접속해 로그인한다. 상단 '서류제출' 메뉴에서 '민사서류'를 클릭한다.

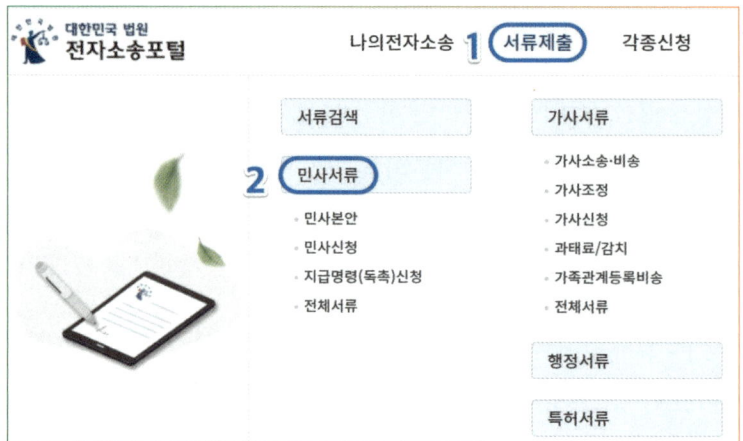

민사서류에서 '민사신청'을 클릭한 뒤 '자주 찾는 민사신청 서류'에서 '민사 가처분 신청서'를 클릭한다.

'확인' 버튼을 클릭한다.

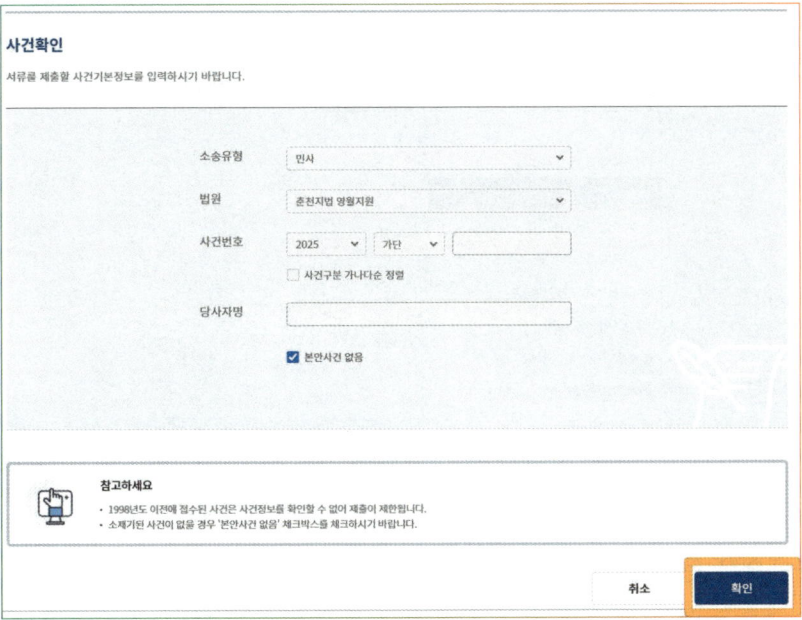

'당사자 작성' 버튼을 클릭한다.

12장 | 공유자와 협상하기

'사건 기본 정보'에서 '사건명'을 클릭한 후 '부동산 처분금지'를 선택한다.

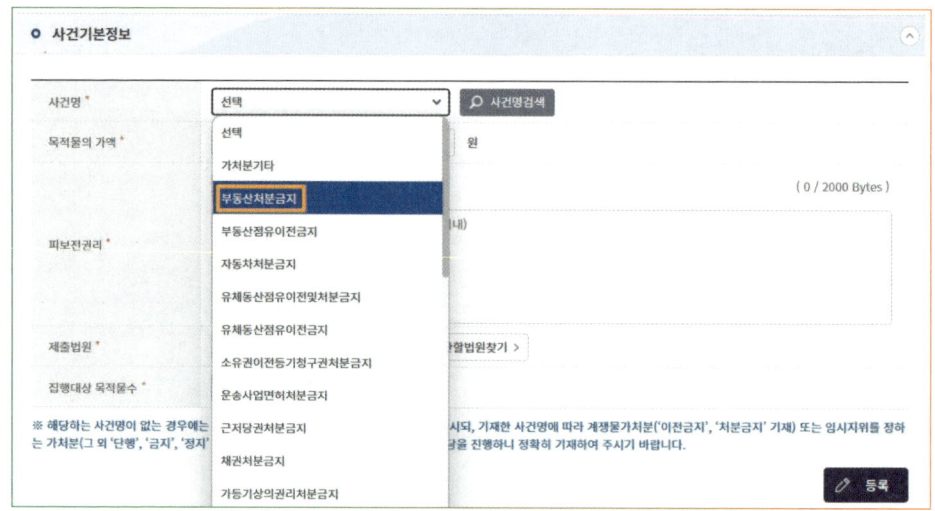

다음으로 목적물의 가액을 입력할 차례다. 여기서 목적물의 가액이란 소송의 대상이 되는 물건이나 권리의 가치, 즉 원고가 소송에서 전부 승소할 경우 얻게 되는 경제적 이익을 화폐 단위로 평가한 금액을 의미한다. 이는 소송의 소가(訴價)를 결정하는 기준이 되며, 소송 비용 계산 등에 사용된다. 여기서 소가가 아니라 목적물의 가액이라고 표시되는 이유는 현재 진행하고 있는 건 소송이 아니라 신청 사건이기 때문이다.

목적물의 가액을 입력하는 것은 소가(토지)를 계산하기 위한 절차다. 화면 오른쪽 '바로가기'에서 '부동산가액 및 소가계산기'를 클릭한다.

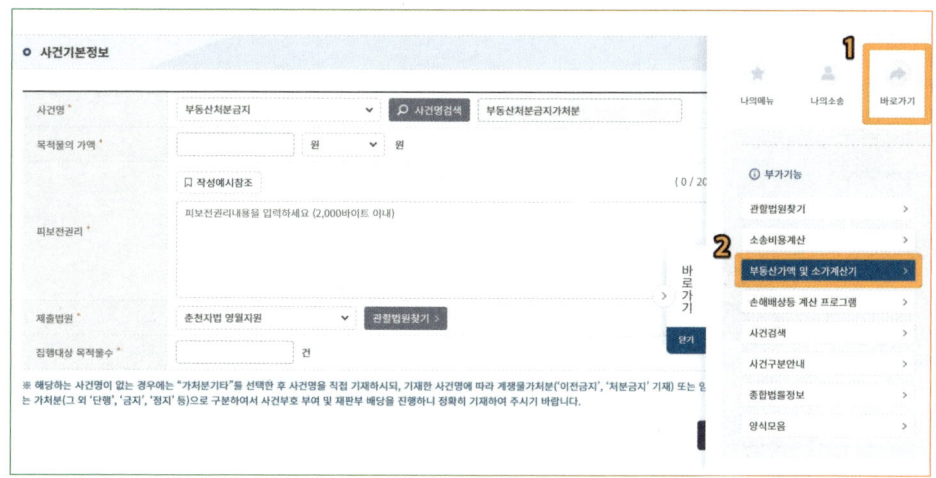

　　대상을 토지로 선택한 후 토지 개별 공시지가와 토지면적 그리고 공유지분을 입력한다. '소의 종류'에서는 '소의 종류 보기' 버튼을 클릭해 '4번 공유물분할 청구의 소'를 클릭한다. 마지막으로 '계산' 버튼을 클릭한다. 드디어 목적물의 가액이 나온다.

　　계산 결과에서 소가(토지)가 부동산 처분금지 가처분의 목적물의 가액이다. 계산 결과가 나온 소가 계산기 화면을 캡처해 두길 바란다. 소가 계산 내역은 추후에 등록세를 납부할 때 제출해야 한다(209쪽 참조).

　　소가 계산기가 계산해 준 소가(토지)를 목적물의 가액에 입력한다. 피보전권리는 '공유물분할 청구의 소를 본안으로 한 부동산 소유권 이전 등기청구권'이라고 입력한다.

가처분 신청은 본안의 관할법원 또는 다툼의 대상이 있는 곳을 관할하는 지방법원이 관할한다(민사집행법 303조). 따라서 해당 부동산 소재지 관할법원에 가처분을 신청하면 된다. '관할법원 찾기' 버튼을 클릭한다.

가처분을 신청하는 토지가 속한 도시의 이름을 적고 '관할법원 찾기' 버튼을 누르면 관할법원이 어디인지 알 수 있다. 예를 들어 '구례'라고 입력했더니 "전남 구례군의 일반 관할법원은 광주지방법원 순천지원입니다"라는 설명이 나타난다.

아래 화면에서 파란색으로 적힌 법원명을 클릭하면 제출 법원이 선택된다.

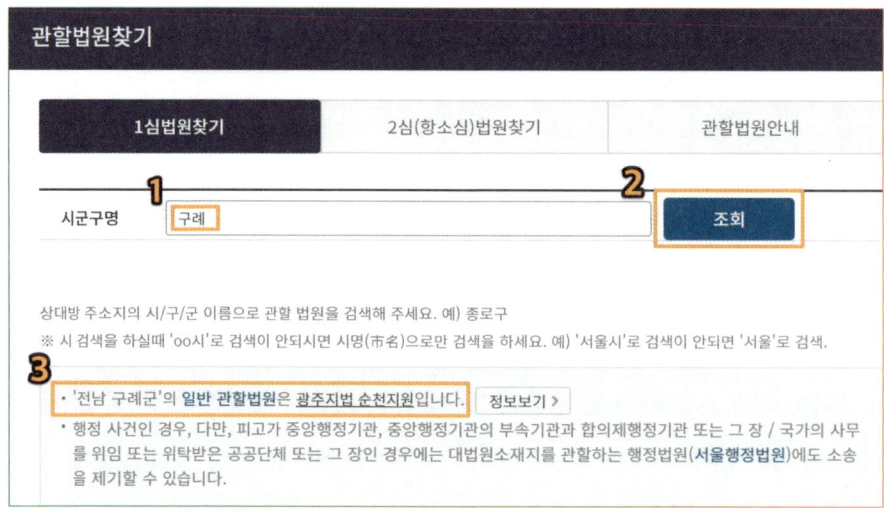

제출 법원까지 입력을 마쳤다면 집행 대상 목적물 수를 입력할 차례다. 말 그대로 목적물의 수를 입력하면 된다. 토지 1필지에만 가처분을 신청할 경우는 1을

입력하고, 토지 2필지에 가처분을 신청한다면 2를 입력하면 된다. 여기까지 입력한 후 등록 버튼을 누른다.

사건 기본 정보까지 입력을 마쳤고, 이제 등록면허세를 납부할 차례다.

'등록면허세 입력' 버튼을 클릭한다.

'사건 기본 정보 등록' 버튼을 누르면 그 즉시 아래와 같이 등록면허세 기본 정보 입력란이 나타난다.

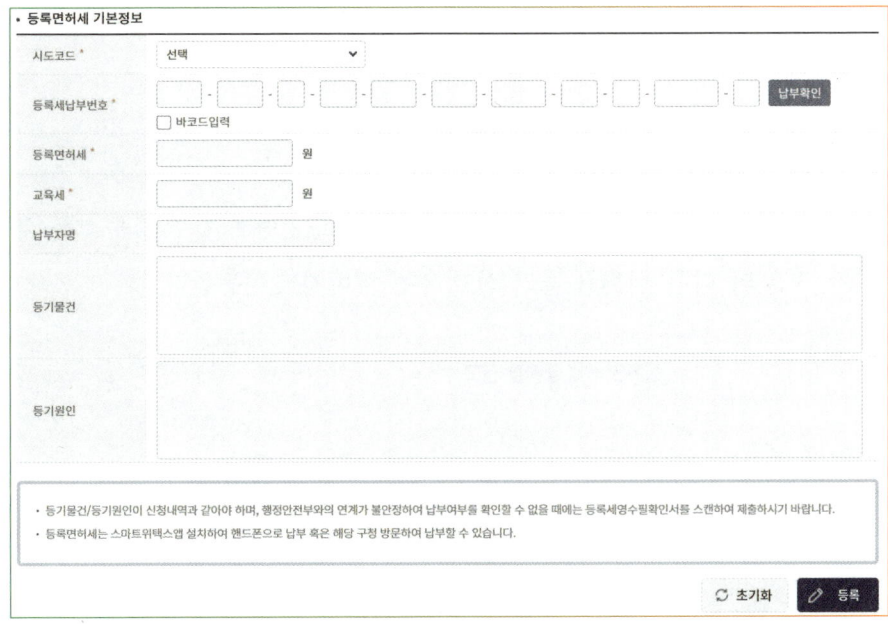

등록면허세는 지방세로, 서울시 관할 부동산은 이택스(http://etax.seoul.go.kr)에서, 서울시 관할 이외의 부동산은 위택스(http://www.wetax.go.kr)에서 납부할 수 있다. 대부분은 위택스를 이용하게 되므로 위택스를 기준으로 설명하겠다.

위택스에 접속해 로그인한다. 상단 메뉴의 '신고'에 마우스 커서를 올리면 다음 그림과 같이 메뉴가 펼쳐진다. 그 메뉴 중에서 '등록면허세' 중 '등록분'을 클릭

후 밑에 나오는 '등록분 신고'를 클릭한다.

신고인 및 납세자 인적사항을 기입하는데, 주소는 현재 거주지 주소를 적는다. 모두 적은 뒤 '다음' 버튼을 눌러 '신고 유형' 페이지로 이동한다.

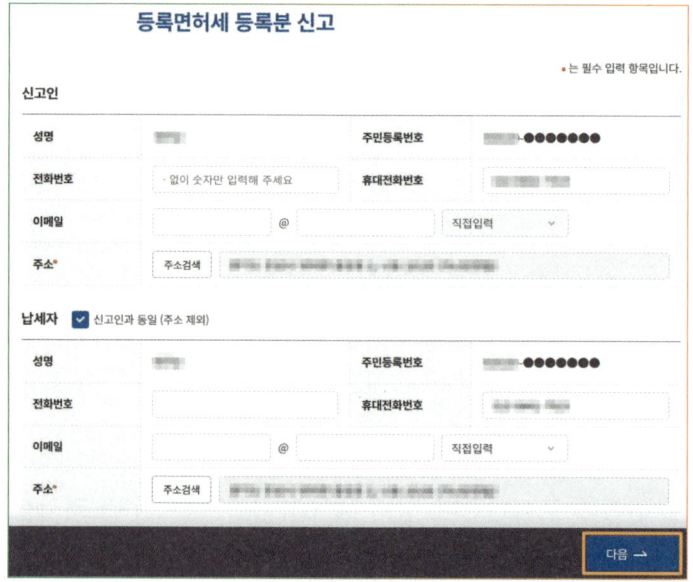

등록 유형 선택 시 물건 종류는 부동산, 물건 상세종류는 적절한 것을 선택하고, 등록원인은 '가처분 설정'을 선택한 뒤 '다음' 버튼을 눌러 신고 대상 페이지로 이동해 준다.

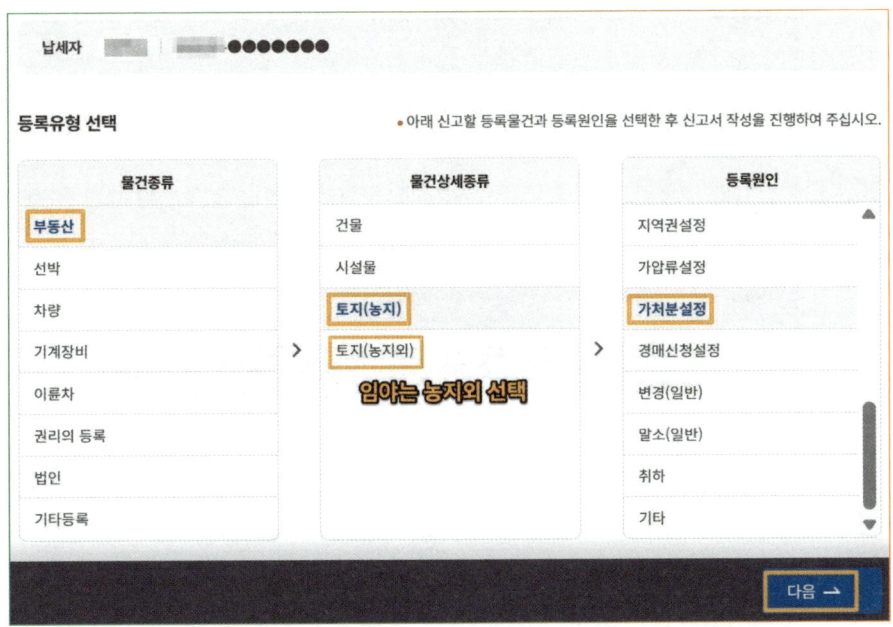

아래 '물건 정보' 입력란에서 '주소검색' 버튼을 눌러 가처분하려는 부동산 주소를 입력한다. 관할 자치단체도 정확한 읍, 면, 리를 선택해 준다. 과세표준에는 목적물의 가액을 입력한다. '다음' 버튼을 눌러 산출세액 확인 페이지로 넘어간다.

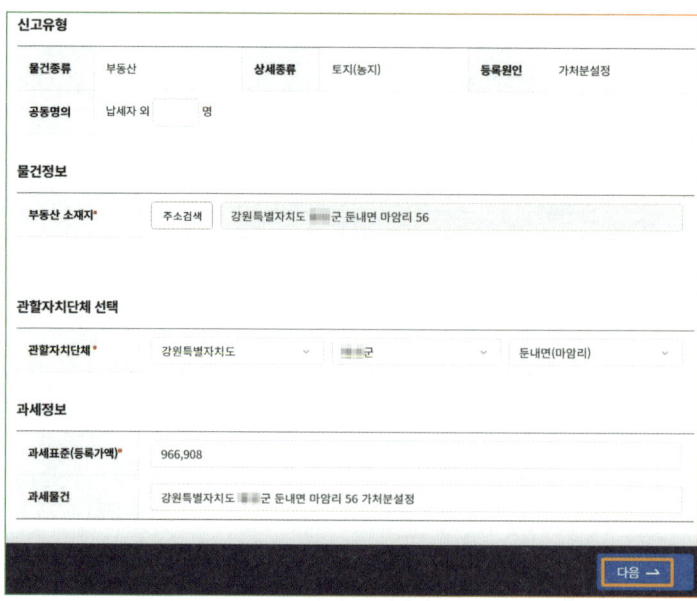

다음은 납부할 세액이 나타난다. 다음 버튼을 눌러 구비서류 등록 페이지로 넘어간다.

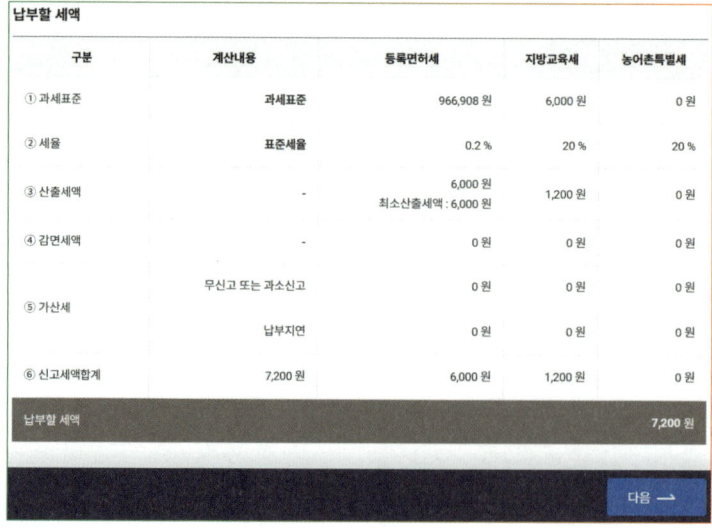

아래는 구비서류 등록란이다. 앞서 목적물의 가액 계산 결과가 나타난 소가계산기 화면(201쪽) 캡처를 이때 사용한다. 소가 계산 결과를 파일 첨부한 뒤 '다음' 버튼을 눌러 '신고서 제출' 페이지로 이동한다.

'신고서 제출' 페이지에서는 자신이 입력한 사항이 맞는지 확인한다. 모두 잘 기재되어 있다면 '제출' 버튼을 누른다.

드디어 등록세 신고가 완료되었고 다음과 같은 납부 화면이 나온다.

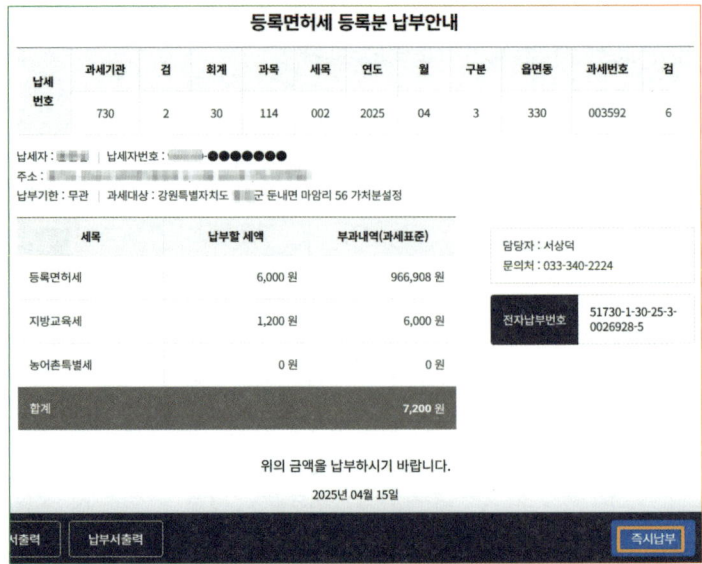

이제 등록세를 납부한다. 회원 명의로 계좌나 카드로 납부하려면 '회원 납부'를, 타인 명의의 계좌나 카드로 납부하려면 '타인 납부'를 클릭한 뒤 납부를 완료한다.

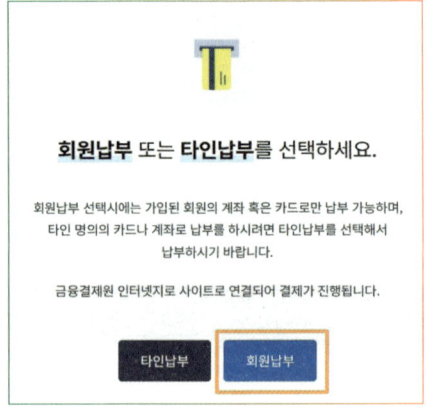

상단 메뉴에서 '납부 – 납부결과 – 지방세'를 눌러 납부한 내역을 확인한다.

전체 결과 중에 가처분 설정을 위한 등록분 신고 건을 찾아 '전자납부번호'를 클릭한다.

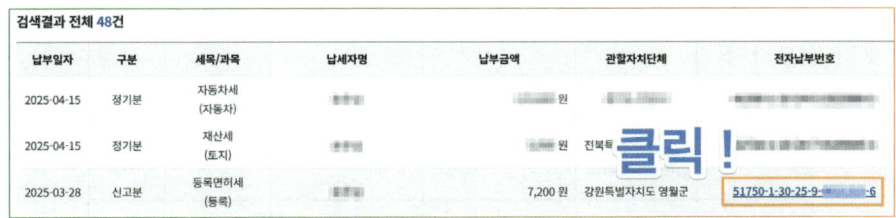

'납부결과 상세' 아래에 있는 '영수증 출력' 버튼을 클릭한다.

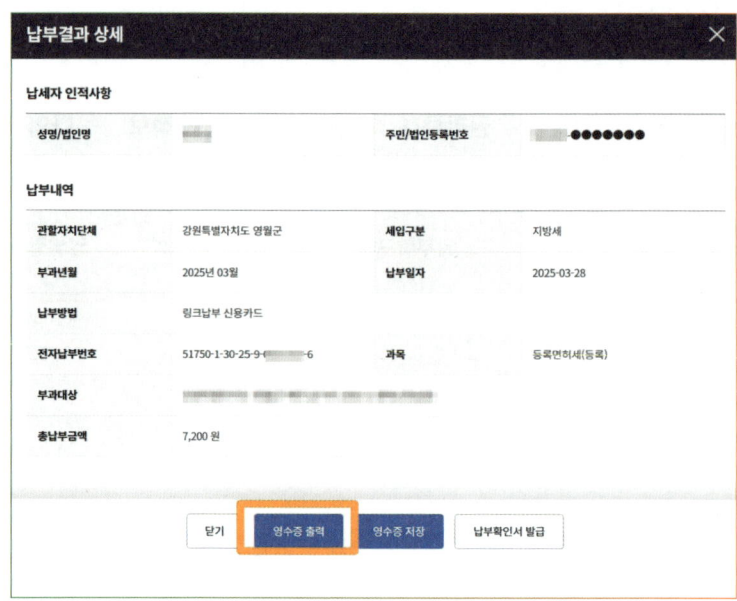

영수증 화면이 나타난다. 전자납부번호보다 긴 납세번호가 등장한다. 이 납세번호가 필요하다.

납부한 즉시 입력할 경우는 아직 시스템에 정보가 입력되지 않아 '확인되지 않는 납부번호'라는 경고창이 뜰 수 있다. 정확히 납부했고 납부번호에 오류가 없다면 경고창을 무시하고 진행한다. '납부 확인' 버튼을 누르면 아래 내용이 자동으로 입력된다.

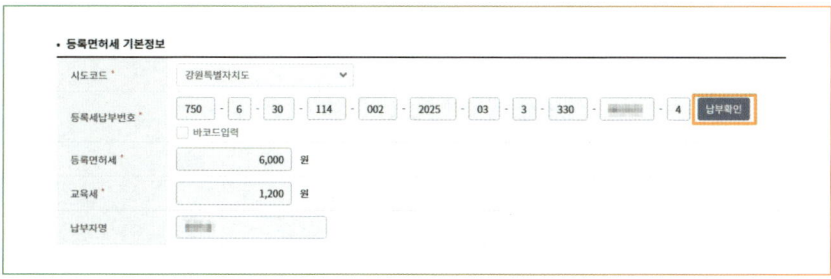

등록면허세 기본 정보가 모두 채워졌으면 '등록' 버튼을 눌러 '등기촉탁 수수료'란으로 내려간다.

✅ 등기촉탁 수수료 목록

등기촉탁 수수료는 인터넷등기소에서 납부할 수 있다.

인터넷등기소에 들어가면 중앙에 '전자납부' 메뉴가 있다. 들어가서 '납부 신규 작성' 버튼을 클릭한다.

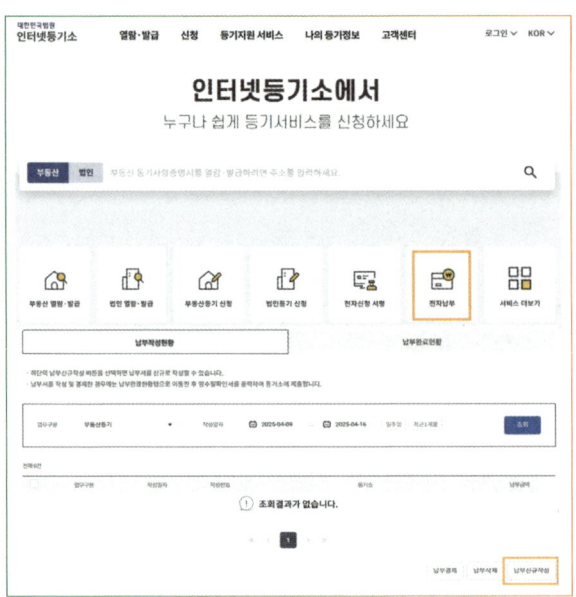

　등기소를 선택하는데, '전체 등기소 검색'을 클릭하여 해당 관할 등기소를 선택한다. 등기소 아래 체크박스에 체크한다. 납부금액에 3,000원을 입력하고, '저장 후 결제'를 누른다.

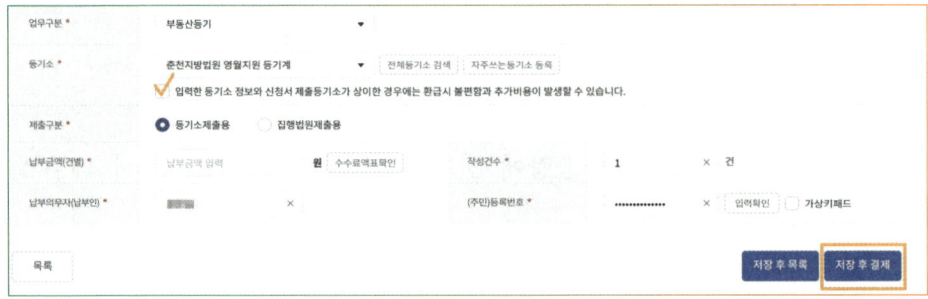

결제 페이지가 열린다. 신용카드, 계좌이체, 간편결제 등 자신에게 편한 방식으로 결제하면 된다.

'전체 동의' 클릭 후 '결제'를 클릭하면 결제가 완료된다.

결제 완료 후 아래 창이 나타난다. '납부완료 현황'을 클릭한다. 오른쪽 맨 끝에 있는 상세 버튼을 클릭한다.

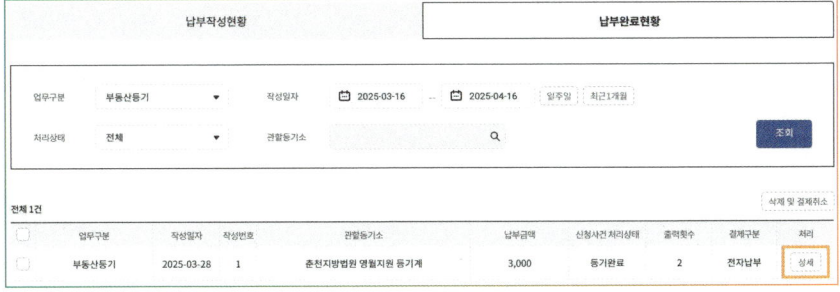

그러면 납부번호를 확인할 수 있다.

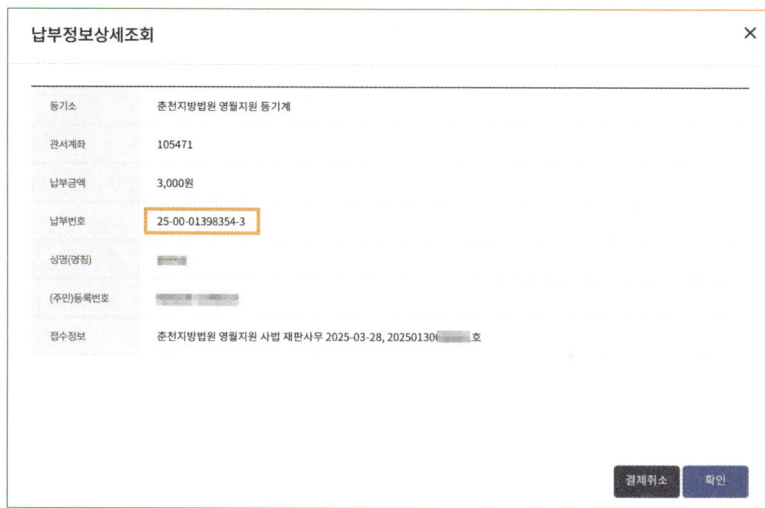

이 납부번호를 가지고 전자소송 창으로 이동한다.

전자소송 창의 '납부 구분'에서 '전자'를 선택한다. 납부번호를 입력한 후 '납부확인' 버튼을 누르면 납부한 내역이 확인된다. 이후 '등록'을 누르면 된다.

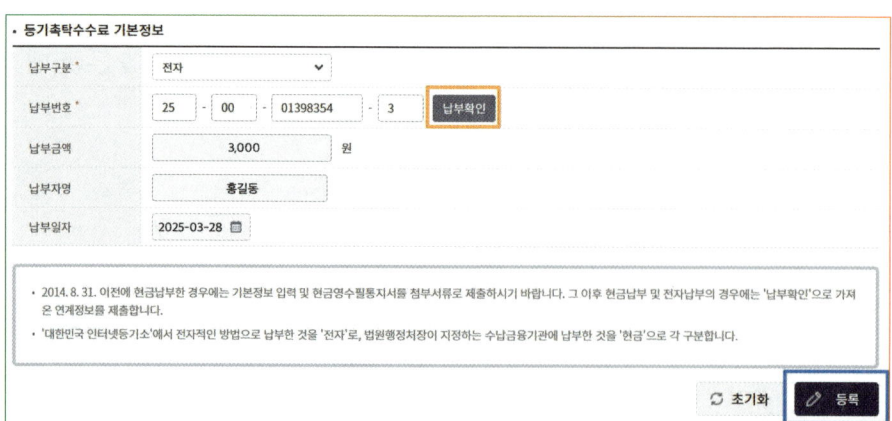

이어서 '당사자' 목록을 입력할 차례다.

채권자부터 입력해 보자. 우선 당신이 채권자이다. 소송의 원고 개념이다. 당신의 정보는 손쉽게 '내 정보 가져오기' 버튼을 누르면 자동으로 채워진다. 마지막으로 등록 버튼을 눌러 등록해 주면 된다.

채무자들은 당신이 부동산 처분금지 가처분을 하고 싶은 사람들이다. 기존 공유자들이 해당할 것이다. 채무자의 정보 중 지금 가지고 있는 정보, 이름과 주소를 입력해 주면 된다. 이름과 주소는 부동산 등기사항전부증명서에 적혀 있다.

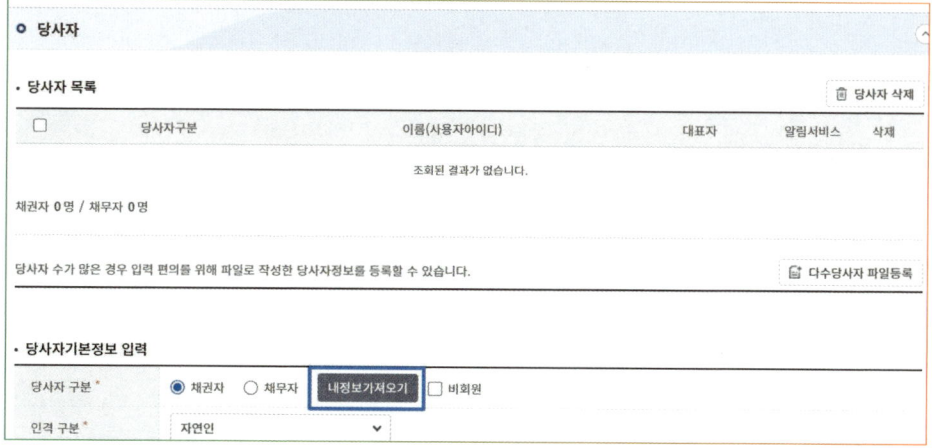

이렇게 채무자까지 모두 입력하고 나면 아래와 같은 화면이 되면서, 당사자 목록이 완성된다.

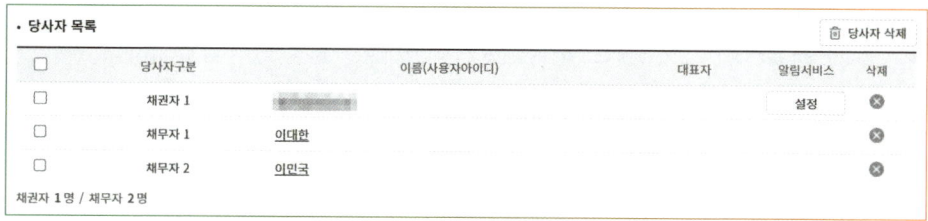

다음으로 가처분 신청 취지 및 이유를 작성할 차례다. 아래의 내용을 참고하여 작성하면 된다. 나는 아래 내용에서 빨간색 글씨만 사건별로 맞는 내용으로 바꾸어 제출한다. 그러니 독자 여러분도 이 내용을 그대로 사용해도 문제없을 것이다. 신청 취지는 이미 전자소송포털에 내용에 맞게 작성되어 있다.

신청 취지

채무자는 별지목록 기재 부동산에 대하여 매매, 증여, 전세권, 저당권이나 임차권의 설정 기타 일체의 처분을 하여서는 아니된다 라는 결정을 구합니다.

신청 이유

1. 채권자는 별지목록 기재 부동산의 0분의 0 지분에 대해 2025. 00. 00. OO지방법원 OO지원 경매0계 사건번호 2025타경00000호로 매수 신청하여 매각허가결정을 받아 2025. 00. 00. 매각대금 전액을 납부하고 소유권이전등기를 마친 진정한 소유자입니다.

2. 대법원 2013마396 결정을 보면 가처분의 피보전권리는 가처분 신청 당시 확정적으로 발생한 것이어야 하는 것은 아니고, 이미 그 발생의 기초가 존재하는 한 장래에 발생할 권리도 가처분의 피보전권리가 될 수 있다고 할 것이며, 부동산의 공유 지분권자가 공유물분할의 소를 제기하기에 앞서 그 승소 판결이 확정됨으로써 취득할 타 지분권자에 대한 소유권을 피보전권리로 하여 처분금지 가처분도 할 수 있다 할 것입니다.

3. 또한 공유물분할 소송에서 경매로 환가하라는 판결이 나와 경매로 해당 부동산의 매각이 이루어질 경우, 소송 진행 중에 채무자 및 제3자가 채무자의 지분에 대하여 제한 물

권을 설정하게 된 상태에서, 소제주의를 원칙으로 해서 경매가 진행되면 부동산상의 권리들을 말소시켜 버리지만, 예외적으로 인수되는 권리가 있다고 하겠습니다. 결국 매수인은 인수하는 만큼의 금액을 참작하여 그 권리를 떠안고도 이익이 있다면 응찰하므로 경매 매각대금은 시세보다 제한 물건의 금액만큼 저감된 금액으로 매각될 것이며, 채권자는 이때 자신의 지분에 상응하는 금액을 배당받지 못하는 지경에 이르게 될 것입니다.

4. 채권자는 채무자를 상대로 공유 지분에 대한 공유물분할 청구의 소를 제기할 예정인데, 채무자가 이 사건 부동산의 공유 지분을 다른 사람에게 처분할 염려가 상당하므로 이에 채권자는 공유물분할 청구권의 집행보전을 위하여 이 사건 신청에 이르게 되었습니다.

5. 채권자의 피보전권리에 관한 소명이 명확한 점을 고려하시어 민사집행법 제19조 제3항, 민사소송법 제122조에 의거, 보증보험회사와 지급보증위탁계약을 맺은 문서를 제출하는 방법으로 담보제공을 할 수 있도록 허가하여 주시기 바랍니다.

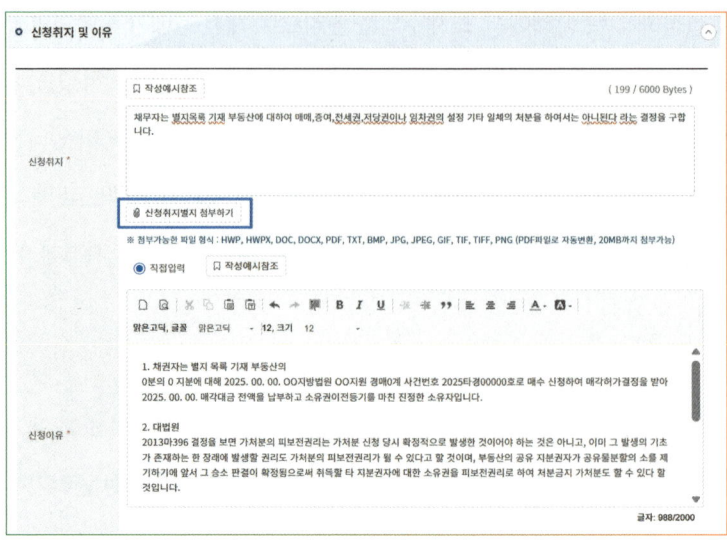

별지목록은 반드시 첨부해 주어야 한다. 별지목록은 아래와 같은 형식으로 내용을 작성하여 첨부하면 된다.

별지목록(예시)

목적물의 표시

1. 전라북도 고창군 대산면 중산리 614-1 전 367.1㎡

가처분할 지분

김하나: 800분의 200

김둘둘: 800분의 200

김셋셋: 800분의 200

홍길동: 800분의 190

홍둘둘: 800분의 10

위 내용을 참고하여 '신청 취지 및 이유' 작성란을 완성했다면 '등록' 버튼을 누른 뒤 '목적물' 작성란으로 이동한다. 목적물이란 집행대상 목적물, 즉 부동산을 말하는 것이다. 이 절차에서는 가처분하려는 부동산의 등기사항전부증명서(흔히 말하는 등기부등본)을 발급하여 등록해야 한다.

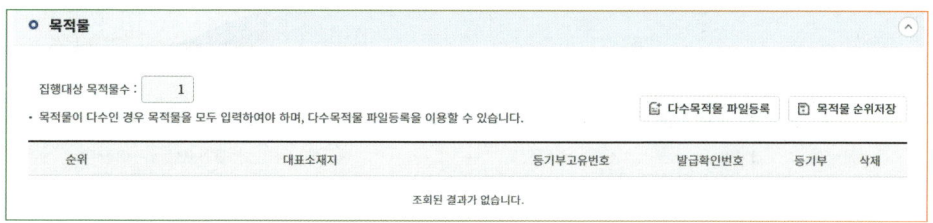

✅ 목적물 등록을 위한 부동산등기부 발급

인터넷등기소에서 부동산등기부등본을 발급한다. 인터넷등기소 메뉴 상단 '등기열람/발급'에서 '부동산'과 '발급하기'를 차례로 클릭한다. 이후 과정은 물건 검색에서 부동산등기부등본을 열람했던 방식과 동일하다(124쪽 참조).

등기부등본(제출용)을 발급한 뒤 고유번호 및 발급확인번호를 확인한다.

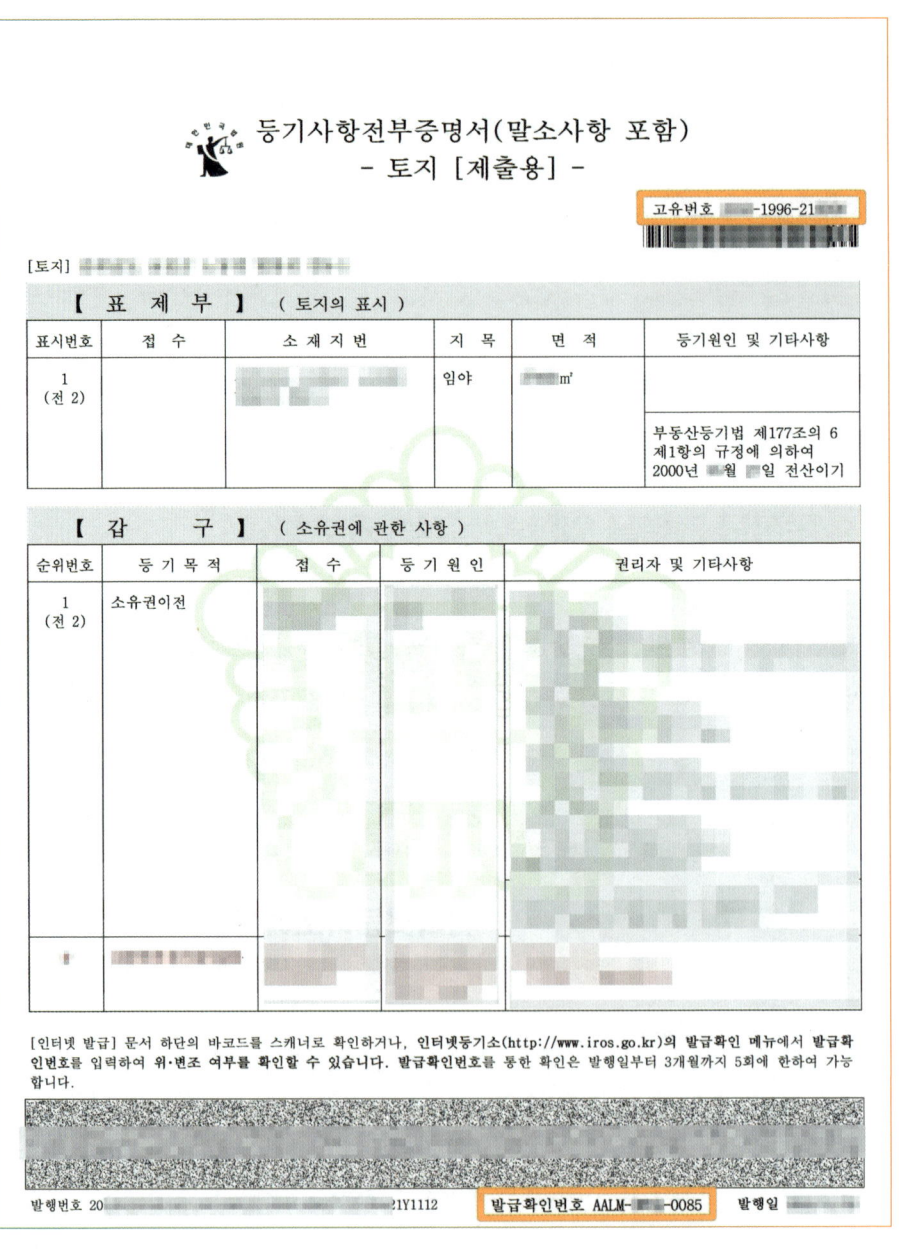

✅ 목적물 기본 정보

목적물 기본 정보를 제출하는 방식은 세 가지이다.

① 발급 내역

이 방식은 인터넷등기소에서 전자제출용으로 부동산 등기사항전부증명서를 발급받아 전자소송포털 아이디로 전송해 여기 발급 내역에서 확인하는 방법이다.

② 등기고유번호와 발급확인번호로 부동산 등기사항전부증명서 조회

등기고유번호와 발급확인번호를 입력해 '조회' 버튼을 눌러 자동 입력되는 방식이다. 조회 버튼을 눌렀을 때 "납입되지 않은 등기부 정보입니다. 확인 후 다시 입력해 주십시오"라는 창이 뜨면서 조회가 되지 않으면 세 번째 방식인 직접 입력으로 넘어간다.

③ 직접 입력

부동산 종류, 소재지, 면적 내역, 지분 또는 소유권 이외의 권리를 부동산 등기사항전부증명서를 보면서 직접 입력하는 방식이다. 시간은 오래 걸리지만 확실히 목적물을 입력해 줄 수 있다.

그중 나는 직접 입력 방식을 선호하지만 여러분은 각자에게 맞는 방식을 선택한다. 다음과 같이 정보를 모두 입력하고 '등록' 버튼을 누른다.

✓ 가처분 신청 소명 서류

가처분 신청을 위해 첨부해야 하는 소명 서류는 부동산 등기사항전부증명서(등기부등본)이다. 하지만 잔금을 납부하고 얼마 지나지 않은 경우는 부동산 등기사항전부증명서에 기존 공유자의 이름이 들어 있고 내 이름이 올라가 있지 않을 때는 매각대금 완납증명원을 함께 제출해야 한다. 그래야 본인이 채권자라는 소명이 된다.

나는 보통 매각대금을 납부하고 나서 즉시 부동산 처분금지 가처분을 신청한다. 다시 설명하자면 가처분을 신청할 때, 본인 명의로 부동산 명의가 이전 완료되었다면 매각대금 완납증명원은 필요 없고 부동산 등기사항전부증명서만 첨부하면 된다. 따라서 낙찰받고 잔금을 납부하고는 바로 가처분을 신청한다고 생각하면 좋다. 그래야 협상과 그 이후 단계를 빨리 이어나갈 수 있다.

◆ 가처분 신청서류

가처분 신청에 필요한 첨부서류는 부동산 등기사항전부증명서, 토지대장등본 혹은 임야대장등본 총 2가지다. 토지대장등본과 임야대장등본은 어떤 차이가 있을까? 임야대장등본은 주소에 '산' 자(字)가 들어 있는 경우에 발급받는다. 예를 들어 주소가 팔탄면 구장리 산 52-1처럼 되어 있다면 임야대장등본을 발급받는다. 주소에 '산'이 들어 있지 않으면 토지대장등본을 발급받으면 된다.

'작성 완료' 버튼을 누르면 가처분 신청서 작성이 끝난다.

◆ 작성 문서 확인

신청서가 잘 작성되었는지 서류 목록을 확인하여 '모든 문서의 내용에 이상이 없음을 확인합니다' 체크박스에 체크하고 확인 완료 버튼을 클릭해 넘어간다.

◆ 소송 비용 납부

소송 비용은 인지액과 송달료로 구성된다. 인지액은 보통 소액이고 송달료가 대부분을 차지한다.

납부방식은 가상계좌, 계좌이체, 신용카드, 휴대폰 소액결제 4가지 방식이 있는데 계좌이체, 신용카드 납부 시 전자결제 수수료(소송 비용 × 2.41%, 최저수수료 200원)가 부과되고, 휴대폰 소액결제 납부 시 전자결제 수수료(소송 비용 × 6.98%, 최저수수료 200원)가 부과되니, 보통 전자결제 수수료가 부과되지 않는 가상계좌 납부방식을 선택한다.

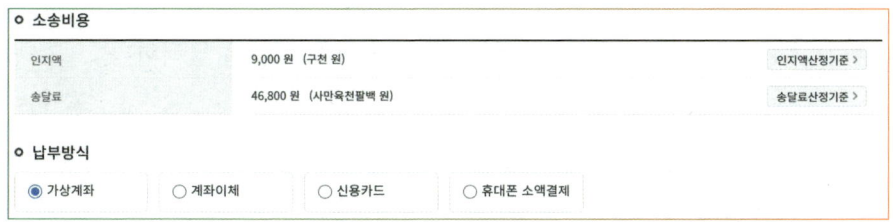

납부당사자, 납부인 등 모든 정보를 입력하고 계좌확인 버튼도 눌러준 다음 가상계좌 납부은행을 선택하고 '소송 비용납부' 버튼을 클릭한다.

◆ 문서 제출

사건 기본 정보, 제출서류를 확인한 뒤 '문서 제출' 버튼을 클릭한다.

◆ **신청서 접수 완료 / 납부**

가처분 신청서가 접수 완료되었다면, 즉시 가상계좌번호에 납부금액을 입금하고 '완료' 버튼을 누른다.

드디어 부동산 처분금지 가처분 신청이 끝났다. 여기까지 따라오느라 고생 많았다. 이제부터는 마무리 과정이다.

✓ 담보제공 명령에 따른 담보제공하기

부동산 처분금지 가처분 신청이 끝나고 며칠이 지나면 담보제공 명령등본이 전자발송되었다는 문자를 받게 된다.

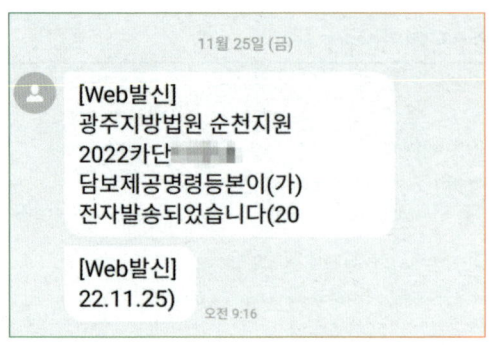

담보제공 명령등본은 가처분을 최종적으로 마무리하기 위해 법원에 담보를 제공해야 한다는 명령문이다. 법원에 제공하는 담보액은 보통 수백만 원에 달하지만, 우리는 '보증보험'이라는 상품을 통해서 몇만 원에 이 단계를 넘어갈 것이다.

우선, 전자소송포털에서 송달문서를 확인한다. 전자소송 홈페이지에 로그인하면 중앙에 미확인 송달문서 확인 창이 있다. 미확인 송달문서가 있다고 표시돼 있을 것이다.

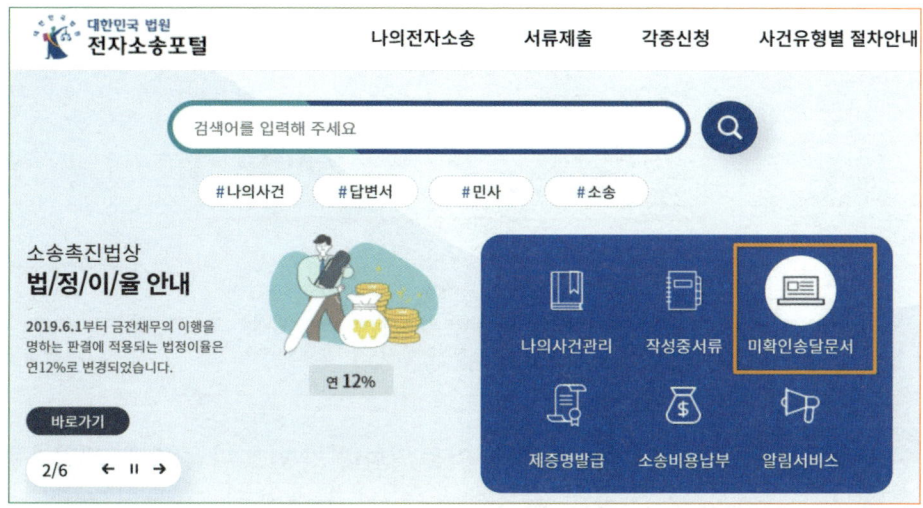

'미확인 송달문서'를 클릭하고 들어가면 아래와 같은 창이 뜬다. 굵은 글씨로 되어 있는 '담보제공 명령등본'을 클릭한다.

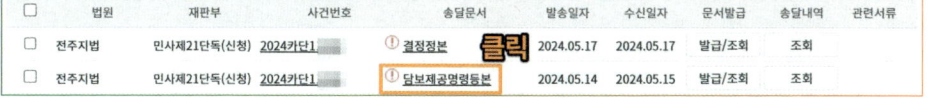

그러면 아래와 같이 담보제공 명령등본이 보인다.

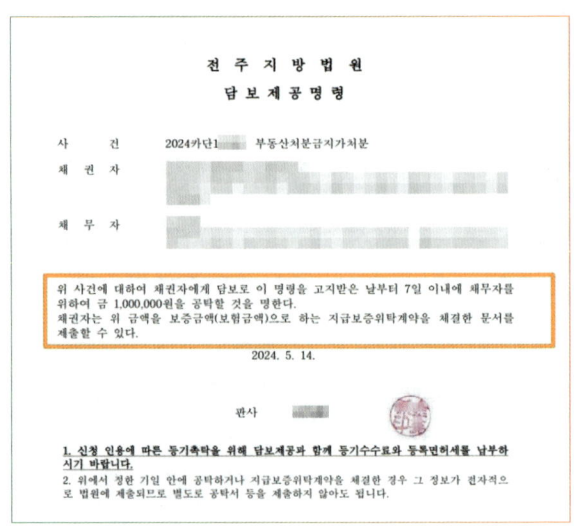

명령문 내용 중 "100만 원을 공탁할 것을 명한다"가 있고 다음 줄에 "채권자는 위 금액을 보증금액(보험금액)으로 하는 지급보증위탁계약을 체결한 문서를 제출할 수 있다"라는 내용이 있다. 이 내용이 있어야만 지급보증하는 회사에 지급보증위탁계약 의뢰를 할 수 있다. 지급보증위탁을 위해 담보제공 명령문을 캡처해 둔다. 인쇄 버튼을 눌렀을 때 프린트 항목에서 'PDF' 유형을 선택해 명령문을 PDF 파일로 저장하면 된다.

여기서 공탁의 의미를 이해할 필요가 있다. 공탁이란 법원의 필요에 의해 일정 금액을 법원에 입금하는 것을 뜻한다. 지금 진행하고 있는 가처분 신청은 다른 사람의 권리를 침해할 소지가 있기 때문에 공탁을 필요로 한다. "지급보증위탁계약을 체결한 문서를 제출할 수 있다"라는 문구가 있을 때는, 지급보증하는 회사와 계약을 맺으면 공탁금을 지불하지 않고 지급보증위탁계약으로 대신해서 진행할 수 있다.

03 지급보증위탁계약 맺기

지급보증위탁계약을 하려면 먼저, 네이버 창에 'SGI서울보증 + 자신의 지역명'을 입력해 검색한다. 이때 여러 대리점이 나오는데 아무 곳이나 전화해 법원의 담보제공 명령에 따라서 보증위탁계약을 맺고 싶다고 말한다. 그런 다음 법원에서 송달받은 담보제공 명령을 이메일이나 팩스로 보낸다.

다음으로, SGI서울보증 홈페이지에 들어가 회원 가입하고 로그인한다. 담당자가 처리해 계약을 생성하는 데 어느 정도 시간이 걸리며, 처리가 완료되면 보통 연락이 온다. 혹시 연락이 안 오면 담당자와 통화한다. 나는 한 군데를 계속 이용하고 있어서 먼저 이메일을 보내놓고 전화한다.

담당자에게 연락이 오면 '개인정보 동의'를 요청할 것이다. 내용을 읽어보고 개인정보 동의를 한다.

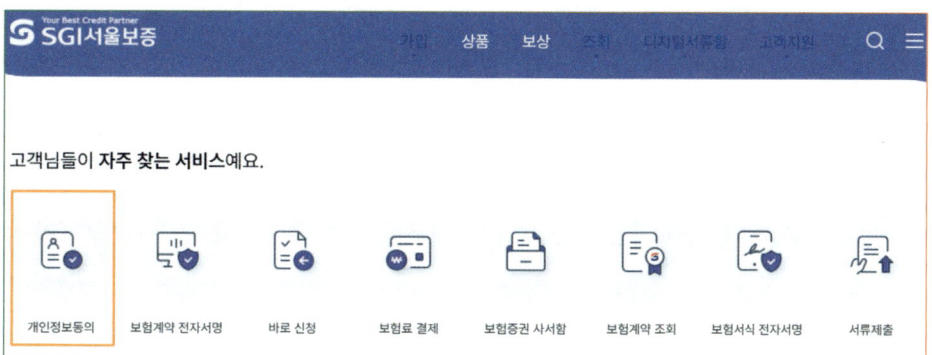

담당자의 처리가 끝나고 나면 오늘의 할 일이 표시되며 '계약서명'을 클릭하면 계약을 체결할 수 있다.

'증권번호/심사번호'를 클릭해 청약내용을 확인한 다음 약관에 동의한다. 전자서명 후 보험료까지 결제하면 지급보증계약은 마무리된다.

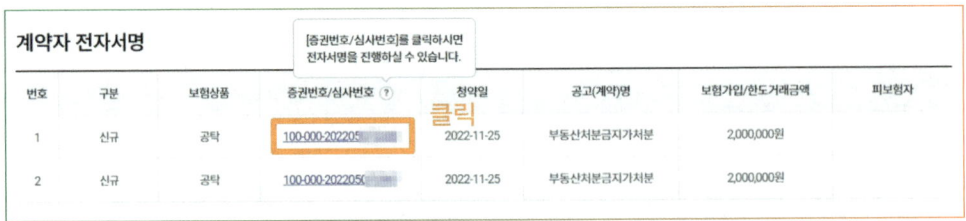

이처럼 담보제공 명령을 수행한 다음 며칠 기다리면 가처분 결정문이 나온다. 가처분 결정문을 어떻게 활용할까?

활용법은 첫째, 공유자들에게 보내는 내용증명에 첨부한다. 공유자들이 자신들의 지분에 가처분이 되었다는 법적인 조치를 확인하면 초조해하거나 속히 협상에 임하고 싶은 마음이 들 수 있다.

둘째, 주소를 모르는 공유자들의 주소를 찾는 데 활용한다. 이때 공유자의 주소를 빨리 찾아야 하는데, 그 이유는 송달에 걸리는 시간을 최대한 줄이려는 의도다. 소송은 당사자들이 소가 진행되는 것을 모두 인식해야 제대로 시작된다. 피고가 소장을 받지 않으면 소송이 진행되지 않는다. 왜냐하면 피고가 소장을 받지 않으면 소송에 참여할 수 없고, 그러면 변론을 펼칠 수 없기 때문이다. 변론을 펼쳐야 법원에서는 그 변론을 듣고 판결을 내릴 수 있다. 따라서 피고 중 한 명이라도 소송에 참여하지 않으면 소송이 진행되지 않는다.

다른 몇몇 공유자가 소장 부본을 송달받고 다른 공유자가 소장 부본을 송달받지 못하도록 하는 경우도 있다. 소장 부본을 받지 않고서는 소송이 진행되지 않음을 이용해 소송을 최대한 질질 끌려는 의도다. 소송을 신속하게 진행하려면 피고의 정확한 주소를 최대한 빨리 알아내 소장 부본이 전달되도록 한다.

✅ 공유자 주소 찾는 방법

1차로 보낸 내용증명을 받지 않는 공유자들이 있을 것이다. 이런 사람들은 소송 전에 현재 등록된 주민등록주소를 찾아두는 것이 좋다. 잘못된 주소로 소를 제기하면, 이를 보정하라는 보정명령이 내려오는데 보통 1~2주가 소요되며 보정명령에 따라 공유자의 주소를 찾고 보정서를 제출하면 그만큼의 시간이 또 소요된다. 공유자들의 주소 찾는 방법은 다음과 같다.

우선 주민등록등·초본 교부 신청서를 다음 예시를 참고해 작성한다.

[주민등록표 열람 또는 등·초본 교부 신청서 양식 이미지]

　주민등록등·초본 교부 신청서를 작성했다면, 이 신청서와 함께 신분증, 부동산 등기사항전부증명서, 반송된 내용증명, 부동산 처분금지 가처분 판결문을 지참해 가까운 행정복지센터를 방문해 제출한다. 혹시라도 부동산 이해관계자인데도 불구하고 채무자 초본 교부가 불가하다고 답변을 받을 경우 아래와 같은 근거를 제시하여 초본 발급을 요청하면 된다.

✓ 공유자 주소를 찾을 권리

(1) 2021 주민등록 질의회신 사례집 106번 사례

106. 토지 공유자의 주민등록표 초본 발급
- 토지 공유자 중 1인이 토지 매매를 위해 등기부등본상 토지 공유자의 주민등록표 초본 발급 신청 시 가능 여부

[회신]
- 수인의 토지 공유자 중 1인이 토지 매매 등을 위해 등기부등본에 토지 공유자임이 기재된 대상자의 주민등록표 초본의 교부를 신청하는 경우,
- 토지의 공유자임을 입증할 수 있는 등기부등본과 부동산의 처분 행위에 관한 의사표시를 입증할 수 있는 내용증명을 첨부해 신청하면 부동산의 권리설정·변경·소멸에 관계되는 자에 해당하므로 공유 대상자의 초본 교부 신청 가능

(2) 주민등록법 제29조의 제2항 제6호, 제47조 제4항, 별표 2

제29조(열람 또는 등·초본의 교부) ② 제1항에 따른 주민등록표의 열람이나 등·초본의 교부신청은 본인이나 세대원이 할 수 있다. 다만, 본인이나 세대원의 위임이 있거나 다음 각호의 어느 하나에 해당하면 그러하지 아니하다. <개정 2007.5.17, 2009.4.1>
6. 채권·채무관계 등 정당한 이해관계가 있는 자가 신청하는 경우

주민등록법 제29조 제2항은 주민등록표의 열람 등·초본을 본인이나 세대원이 아닌 경우에도 발급할 수 있는 경우를 나열하고 있다. 그중 제6호는 "채권·채무관계 등 대통령령으로 정하는 정당한 이해관계가 있는 사람이 신청하는 경우 (주민등록표 초본에 한정한다)"다. 우리가 하려는 초본 발급은 정당한 이해관계가 있는 경우에 해당한다.

그렇다면 정당한 이해관계가 있는 사람의 범위를 알아야겠다. 주민등록법 제47조 제4항에 "법 제29조 제2항 제6호에 따른 채권·채무관계 등 정당한 이해관계가 있는 자의 범위는 별표 2와 같고"라고 기재되어 있다. 주민등록법의 [별표 2]에 "부동산 또는 이에 준하는 것에 관한 권리의 설정·변경·소멸에 관계되는 자"라고 적혀 있다. 이에 근거해 공유자들의 주소를 찾을 수 있다.

> 주민등록법 시행령 [별표 2] <개정 2023. 11. 21.>
> 채권·채무관계 등 정당한 이해관계가 있는 자의 범위(제47조제4항 관련)
> 1. 「민법」 제22조에 따른 부재자의 재산관리인 또는 이해관계인
> 2. 부동산 또는 이에 준하는 것에 관한 권리의 설정·변경·소멸에 관계되는 자

✅ 공유자들의 주소를 찾을 수 없을 경우

이렇게 해도 공유자들의 주소를 찾지 못할 수 있다. 왜 그런지 이유를 살펴보자. 공유자의 주소를 찾으려면 반드시 다음 둘 중 하나의 정보가 필요하다.

1. 공유자의 성명과 공유자가 주민등록을 했던 정확한 주소

2. 성명과 주민등록번호

우리는 지금 공유자들의 주민등록번호를 모르고 부동산 등기사항전부증명서상의 공유자 성명과 기재된 주소만 갖고 있는 상태다. 따라서 등기부등본상 공유자의 주소가, 공유자가 주민등록을 한 주소와 단 한 글자라도 다를 경우에는 행정기관에서도 초본을 발급해 줄 수 없다.

이럴 경우는 공유자의 주민등록번호를 알아내야 하는데, 일단 부동산 등기부등본상의 공유자의 주소로 공유물분할 청구의 소를 제기하고 법원에 사실조회신청을 하여 해당 등기소에서 보관하고 있을 공유자의 주민등록번호를 회신받아 공유자들의 주민등록번호를 가지고 행정복지센터에 가서 초본을 발급받아야 한다.

정리하면, 공유자들의 주소를 찾는 첫 번째 방법은 부동산 처분금지 가처분 결정문으로 공유자의 현재 주소를 찾아내는 것이고, 다른 방법은 우선 소를 제기해 법원의 보정명령이나 등기소에 사실조회신청을 하여 공유자의 주민등록번호 및 주소를 알아내는 것이다.

04 공유물분할 청구 소송

우리가 법원에 제소하는 이 소의 정확한 이름은 '공유물분할 청구의 소'다. 공유물분할을 원한다는 뜻이다. 이 소송은 아주 간단하다. 지금부터 안내하는 대로 따라오면 누구든 공유물분할 청구 소송을 시작할 수 있다. 소송 과정을 알기 전에 먼저, 공유물분할에 대해 살펴본다.

✅ 공유물분할 방법

공유물분할 방법에는 현물분할, 가액배상, 대금분할(형식적 경매) 3가지가 있다. 하나하나 차례로 알아보자.

◆ 현물분할

현물분할은 부동산을 지분 비율대로 나눠 가지는 것을 가리킨다. 공유물분할의 방법은 원칙적으로 현물분할이지만, 현물분할이 되지 않는 경우도 있다. 이런 경우 어떻게 할까? 예를 들어 아파트를 반으로 나누는 것은 사실상 불가능하기 때문에 법정에서 공유물분할 소송 시에 현물분할 판결이 아닌 가액배상이나 대금분할 같은 다른 방법을 채택한다.

하지만 우리는 부동산 지분에 투자한다. 묘지 지분에 투자한다면 당연히 공유자와 협상해 지분을 매각하고 싶은 것이지, 묘지 물건을 현물분할해 따로 땅을 떼어가고 싶은 것이 아니다. 따라서 공유자와 협상이 되지 않더라도 지분투자자는 가액배상이나 대금분할 판결을 받아야만 투자금을 회수할 수 있다.

소송을 진행해 보면 협상에 응하지 않는 공유자들은 묘가 위치한 땅을 제외한 나머지 땅을 현물분할하여 가져가라고 대응하기도 한다. 이럴 경우 원고인 지분투자자는, 공유물분할은 현물분할이라는 원칙에 의해서 묘지 물건을 현물분할하게 되는 낭패를 겪을 수 있다.

자, 무슨 말인지 다시 한번 예를 들어 설명해 보겠다. 우리가 낙찰받은 물건이 1만m^2라고 해보자. 그리고 기존 공유관계는 5분의 1씩이다. 나는 기존 공유자가 가진 지분 5분의 1을 낙찰받아 취득했다. 공유물분할 소송에서 피고 측은 현물분할을 주장할 것이다(242쪽, 그림 3.8). 해당 묘지가 위치하지 않은 부분을 현물분할해서 원고가 가져가라고 말이다.

현물분할해 임야를 가져가서 무엇하나? 그것은 지분투자에서 의미가 없는 일이다. 그러면 어떻게 현물분할을 피하고 대금분할 판결을 받아낼 수 있을까? 이때 우리에게 필요한 한 가지 기술이 있는데, 바로 공동투자를 통한 지분 쪼개기다! 지분을 더 잘게 쪼개기 위해 공동투자를 하는 것이다. 다시 말해 5분의 1지분을 두 명의 입찰자가 공동입찰하여 500분의 1, 500분의 99로 쪼개서 받는다. 낙찰받은 물건이 1만m^2일 때 500분의 1은 20m^2 면적에 해당하고, 이러면 최소분할면적(60m^2)에 미치지 못하므로 현물분할할 수 없게 된다(242쪽, 그림 3.9).

그림 3.8 공유자가 주장하는 현물분할안

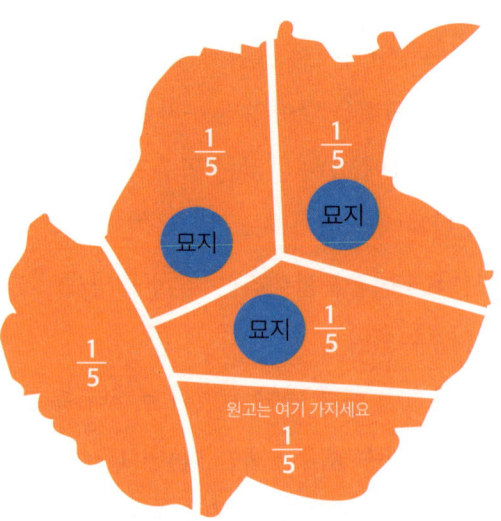

그림 3.9 최소분할면적 미만으로 지분 쪼개기

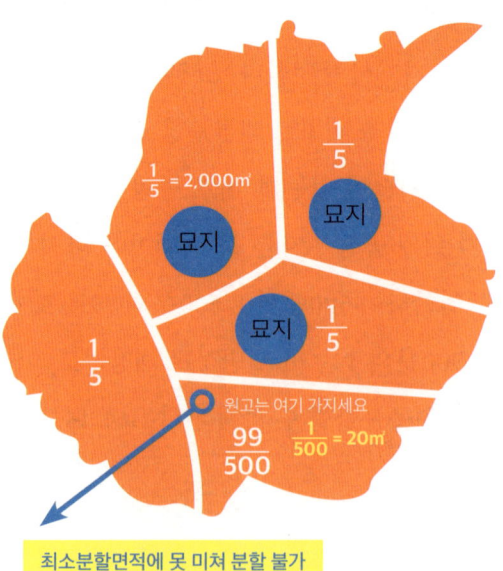

앞서 살펴본 대로, 최소분할면적은 공유물을 분할할 때 분할 가능한 면적이며 최소분할면적을 넘는 필지만 분할이 가능하다. 우리가 투자하려는 임야는 녹지지역에 해당하며 최소분할면적이 동 지역은 $90m^2$, 읍·면 지역은 $60m^2$이다.

표 3.2 건축물이 없는 대지의 최소분할면적

구분	주거지역	상업지역	공업지역	녹지지역
동	200㎡	90㎡	90㎡	90㎡
읍·면	200㎡	60㎡	60㎡	60㎡

최소분할면적을 이용하면 현물분할 판결을 받지 않을 가능성이 크다. 소송을 진행할 때는 공동입찰했던 사람 중 한 명이 원고가 되고 나머지는 기존 공유자들과 함께 피고가 되어 공유물분할 청구 소송을 진행하면 된다. 공동투자 시 3명 이상의 공동투자자들이 여러 명의로 분산해서 잘게 쪼개 나눠 가져가면 더욱 확실하게 현물분할을 피할 수 있을 것이다.

◆ 가액배상

가액배상은 말 그대로 가액을 배상하여 지분을 원하는 쪽이 돈을 내고 지분을 사가는 것이다. 보통, 투자자인 내가 새로 매입한 지분을 기존 공유자들이 값을 지불하고 인수하게 되는 것을 말한다. 가액배상은 법원이 주도하여 이루어지기도 하고 원고와 피고의 협의에 따라 이루어지기도 한다.

투자자 입장에서는 일단은 기존 공유자들과 전화나 서면으로 협상을 진행하도록 하고 만족할 만한 금액으로 매각할 수 없을 경우, 대금분할로 가기 전에 법원의 주도로 적절한 가격에 매각할 기회가 된다. 이때 법원은 기존 감정평가서를 참고하기도 하고 아예 새로이 감정평가를 실시하기도 한다.

◆ **대금분할**(형식적 경매)

　대금분할은 공유하고 있는 재산을 직접 나누는 현물분할이 어렵거나, 그렇게 나눌 경우 오히려 가치가 크게 떨어질 수 있을 때 선택하는 방식으로, 공유물을 법원을 통해 경매로 매각하여, 그 대금을 각자의 지분 비율에 따라 나누는 식으로 정리하게 된다. 쉽게 말해, 재산을 물건 자체로 나누기보다는 현금으로 바꿔서 공평하게 나누는 방식이다.

　특정인의 지분만이 아니라 공유물 전체를 경매로 매각해 되파는 것이므로, 이때의 경매는 형식적 경매로 진행된다. 형식적 경매로 넘어갈 경우, 보통 감정가나 시세보다 낮은 가격에 낙찰이 되므로 공유자 모두에게 손해가 될 수 있고, 따라서 지분 경매투자자는 낙찰받을 때 저렴하게 낙찰받는 것이 무엇보다 중요하다. 시세보다 최소 50% 저렴하게 낙찰받는 것이 좋다.

　이상 공유물분할 방법에 대해 알아보았고, 본격적으로 공유물분할 청구 소송 과정에 대해 자세히 살펴보자. 먼저 준비물부터 챙겨보자. 전자소송을 위한 컴퓨터, 부동산 등기사항전부증명서(등기부등본), 토지대장 혹은 임야대장이 필요하다. 부동산 등기사항전부증명서는 인터넷등기소에서, 토지대장 혹은 임야대장은 정부24에서 발급 가능하다.

⊘ 전자소송 제기하기

　전자소송 홈페이지로 들어가 로그인한 뒤 서류제출 → 민사서류 → 민사본안을 차례로 클릭한다.

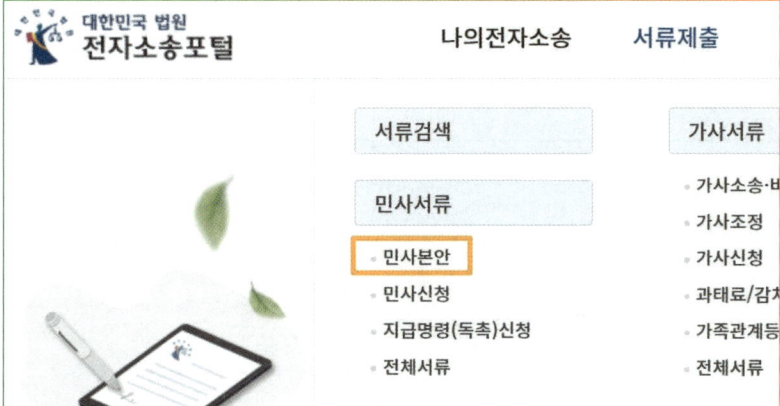

'소장'을 클릭한다.

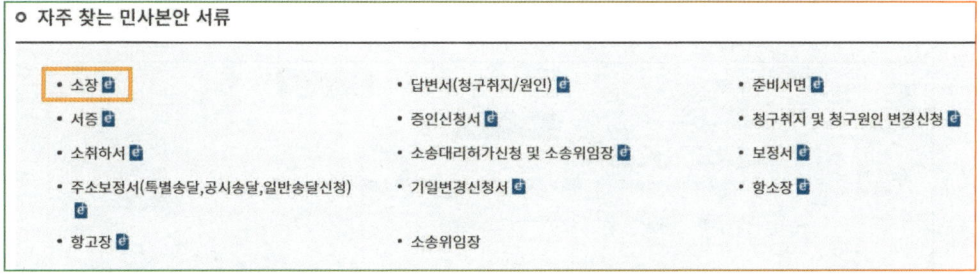

전자소송 동의 페이지에서 '당사자 작성'을 클릭한다.

사건명 선택창에서 '공유물분할'을 선택하고 '관할법원 찾기' 버튼을 눌러 관할법원을 선택한다. 청구 구분은 '재산권상 청구'를 선택한다.

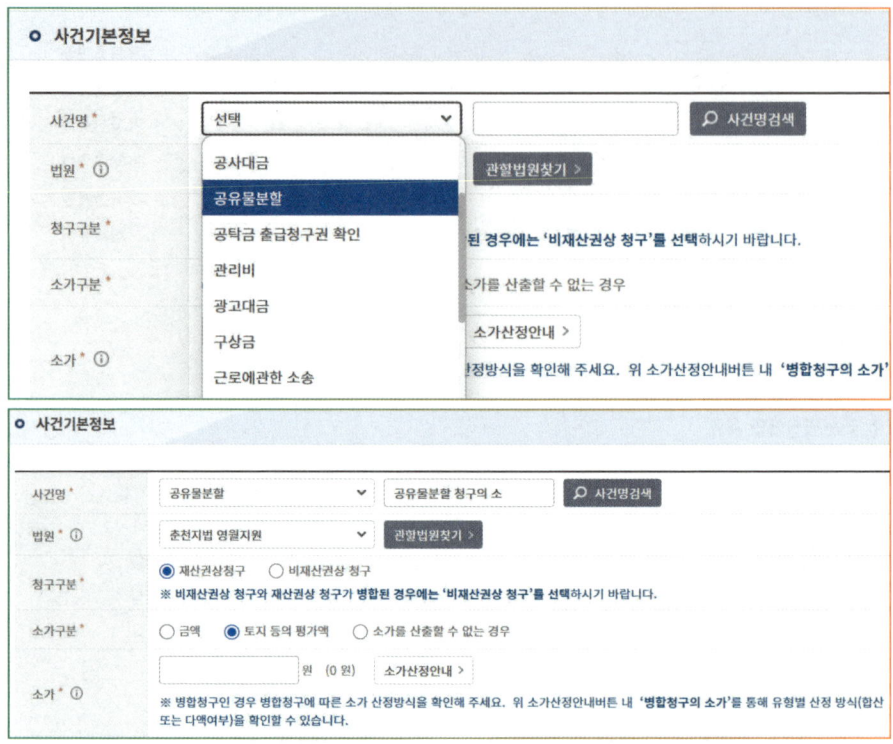

소가 구분에서는 '토지 등의 평가액'에 체크한다. 소가에는 우리가 가처분 신청할 때 산정했던 목적물의 가액 그대로를 입력해 주면 된다. 여기서 다시 계산할 경우는 '소가 산정 안내'를 클릭한다.

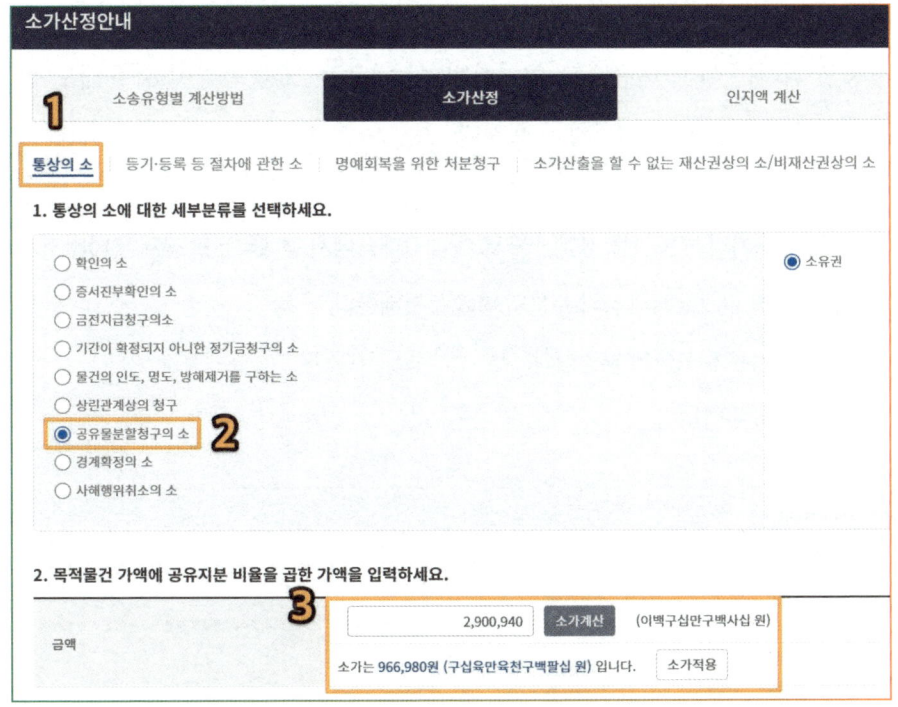

(1) '소가산정안내'를 클릭하면 팝업창이 나타나는데, '1. 통상의 소'를 클릭한다. (소가 산정 안내가 필요 없다면 (1)~(3)은 통과한다.)

(2) '공유물분할 청구의 소' '선택'을 클릭한다.

(3) "목적물건 가액에 공유지분 비율을 곱한 가액을 입력하세요"라고 나온다. 이 금액 부분에 "토지 공시지가 × 면적 × 공유 지분 비율 × $\frac{1}{2}$"의 계산된 금액을 넣으면 된다. 금액을 입력한 뒤 '계산' 버튼을 클릭하고 소가 확인 후 '소가 적용' 버튼을 클릭한다.

여기까지 사건 기본 정보 입력이 다 되었다. 이제 당사자를 입력할 차례다. 당사자는 소송 사건의 원고와 피고를 말한다.

가처분 신청했을 때와 동일한 방법으로 당사자 정보를 입력하고 '저장'을 클릭한다.

　청구 취지는 아래 내용으로 입력한다. 이 내용은 그냥 똑같이 사용해도 상관이 없는 공유물분할 소송의 청구 취지다.

　1. 별지목록 기재 부동산을 경매에 부쳐 그 매각대금에서 경매비용을 공제한 나머지 금액을 원고 및 피고들에게 각각 지분의 비율로 분배한다.

　2. 소송 비용은 피고들이 부담한다.

　라는 판결을 구합니다.

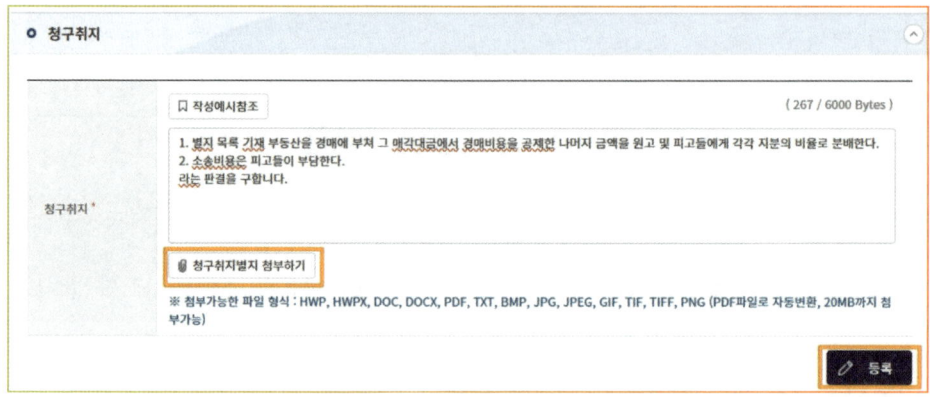

　청구 취지 입력 창에서 내용 입력 후 하단 '청구 취지 별지 첨부하기'에 별지목록을 첨부한다. 별지목록은 다음과 같이 작성하면 된다.

별지목록

목적물의 표시
1.전라북도 고창군 대산면 중산리 614-1 전 367.1㎡

분할할 지분
김하나: 800분의 200
김둘둘: 800분의 200
김셋셋: 800분의 200
홍하나: 800분의 190
홍둘둘: 800분의 10

다음으로 '청구원인 입력' 창에 아래 내용을 참고해 작성한다. '다음' 버튼을 클릭해 넘어간다.

1. 원고는 별지목록에 기재한 토지(이하 '이 사건 토지'라 합니다) 중에서 000분의 00 지분을 경매(공매) 절차를 통해 낙찰받아 2000.00.00.에 그 대금을 전액 납부하고 이후 소유권이전등기까지 마친 진정한 소유자입니다(갑 제1호증 부동산 등기사항전부증명서).

2. 원고는 이 사건 토지의 소유권에 기해 지료의 지급을 청구하고 피고와 원만한 공유관계 해소를 위하여 연락을 취하고 이후 수차례 노력하였으나 협의가 이루어지지 않았음으로 이 사건을 제기합니다. 이 사건 부동산의 분할에는 많은 난점이 있고, 이를 현물로 분할할 경우 각 토지의 면적이 매우 협소해지고 일부 맹지 토지가 생길 수 있는 등의 이유로 토지의 가치가 큰 폭으로 하락할 우려가 있으므로, 이 사건 부

동산 전체를 경매하여 그 대금을 지분에 따라 분배하는 것이 최선의 방법이라 할 것입니다.

3. 부득이 원고는 청구 취지와 같은 판결을 구하기 위하여 이 사건 청구에 이른 것입니다.

다음은 '공유물분할 청구 소송 준비물'에서 보았던 서류들을 제출하는 단계다. '서류 첨부하기' 버튼을 클릭해 파일을 첨부한다. 첨부된 파일을 확인하고 '등록' 버튼을 클릭한다.

다음 서류도 마찬가지 방식으로 파일 첨부한다. 앞서 입증서류에서는 부동산등기부등본을 첨부했다면 이번 첨부서류에는 토지대장 또는 임야대장이 될 것이다. 등록 버튼을 눌러 첨부서류를 확정해 준다.

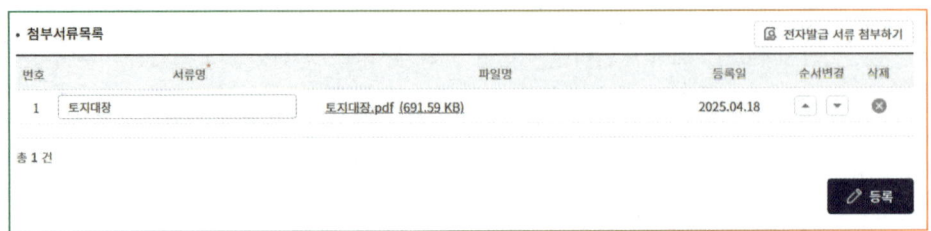

여기까지 모두 작성했다면 '작성 완료' 버튼을 클릭한다.

다음은 문서 확인 단계다. 작성한 소장과 입증서류, 첨부서류를 확인한다. 잘못된 것이 없는지 철저히 확인한다. 이상이 없다면 "모든 문서의 내용에 이상이 없음을 확인합니다" 체크박스에 체크하고 '확인 완료' 버튼을 클릭한다.

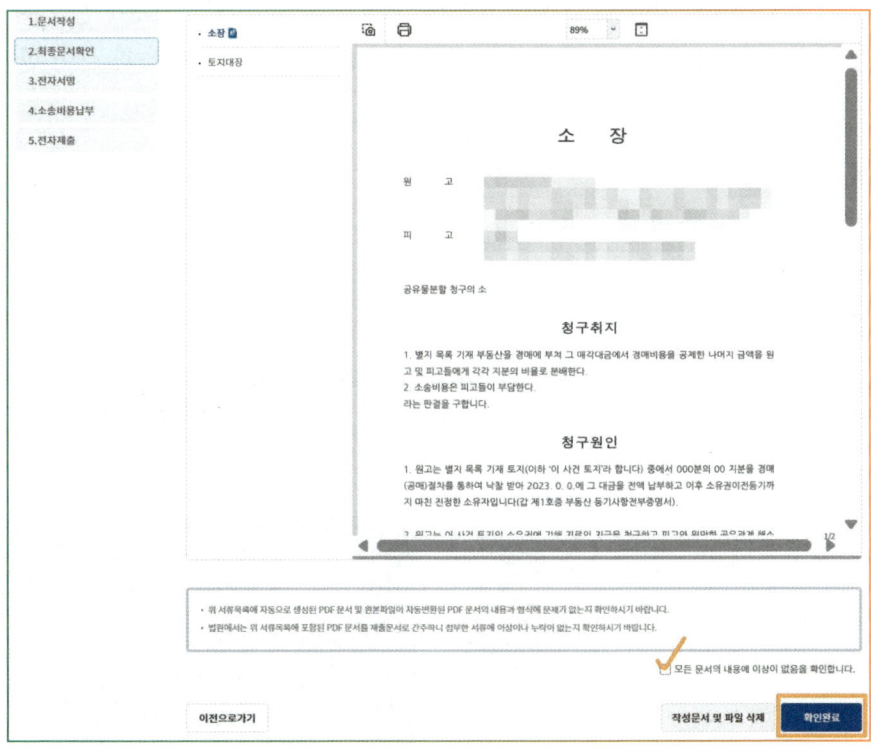

이제 마지막 단계로, 소송 비용을 납부하게 된다. 비용을 납부하면 공유물분할 청구 소 제기가 완료된다.

소송 전에 가처분 신청 단계에서 공유자의 최신 주소를 찾지 못했을 수 있다. 이 경우, 소장을 제출한 뒤 해당 등기소에 사실조회신청을 해서 공유자의 최신 주소를 찾는다.

✅ 공유물분할 청구 소송 꿀팁

여기서 아주 중요한 꿀팁을 한 가지 알려주겠다. 그건 바로 공유물분할 청구 소장을 제출하고 나서 바로 '기일지정 신청서'를 제출하는 것이다. 간혹 변론기일이 몇 달간 지정되지 않고 시간이 지체되는 경우가 있다. 기일지정 신청서 제출은 그런 경우를 미리 방지하는 방법이다. 기일지정 신청서 제출은 다음과 같이 한다.

전자소송 홈페이지 상단 중앙의 메뉴 중 '나의 사건관리'를 클릭한다. 이어 '조회'를 누른다.

해당하는 사건의 '메뉴 선택'을 클릭한다.

'소송서류 제출'을 클릭한다.

그러면 가처분 신청 때나 소장 제출 때 보았던 익숙한 서류 선택 화면이 나온다. 여기서 기일 및 변론 관련 기일지정 신청서를 찾아서 클릭한다.

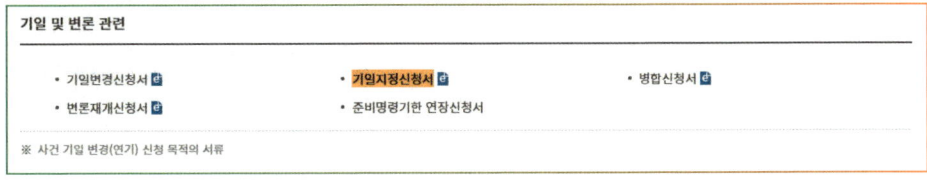

신청 취지에는 "이 사건에 관하여 변론기일을 지정하여 주시기 바랍니다"를 입력하고 '등록'을 클릭한다. 신청 취지를 더 구체적으로 적을 만한 내용이 있다면 적어주면 좋다. 이제 적을 것은 더는 없다. 작성 완료 버튼을 누르면 된다.

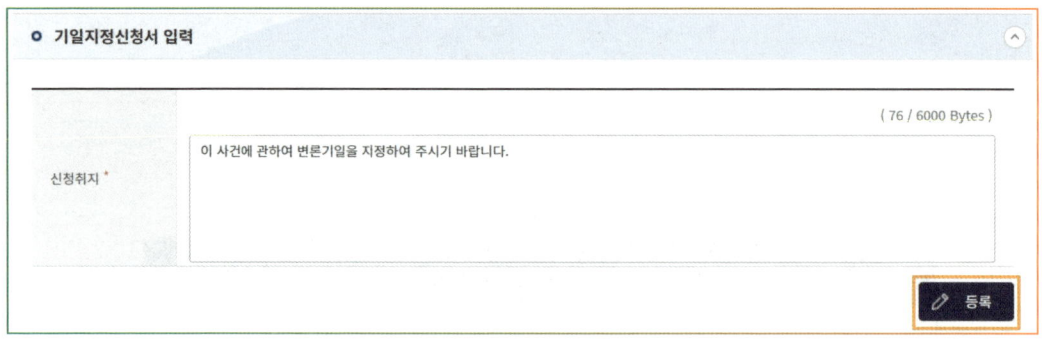

"모든 문서의 내용에 이상이 없음을 확인합니다" 체크박스를 체크한 후 '확인 완료' 버튼을 클릭한 다음 공동인증서로 전자서명을 해주면 기일지정신청이 완료된다.

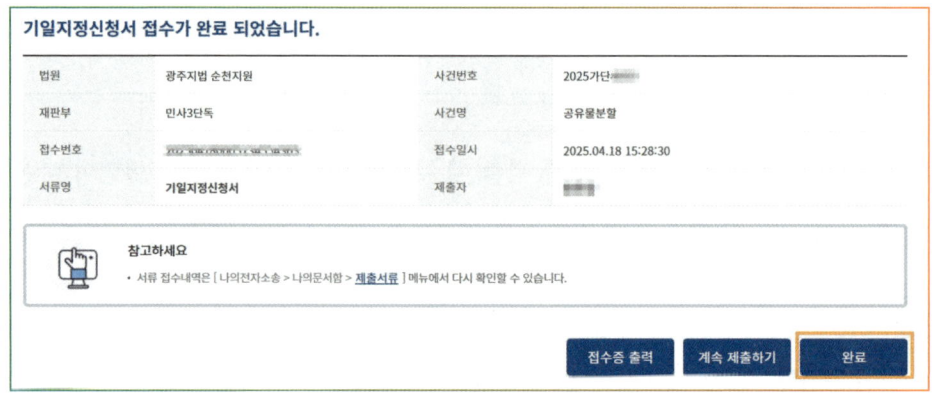

이제 변론기일이 늦게 지정될 확률이 낮아졌다. 투자자인 우리에게는 시간이 금이므로 소송 제기한 다음 바로 기일지정 신청서를 제출하길 바란다. 만약 피고에게 소장 부본이 모두 송달된 뒤에도 한참 동안 기일지정이 되지 않는다면 다시 한번 더 기일지정 신청서를 제출해도 된다.

✅ 소송 중 공유자 주민등록번호 알아내기

앞서 가처분 신청을 할 때 부동산 처분금지 가처분 결정문을 가지고 공유자의 주소를 찾는 실습을 해보았다. 만약 가처분 결정문으로 공유자의 주소를 찾을 수 없다면, 공유물분할 청구의 소를 제기한 뒤 기존 공유자들의 주민등록번호를 사실조회한 후 법원의 보정명령에 의하여 초본을 발급받아 공유자들의 주소를 찾을 수 있다.

전자소송 홈페이지에서 중간의 '나의 사건관리' 메뉴로 들어간다.

'조회' 버튼을 누른다.

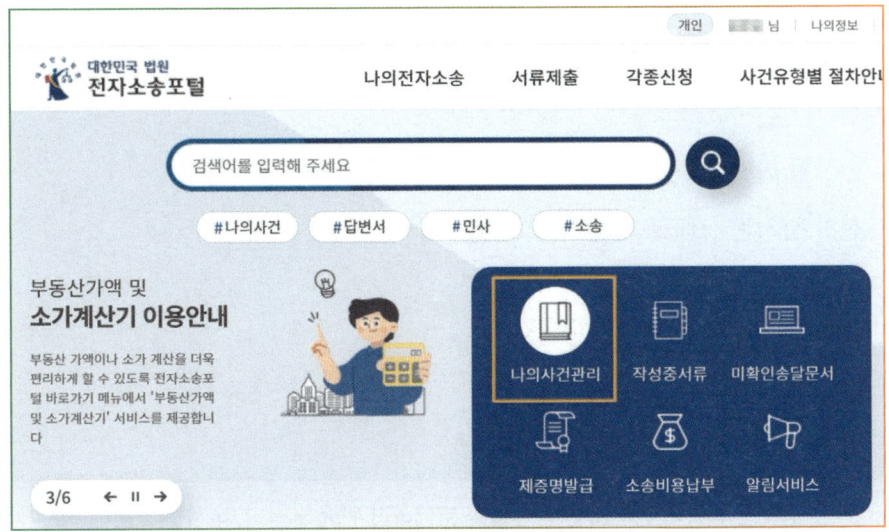

해당하는 사건의 '메뉴 선택'을 클릭한다.

'소송서류 제출'을 클릭한다. 서류 목록 중에서 증거신청서 관련 '사실조회 촉탁 신청서'를 클릭해서 들어가 신청서 양식을 확인한다.

사실조회 촉탁 신청서는 다음과 같이 작성하면 된다.

1. 신청 취지

신청 취지는 그대로 놔둔다.

2. 사실조회 촉탁의 목적

아래 내용을 기입한다.

"원고는 피고가 공유자인 공유물을 분할하기 위해 부득이 이 사건 소송에 이르게 되었으나, 피고의 인적사항을 알지 못하는 바 이 건 사실조회를 하여 피고의 주민등록번호 및 주소를 특정하고자 합니다."

3. 대상기관의 명칭

'조회' 버튼을 클릭해 나오는 창에 등기소 명칭을 기입해 검색한다. 조회된 결과가 없어도 그대로 사용하면 된다. 등기소 주소는 카카오맵이나 네이버 지도 혹은 구글에서 검색해 입력한다.

4. 사실조회 사항

아래 내용을 입력한다.

가. 대상자의 인적사항

성명: 김하나, 김둘둘

지위: 2022가단12345 사건(이 사건)의 피고

이 사건 부동산 주소: 전라남도 구례군 마산면 마산리 산 33

나. 조회할 내역

공유자 김하나, 김둘둘의 주민등록번호 및 주소

첨부서류에는 부동산 등기사항전부증명서를 첨부하고 등록한다. 이어서 작성 완료 버튼을 눌러 작성을 완료하면 된다.

다음으로 소송 비용 납부 단계가 등장하면 납부할 금액이 없으니 그냥 넘어가면 된다.

이렇게 사실조회신청의 절차가 모두 끝났다.

여기서 잠시 설명하자면, 사실조회 촉탁 신청 절차는 다음과 같다.

먼저 사실조회 촉탁 신청서를 작성하여 법원에 제출하면, 법원은 이를 검토한 후 허가 또는 불허가 결정을 내린다. 허가된 경우에는 법원이 직접 사실조회서를 작성하여 해당 기관에 송부하고, 기관은 그에 따라 사실에 대한 내용을 담은 사실조회 회보를 법원에 제출한다. 이후 법원은 이 회보를 신청자에게 전달하게 되며, 이런 절차를 통해 우리에게 사실조회 내용이 오게 되는 것이다.

더 알아보기

경매투자 협상의 기술

협상이야말로 경매투자에서 성공을 판가름하는 가장 중요한 과정이다. 협상을 어떻게 해내야 하는지 모르는 초보 투자자에게 이 과정은 막연하고 걱정스럽게 느껴질 수 있다. 상대방과 어떻게 협상하느냐에 따라 매도까지 시간이 별로 들지 않을 수도, 오래 걸릴 수도 있다. 처음부터 협상을 잘하는 사람은 없으니 너무 겁낼 필요는 없다. 여기서 내가 설명하는 몇 가지 지식만 있어도 협상은 그리 어렵지 않게 느껴질 것이다.

묘지경매를 잘하려면 다음 3가지 변수를 고려해 상대측과 우리의 입장을 분석해야 한다. 힘, 시간, 정보가 그것이다.

첫째, 힘이란 무엇인가? 어떤 일을 완수하게 만드는 결정적인 무엇이다. 묘지경매에서 힘이란, 묘지 공유자와 협상해 당신이 의도한 대로 묘지 지분을 매도함으로써 투자를 성공적으로 끝내게 하는 합리적 근거다. 묘지 공유자와 협상을 진행하기 전에 이미 당신에게는 힘이 있다는 사실을 인지해야 한다. 물건을 잘 골랐다면 당신에게는 협상을 이길 힘이 있는 것이다. 공유자를 을로 만들고 당신을 갑으로 만들 힘 말이다.

○ 옵션의 힘

좀 더 구체적으로 말하자면, 협상에서 중요한 건 '옵션의 존재'다. 당신에게 선택지가 없다면, 상대방은 절대로 당신에게 을이 되지 않는다. 즉, 당신은 공유자인 을에게 선택지를 제공할 수 있는 '갑'이 되어야 한다.

좋은 경매 물건을 고르는 방법은 앞서 충분히 설명했다. 협상은 우수한 물건을 골랐을 때 훨씬 쉽고 간단해진다. 좋은 물건에 입찰해 낙찰받는 순간부터 사실상 매도는 정해진 것이나 다름없다. 반대로, 좋지 않은 물건에 입찰했다면 협상은 시작부터 틀어진 것이고, 투자 자체도 어려워진다. 심지어 투자금을 회수하는 것조차 힘들 수 있다.

하지만 좋은 '묘지' 물건을 확보했다면, 협상에서 우리는 다음과 같은 옵션을 가지게 된다.

하나, 공유자가 매수할 기회를 줄 수 있는 옵션
둘, 공유물분할 소송을 통해 전체 부동산을 경매에 부칠 수 있는 옵션
셋, 가능한 경우, 분묘굴이 소송을 통해 분묘 철거를 진행할 수 있는 옵션

상대방은 그중 하나만 선택해야 한다. 협상할 때는 절대, 절대, 다시 한번 말하지만 절대로 "제발 빨리 내 지분을 사가라"는 뉘앙스를 풍기면 안 된다. 협상할 때 공유자에게는 다음과 같은 메시지가 전달되도록 한다.

"나에게는 여러 가지 옵션이 있다. 당신이 첫 번째 옵션을 선택하지 않는다면 나는 두 번째, 세 번째 옵션을 선택할 것이다. 당신이 첫 번째 옵션을 선택하지 않아도 나는 아무 상관이 없다. 어떤 것이 현명한 선택인지 생각해 보라."

"협조 좀 해달라" "빠른 결정을 내려서 매수해라" 식의 말은 절대 해선 안 된다.

○ 문서의 힘

글에는 힘이 있다. 말보다 글이 강하다. 묘지경매를 잘하려면 기본적으로 문서를 작성할 줄 알아야 한다. 사람들은 어떤 서식에 적힌 글, 표지판, 현수막 같은 것을 무의식적으로 따르려고 하는 심리가 있다. 내용증명이라는 문서가 큰 힘을 갖는 이유다. 내용증명 이후에는 가처분, 공유물분할 청구 소송 등이 협상에 아주 큰 힘을 발휘한다.

○ 불확실성의 힘

협상할 때는 갑의 입장에서 차분하게 기다린다. 첫 번째 옵션을 선택하지 않아도 괜찮다는 뉘앙스를 풍겨야 한다. 불확실성과 위험을 감수하는 것에는 힘이 있다. 내가 첫 번째 옵션만을 고집한다고 상대방이 생각하는 순간, 상대는 당신을 쉽게 조종하게 된다. 매각대금을 더 많이 깎으려고 할 것이다. 시간을 질질 끌 것이다.

당신이 좋은 물건을 골랐다면 매수할 확률이 높은 물건에 투자한 것이다. 그 선택을 믿어야 한다. 그 확률을 믿고 불확실한 위험을 감수해야 한다. 100% 안전한 투자는 없다. 그런 게 있다면 누구나 부자가 되었을 것이다. 당신이 묘지경매를 계속해 나갈 거라면 위험이 적고 성공 확률이 높은 물건을 고르는 법을 배워야 한다. 매력적인 투자 물건을 고르는 혜안을 가지도록 노력해야 한다.

당신은 지금 묘지 경매투자를 하고 있으니 감당해야 하는 위험은 그저 공유물분할 소송에 의해 경매로 매각하는 것뿐이다. '이거 안 되면 어쩌지' 하며 너무 전전긍긍할 필요가 없다. 그게 티가 나면 상대방에게 끌려가게 되고 매각은 요원해진다. 그러니 심리적으로 안정된 상태에서 끝까지 기다릴 수 있는 물건부터 시작하라. 100~500만 원짜리 물건, 혹은 500~1,000만 원짜리 물건 등 자신의 여건에 맞게 선택하라.

2,000만 원짜리 물건에 투자하고 싶은데 내가 가진 돈이 부족하고, 잘못될까 봐 불안하다면 차라리 공동투자를 하라. 공동투자를 통해 다른 사람과 함께 위험을 분할하면 좋은 물건에 투자할 기회를 잡을 수 있다.

○ 처벌의 힘

당신이 상대방에게 처벌을 가할 수 있다고 생각하게 만드는 것 또한 힘이다. 이런 사례를 생각해 보자. 여러 번의 전화 통화 끝에 매매가와 매매 장소, 시간 등을 정했다. 협상이 잘 이루어지는 듯하고, 당신은 기분이 좋아졌다. 상대방에게 걸어둔 가처분을 취소하고 공유물분할 소송을 취하한다. 약속한 날짜까지 하루가 남았다. 이때 갑자기 상대방에게 연락이 온다.

상대방은 당신이 제시한 가격에 매수할 수 없을 것 같다며 가격을 더 깎아달라고 한다. 당신은 이미 가처분을 취소하고 공유물분할 소송을 취하했다. 조금 더 깎아달라고 하는 것을 거절한다면 상대방이 아예 거래를 안 할 것 같다. 당신은 그런 위험한 상황에 빠지느니 조금 더 깎아주는 것에 동의한다.

여기서 당신은 한 가지 실수를 했다. 협상이 끝났다고 생각하고 방심한 것이다. 매매가 이루어지기 전에 상대방을 압박할 수단을 제거한 것이다. 상대방은 이

제 당신이 무섭지 않다. 당신이 가처분을 해제하면 상대방은 자신의 지분을 다른 사람에게 넘기는 등으로 시간을 계속 끌 수 있다. 게다가 공유물분할 소송을 취하한 다음 다시 소송을 거는 데 상당한 시간과 비용이 소요된다. 그동안 당신은 상대에게 충분한 시간을 주게 되며 초조해진다.

나도 이런 실수를 경험한 적이 있어서 당부한다. 매매가 이루어지기 전에 상대방에게 처벌을 가할 옵션을 제거하지 말라.

○ 협상 태도: 제3자 기법

자기 자신을 위해 협상을 한다면 중압감이 크게 느껴질 것이다. 그러면 어떻게 해야 할까?

다른 사람을 위해 협상한다고 생각해 보라. 실제로 소송에 임하는 변호사는 의뢰인만큼 압박감에 시달리지 않는다. 변호사는 최선을 다해 소송을 준비할 뿐 감정적으로 힘들어하지 않는다. 묘지경매 협상할 때도 마찬가지다. '실수하면 어쩌지?' '협상이 망가진다면?' 이런 생각을 버리고 다른 사람을 위해 협상한다고 생각해 보라. 이른바 제3자 기법이다.

제3자 기법이란 예컨대 상대방에게 접근할 때, 자신이 직접적인 투자자가 아닌 회사의 직원이라는 식으로 이야기하는 것이다. 자신이 직접적인 당사자가 아니라는 식으로 접근하면 부담감이 줄어든다. 결정권자가 자신이 아니므로 협상할 때 실시간으로 결정을 내릴 필요가 없고, 특히 매각대금 흥정에서 훨씬 안전하다.

게임이라 생각하고 협상에 임하라. 협상이 망가져도 괜찮고 별일 아니라고 생각하는 것이 좋은 협상 태도다.

13장

매매 계약, 실사례로 하는 투자 실습

01 매매 계약 체결하는 방법

드디어 오랜 과정 끝에 매도 단계까지 왔다. 가장 짜릿한 순간이고, 보람을 느끼는 순간이다. 이때를 위해 앞에서 그런 고생을 했는지 모른다.

1차 내용증명을 보낸 후 빠르게 매도가 성사되기도 하고, 소송을 진행해 오랜 시간 끝에 매도가 성사되기도 한다. 어쨌거나 좋은 물건, 안전한 물건에 투자하고 포기하지 않는다면 언젠가는 매도의 기쁨을 누릴 수 있다.

매도할 약속을 잡고 약속 장소에서 매도하면 된다. 보통 법무사사무소에서 만나게 되는데 준비물만 잘 준비하면 어려울 것이 없다. 법무사에게 서류를 내주고 매수인으로부터 잔금을 받고 돌아오면 된다.

법무사사무소 정하는 방법은 크게 세 가지가 있다. 당신이 정하기, 매수인이 정하기, 아예 만나지 않고 원거리에서 계약하기가 그것이다.

당신이 법무사사무소를 정할 때는 우선 만날 지역을 정하고, 그 지역에서 평판이 좋은 법무사사무소를 검색한다. 전화를 걸어서 친절하게 안내해 주는지 분위기를 살펴본다. 분위기가 괜찮다면 거래 일시를 말해 주고 방문할 약속을 잡는다. 거래 일시 및 장소를 매수자에게 알려주고 거래 당일에 만나 거래한다.

나는 원거리이고 비교적 금액이 낮은 물건을 거래할 때는 직접 만나지 않고 거래하기도 한다. 매수자와 매도자가 직접 가야만 하는 법무사사무소도 꽤 있기에 전화로 확인한다. 이 경우 필요한 서류를 법무사 사무실에 등기로 보내주면 된다.

매도 시 준비물은 아래와 같다.

1. 등기권리증
2. 주민등록등본 혹은 초본(최근에 출력한 등본. 현재 주민등록된 주소가 나와야 한다)
3. 신분증
4. 인감도장
5. 매도용 인감증명서(매수자 인적사항을 기재한 증명서)

매도용 인감증명서는 매수자에게 성명, 주민등록번호, 주소를 확인한 뒤 해당 내용을 가지고 가서 주민센터에서 발급받을 수 있다.

02 정말 특이했던 첫 번째 매도 사례

물건번호	2021타경ooooo	소재지	전남 순천시 별량면
매입가	500만 원	매도가	930만 원
수익률	86%	투자 기간	8개월

이는 내가 묘지 지분투자를 시작하며 처음 매도했던 사례다. 처음 낙찰을 받고 기쁨도 잠시, 일반적인 사례가 아닌 정말 특이한 사례라 당황했던 기억이 난다. 어디에서도 배울 수 없는 나만의 경험과 노하우가 쌓이는 시간이었다.

왜 내가 이 물건에 투자하게 되었는지 이유를 살펴보면 누구나 투자하고 싶은 마음이 들 정도로 좋은 땅의 묘지였다.

✓ 양호한 묘지 관리 상태

사진을 확인하고 '아! 정말 깔끔하다'는 생각이 들 정도로 묘지 관리 상태가 양호한 편에 속했다. 실제로 임장을 가야 더 정확하게 알 수 있겠지만 분묘가 7개에 향나무, 비석, 망주석, 상석, 게다가 흔하지 않은 장명등까지 있는 걸로 봐서 묘지 관리에 신경을 많이 썼다고 해석했다.

그림 3.10 처음 매도한 묘지 사진

현장에 가기 전에 좀 더 자세히 확인하기 위해 카카오맵 스카이뷰를 통해 묘지가 있는 땅의 변화와 관리 상태를 살펴보았다.

다음 쪽 그림 3.11은 2008년도부터 2021년도까지 땅의 모습을 볼 수 있는 항공사진이다. 왼쪽의 2021년 사진을 보면 묘의 윤곽을 볼 수 있다. 약간 풀이 자라 있어 관리가 잘 안 된 것 같지만 명절이 아닌 시기에 촬영되면 이럴 수 있다. 판단을 잘해야 한다. 오른쪽 2008년 사진을 살펴보면, 묘가 아주 깨끗하고 주변의 숲과 확연히 구분되었다. 모든 항공사진을 쭉 살펴보면서 현재 관리 상태를 예상해 보아야 한다.

물건을 분석할 때는 이렇게 세심하게 과거부터 최근까지 모습을 항공사진을 통해 점검해야 투자할 가치가 있는 땅인지 알 수 있다. 묘, 석물 등 묘지의 전반적인 변화를 확인하고 묘지가 확장되거나 더 깔끔해지는 등 관리하는 노력이 보이는 땅일 경우 묘지경매로 적합한 물건이라고 판단한다. 투자하기 전 관리 상태 체크는 중요한 포인트다.

그림 3.11 카카오맵 스카이뷰 항공사진

▲ 좌: 2021, 우: 2008

이런 분석을 통해 이번 사례의 물건은 투자할 만한, 좋은 관리 상태를 유지하고 있다고 생각했고 이어서 땅의 가치를 판단하려고 노력했다.

⊘ 땅의 가치 평가하기

땅의 가치를 판단하기 위해 실거래가 확인 사이트인 '밸류맵'을 통해 물건의 위치를 검색했다. 밸류맵은 실거래 사례들을 지도상에 표시해 주기 때문에, 사례 물건 근처의 대략적인 지가를 손쉽게 살펴볼 수 있다. 나의 밸류맵 설정 방법은 일

그림 3.12 밸류맵 위성사진

단은 위성사진, 그리고 물건의 총액이 아닌 단가로 설정하고, 해당 사례 물건의 지목과 토지이용계획이 유사한 것을 선택하여 살펴본다.

감정평가사가 평가한 해당 물건 감정가는 제곱미터(m^2)당 7,000원이었다. 주변의 좀 더 낮은 곳에 위치한 임야가 2019년에 제곱미터당 2만 2,000원, 1만 7,000원으로 거래된 바 있었다. 그렇다면 해당 물건은 좀 더 고도가 높은 곳 안쪽에 위치하기에 최소 7,000원에서 최대 1만 4,000원 범위로 가치를 생각했고, 생각했던 것보다 저렴한 가격으로 경매에 나왔기 때문에 제곱미터당 7,500원에 입찰했다.

결국 매각기일에 4명이 입찰하여 나는 최고가 매수신고인, 즉 최종 낙찰자가 되었다. 여기까지는 순조로웠다. 그 후 물건을 처리하는 과정에서 예상치 못한 변수들을 만나게 된다.

✅ 꽤나 힘들었던 물건 처리 과정

경매로 지분을 매각한 이전 공유자를 제외하고 나머지 공유자들에게 내용증명을 보내려고 보니 공유자들의 주소가 모두 동일했다. 카카오맵에서 해당 주소를 검색하니 결과가 나오지 않았다. 주소가 사라진 것이다. 내용증명을 보내봤자 어차피 공유자들이 받지 못하는 상황이었다. (이 모든 사실은 입찰 전에 검토해서 알고 있던 터였다.)

이런 경우에는 당황하지 말고, 매각대금을 모두 납부하고 바로 부동산 처분금지 가처분을 신청하라. 왜냐하면 부동산 처분금지 가처분을 신청하는 과정에서 공유자의 주민등록초본을 발급받을 기회가 생기기 때문이다. 주민등록초본에 현재 주민등록된 주소가 표시된다.

나는 전자소송 사이트에서 부동산 처분금지 가처분을 진행했다. 가처분 결정문을 통해 공유자의 주소를 확인했다. 가처분 결정문과 반송되었던 내용증명을 가지고 인근 주민센터에 가서 공유자의 주민등록초본을 발급받았다. 만약 주민센터에서 공유자의 이름과 주소만으로 공유자의 초본을 발급할 수 없다고 답변한다면, 공유물분할 소송을 제기한 후 즉시 사실조회를 통해 공유자의 주민등록번호를 알아내고 가처분 결정문과 사실조회회신을 가지고 주민센터에 가서 기존 공유자의 주민등록초본을 발급받으면 된다.

◆ **내용증명 발송**

공유자의 주민등록초본에 나와 있는 주소로 내용증명을 발송했다.

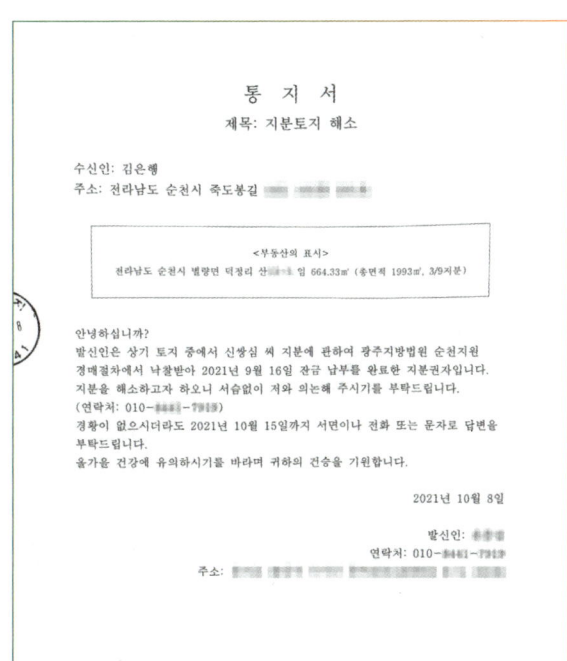

◆ 공유자와 협상

공유자 김아무개로부터 전화를 받았다. 이제 협상이 시작되는 것이다. 1차 통화에서 김 씨는 "우리 땅에 묘지가 있는 줄 몰랐습니다. 내용증명을 받고 현장에 가보니 묘지가 있었습니다"라고 말했다. 당연히 공유자들이 설치한 묘지라고 생각했는데 이게 무슨 말인가 했다. 게다가 "지분을 매수할 의향이 있습니다"라는 말을 듣고 더 의아해졌다. 본인들이 묘지 설치자도 아닌데 왜 내 지분을 매수한다는 거지? 대체 이유가 뭘까? 정말 혼란스러웠다.

공유자 김 씨는 내가 낙찰받은 500만 원보다 살짝 높은 550만 원으로 매수하겠다고 제안했다. 당시 나는 이 사람들이 묘지를 설치한 사람인데 일부러 자신들의 묘가 아닌 척하면서 더 저렴하게 사려는 의도가 아닐까 생각했다. 그래서 "묘지 설치자도 아닌데 왜 사려고 하시나요?"라고 물어봤다. "사놓으면 나중에 값이 오를 거 같아서요"라는 답이 돌아왔다. 사실 김아무개의 답변이 이해가 되지 않았다. '자기 묘지도 아닌 묘지가 설치되어 있는 임야를 값이 오른다고 사두겠다고?' 뭔가 아리송하여 우선 거절했다.

가처분 이후 공유물분할 소송을 진행했고, 소송하면 이들이 적극적으로 나설 거라고 생각했지만 별다른 반응이 없었다.

◆ 묘지 설치자 탐색

아무래도 공유자들의 반응이 이상해서 현장에서 촬영한 묘비의 이름을 다시 살펴보았다. "고성 김씨"라고 적혀 있었다. 공유자 김아무개에게 물어보니 자신은 고성 김씨가 아니라고 주장했다. 그러면 이 묘지는 대체 누가 설치한 것일까, 고민하며 다시 알아보기 시작했다.

주변 토지의 등기부등본을 떼어보기 시작했다. 심지어 폐쇄 등기부등본까지 떼어서 모든 것을 샅샅이 살펴보았다. 폐쇄 등기부등본이란 2000년도 초반 전자문서로 바뀌기 전 수기로 작성했던, 온통 한자로 가득한 정말 옛날 등기부등본을 말한다. 등기소에서 문서로 보관하고 있기 때문에 직접 등기소에 가서 발급받아야 하는 번거로움이 있다. 도대체 알 수 없는 공유자들의 상황 때문에 폐쇄 등기부등본을 발급하러 갈 수밖에 없었다.

해당 물건의 폐쇄 등기부등본을 분석하니 서서히 어떤 상황인지 보이기 시작했다. 고성 김씨 종친회에 전화를 걸어 종친회 회장님과 통화한 후, 전남 지역 담당자의 전화번호를 알아냈다. 또 그분이 순천 지역 담당자의 전화번호를 알려주고 결국 여러 군데 통화 끝에 묘지를 설치한 사람을 찾을 수 있었다.

드디어 수수께끼가 풀렸다. 쉽게 설명하기 위해 내가 구매한 물건을 A땅이라고 하자. 사실 A땅은 더 큰 B땅에서 분할되어 공유자의 조상에게 매각된 땅이었다. B땅 소유자는 다름 아닌 고성 김씨였다. 결국 B땅에서 분할된 A땅 소유권이 고성 김씨 가문이 아닌 다른 김 가네로 넘어갔는데도, B땅 후손들은 이를 모른 채 아직도 자기들 땅인 줄 알고 A땅에 묘를 설치한 것이다. 정말 황당한 일이었다.

앞서 공유자 김 씨 가문은 A땅을 소유하고 있었지만 그곳에 묘지가 설치되었는지, 어떤 상태인지 전혀 관심이 없었다. 내가 A땅을 낙찰받은 후 A땅 소유자인 다른 김 가네에게 연락을 취해 묘지가 있다는 이야기를 듣고서 현장에 가서 확인한 뒤에야 비로소 정황을 알게 된 것이다.

B땅 소유자들이 이제는 남의 땅이 된 A땅에 묘를 설치한 거였으니, 나는 그들에게 분묘를 철거하거나 내 지분을 매수하라고 했다. 처음에는 묘지 설치자인 고성 김씨 가문에서 사고 싶은데 돈이 없으니 시간이 최소 3개월은 필요할 것 같다고 답했다. 나는 그들이 말한 시간 만큼 꽤 오랜 시간을 기다렸지만 3개월 뒤에 다시 연락했을 때도 돈이 없으니 좀 더 기다려 달라고 했다. 결국 나는 분묘굴이 소송을 진행할 수밖에 없었다.

◆ 분묘굴이 소송과 매도

분묘굴이 소송을 하고 1차 변론기일이 잡히자 묘지 소유자로부터 연락이 왔다. 처음에 내가 제시했던 금액에 매수하겠다고 했다.

경매를 하면서 많이 경험하는 일이지만, 이처럼 법적인 조치가 있을 때에야 비로소 공유자들이 움직이는 경우가 많다. 따라서 협상은 협상대로 하되 법적 조치를 절대 소홀히 하지 말아야 한다. 공유자는 내가 가진 힘에 좌지우지된다는 것을 명심하라.

묘지 설치자가 과연 누구일까 탐색하며 찾기까지 오랜 시간을 들여 결국 내 묘지지분을 매도하게 되었다. 500만 원에 매수한 땅을 약간의 가격 협상 끝에 930만 원에 매도했다. 첫 물건을 매도한 그 순간을 평생 잊지 못할 것 같다.

    이는 결코 일반적이지 않은 상황이다. 어떻게 풀어가야 할지 고민될 때가 있었지만, 결국 끈질기게 샅샅이 조사하니 답이 나왔다. 당시에는 힘들었지만 참 좋은 경험이었다는 생각을 안겨준, 특별한 첫 번째 매도 사례다.

03 물건 하나에 3개의 필지를 낙찰받다!

물건번호	2021타경ooooo	소재지	경북 영양군 석보면
매입가	751만 2,300원	매도가	1,900만 원
수익률	153%	투자 기간	1개월

이번은 한 물건에 총 3필지를 낙찰받은 사례를 소개한다. 내가 이 물건에 투자하게 된 이유도 앞 사례와 마찬가지로 내가 정한 묘지투자 원칙에 부합했기 때문이다.

☑ 첫 번째 투자 이유

묘지경매에서 우량 물건인지 확인하는 두 가지 체크리스트가 있다면 묘지 상태와 땅의 가치다. 이 물건은 우선 묘지 상태가 좋았다. 해당 물건에는 묘 5기가 들어서 있었다. 나는 묘지투자를 할 때 항상 확인하는 것이 있는데, 바로 묘가 계속 늘어나거나 관리되고 있는가다. 이 묘지의 변천사를 알아보려면 카카오맵 스카이뷰, 또는 국토정보플랫폼의 위성사진을 확인해야 한다. 일일이 확인하는 게 약간은 번거로워도 투자를 성공적으로 하는 지름길이다.

그림 3.13 묘가 계속 늘어나고 관리되고 있다

그림 3.14 사례 묘지의 위성사진(2008~2021년)

▲ 2008년 위성사진. 여기서 확인할 수 있는 것이 몇 가지 있다. 첫째, 이미 묘가 위치해 있다는 것이다. 위로 봉긋 솟은 분묘가 2기 확인된다.

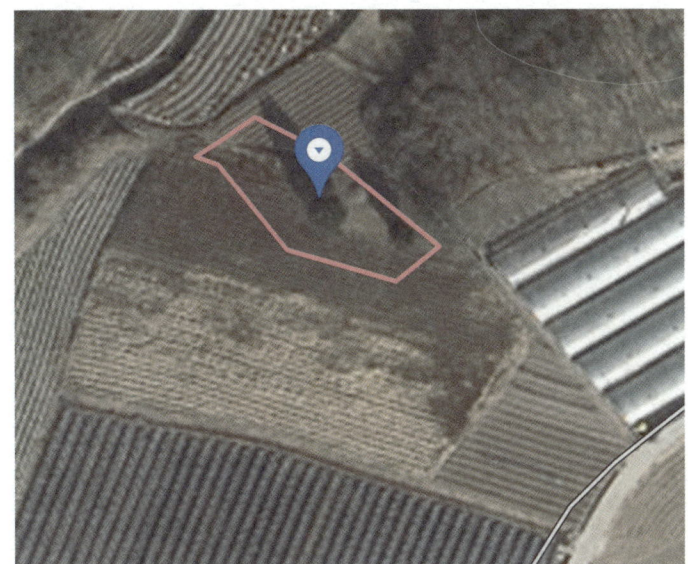

▲ 2010년: 별다른 변화가 없다.

▲ 2012년: 마찬가지로 별다른 변화가 없다.

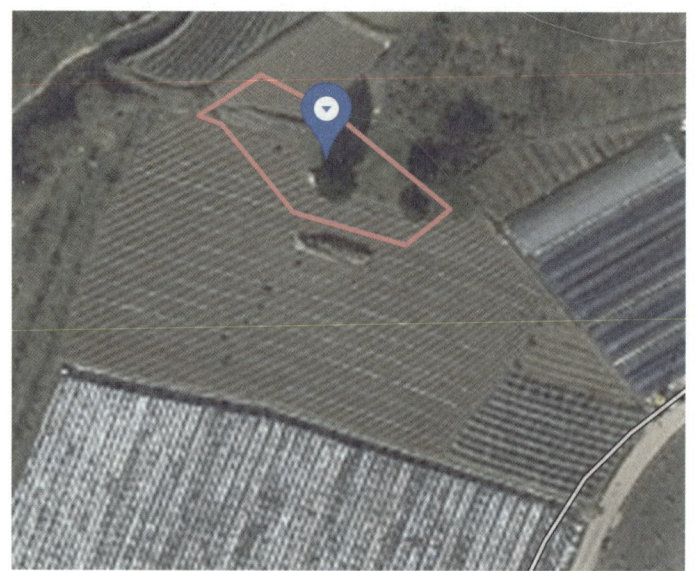
▲ 2014년: 드디어 뭔가 변화가 보이기 시작한다.

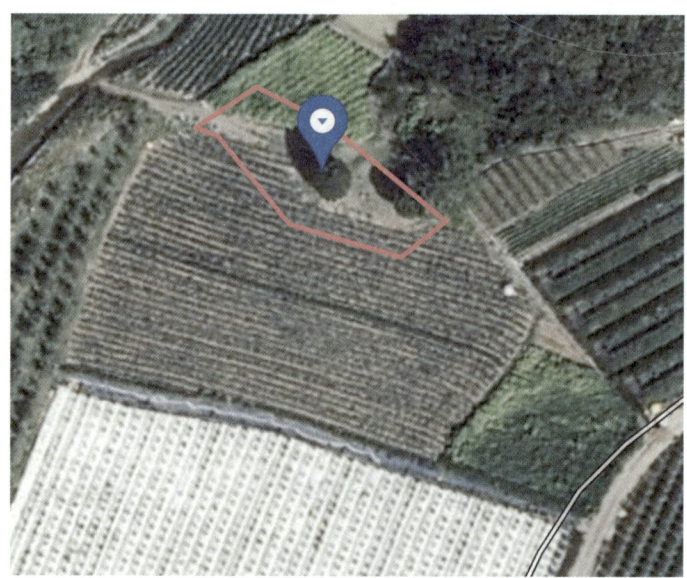
▲ 2017년: 작지만 의미 있는 변화가 감지된다. 정말 작아서 잘 안 보일 수도 있지만 기존에 안 보이던 비석이 새로 세워진 것 같았다.

▲ 2021년: 제실로 추정되는 창고 같은 것이 지어졌다. 묘지에 무언가 건축되었다는 것은 좋은 의미일 수 있다. 제실로 사용되는 것이라면 더욱 좋다.

▲ 실제로 3필지를 합쳐본 땅의 모습

✅ 두 번째 투자 이유

두 번째는 땅의 가치가 우량했다는 점이다. 내가 투자한 시점에서 최저매각가격은 486만 9,000원이었다. 묘지가 좋다고 해서 바로 투자하는 건 아니다. 당연히 땅의 가치가 어느 정도인지를 따져보고, 내가 공유자에게 매각했을 때 얼마의 이득을 남길 수 있는지 확인하는 작업은 필수다.

그림 3.15 옥계리 000 포함 3필지 위성사진

▲ 나는 이 물건을 제곱미터(㎡)당 약 1만 원에 매수했다.

그림 3.16 옥계리 000 포함 3필지 인근 지역 위성사진

▲ 옥계리 410

▲ 옥계리 415-1

13장 | 매매 계약, 실사례로 하는 투자 실습

▲ 원리리 382-1

　실거래가 비교 사이트인 밸류맵을 통해서 주변 땅을 한번 보면, 옥계리 410은 옥계리 677과 인접한 거리의 도로에 접한 땅인데 2018년에 제곱미터당 1만 4,000원에 거래되었다. 보통 땅은 시간이 지날수록 오르기 마련이므로 최소 1만 4,000원은 되는 땅이라고 보인다. 하지만 한 가지만 볼 게 아니라 다른 실거래 사례도 비교해 봐야 한다.

　옥계리 415-1은 2020년에 제곱미터당 2만 원에 거래되었다. 이 땅은 무려 맹지(도로에 붙어 있지 않은 땅)인데도 제곱미터당 2만 원에 거래되었다. 그럼 2020년에 도로에 인접한 땅은 얼마에 거래되었는지 확인해 보자.

　원리리 382-1은 2019년에 제곱미터당 3만 원에 거래되었다. 이 땅 옆에 붙은

도로는 옥계리 677보다는 훨씬 좋은 도로라는 점을 감안해야 한다. 옥계리 세 필지 가격은 일단 2022년이라는 시점에서 2020년에 거래된 옥계리 415-1 맹지 땅 가격(2만 원)만큼은 받을 것으로 보았다. 그리고 원리리 382-1(3만 원)보다는 아무리 시간이 흘렀어도 더 저렴한 땅일 것으로 보았다.

사실 이 일련의 과정은 감정평가사가 하는 일과 비슷하다. 감정평가사가 땅을 감정평가할 때 따르는 감정평가 방식은 여러 가지가 있어서, 그 방식에 따라 감정평가 금액이 달라진다.

옥계리 세 필지 물건은 감정평가사가 공시지가기준법을 적용해 감정했다. 감정평가사는 그 감정 결과에 대해 인근 지역의 거래 사례를 참조해 보정하게 된다.

나는 표 3.3(286쪽)의 감정평가 금액이 적절한 금액이라고 생각했다. 적어도 감정평가 금액만큼은 받는 땅이라고 판단했다. 이런 땅이 1차, 2차, 3차 매각이 유찰되었다. 적어도 1,400만 원의 가치가 있는 땅인데 말이다. 가치보다 훨씬 적은 금액으로 부동산을 취득할 수 있다는 이것이야말로 경매의 매력이다.

구분	매각기일	최저매각가격(원)	결과
1차	2022-01-21	1,419만 6000	유찰
2차	2022-02-18	993만 7,000	유찰
3차	2022-03-25	695만 6,000	유찰
4차	2022-04-22	486만 9,000	

▲ 매각 751만 2,300원(52.92%) / 입찰 1명 /

표 3.3 인근 지역 거래 사례와 감정평가 금액

[인근 지역 거래 사례]

기호	소재지	지목	이용 상황	용도 지역	토지 면적(㎡)	거래금액(원)	토지거래 단가(원/㎡)	거래 시점
㉠	옥계리 000-0	답	답	농림 지역	1,914	4,000만	2만 900	2018.01.03
비고	<토지 단가 산출 개요> ■ 상기 내역은 토지만의 거래 사례임. ■ 토지 추정 단가: [4,000만 원/1,914㎡] ≒ 20,900원/㎡								
㉡	옥계리 000-0외	답	답	농림 지역	3,320	1억	3만 120	2020.02.13
비고	<토지 단가 산출 개요> ■ 상기 내역은 토지만의 거래 사례임. ■ 토지 추정 단가: [1억 원/3,320㎡] ≒ 3만 120원/㎡								

▲ 자료: 등기사항전부증명서 및 국토교통부 실거래가

[감정평가 금액]

토지(1)	옥계리 000	전	농림지역, (낙동강)수변구역, 상수원보호 기타, 공장설…	전체 442㎡ (133.705평) 중 지분: 110.5㎡ (33.426평)	1만 2,000원 (1만 1,500원)	132만 6,000원
토지(2)	옥계리 000-2	전	농림지역, (낙동강)수변구역, 상수원보호 기타, 농업진흥구역	전체 2487㎡ (752.318평) 중 지분: 621.75㎡ (188.079평)	2만 원 (1만 1,500원)	1,243만 5,000원
토지(3)	옥계리 000-3	전	농림지역, (낙동강)수변구역, 상수원보호 기타, 가축사…	전체 87㎡ (26.318평) 중 지분: 21.75㎡(6,579평)	2만 원 (1만 1,500원)	43만 5,000원
계				754㎡(228.085평)		1,419만 6,000원

✅ 세 번째 투자 이유

이 물건에 투자하게 된 세 번째 이유는 묘지가, 있어서는 안 되는 자리에 있어서였다. 낙찰자가 원하면 묘지를 철거할 가능성이 높은 지역에 묘지가 세워져 있었다. 장사 등에 관한 법률 제17조에서 나열하고 있는 묘지 설치 제한 지역, 즉 농업진흥구역에 해당하는 땅이었다. 농업진흥구역은 농업진흥지역에 속하며 이런 지역에 묘지를 설치하면 안 된다. 따라서 분묘 철거 소송을 통해서 승소할 확률이 높았고, 또 원한다면 행정기관을 통해서 과태료와 이행강제금을 부과할 수도 있기에 상대방이 협조하지 않을 시 압박할 수단이 많았다.

나는 이 땅이 2,000만 원의 가치가 있다고 생각했기에 꼭 낙찰받고 싶었다. 그래서 나는 농지 취득자격증명을 담당하는 공무원에게 전화해서 나 말고도 다른 사람에게 농지 취득자격증명이 발급되었는지 물었다. 나 말고는 발급받은 사람이 없다고 했다. 보통은 알려주지 않지만 운이 좋았다.

농지 취득자격증명을 발급받은 사람이 나밖에 없지만 혹시라도 누군가 낙찰받고 농지 취득자격증명을 신청할 사람도 있을 수 있으니 나는 최저매각가격보다 270만 원 높은 750만 원에 입찰했다. 결국 다른 입찰자가 없이 혼자 입찰하고 낙찰을 받았지만 입찰가 산정에 후회는 없다.

경매는 물건 분석에 엄청난 품이 든다. 맘에 드는 물건을 찾기까지 수십, 수백 건의 물건을 분석해야 한다. 그런 뒤 마음에 드는 물건이 있으면 임장도 가야 한다. 게다가 입찰하려면 경매의 경우 법원에 방문해야 한다. 그러기에 정말 마음에 드는 물건이고 수익을 낼 수 있는 마진이 충분하다면, 나는 다른 경쟁자와 비교해서 제일 높은 금액을 써서 낸다. 내가 패찰해도 후회 없는 금액을 입찰가로 산정하는 편이다.

✅ 물건 처리 과정

물건을 낙찰받자마자 공유자에게 내용증명을 발송했다. 이어서 공유자와 전화 통화를 했다. 운이 좋게도 공유자가 내용증명을 받은 다음 날 내게 전화했다. 독자 여러분에게 도움이 된다고 판단해 공유자와 통화한 내용을 그대로 정리한다.

공유자는 처음에는 냉소적으로 나왔다.

- 공유자: 이 내용증명이 무슨 얘긴가요?
- 나: 내용증명에 적힌 그대로입니다.
  선생님과 협의되지 않으면 공유물분할의 소를 제기할 겁니다.
- 공유자: 네. 맘대로 해보시죠.
- 나: 네. 알겠습니다.

나는 바로 공유물분할의 소를 제기했고, 부동산 처분금지 가처분도 바로 실행했다. 나는 가처분을 했다는 내용과 묘지를 철거하겠다는 내용을 추가해 두 번째 내용증명을 보냈다. 며칠 뒤에 두 번째 통화를 했다.

- 공유자: 묘지를 철거하겠다고 내용을 써서 보내셨던데 이게 뭔가요?
- 나: 내용 그대롭니다. 묘지를 철거하고 경매로 매각할 겁니다.
- 공유자: 그게 맘대로 되나요?
- 나: 되는지 안 되는지는 한번 보시면 아실 겁니다.
- 공유자: 그러지 마시고 저희한테 그냥 지분 파시는 것 어떠십니까?

- 나: 알겠습니다. 2,000 정도면 저희는 매도할 생각이 있습니다.
- 공유자: 낙찰받은 금액이 얼만데요?
- 나: 7,512,300원에 낙찰받았습니다.
- 공유자: 낙찰받은 금액보다 훨씬 큰데요?
- 나: 제가 이 물건을 낙찰받기 전에 이미 시세 조사를 다 마쳤는데 2,000 정도면 시세 정도에 드리는 거라 생각합니다.
- 공유자: 그런가요? 생각해 보고 연락 드리겠습니다.

며칠 뒤에 세 번째 통화를 하게 됐다.

- 공유자: 저번에 말씀하신 금액에서 300만 원 정도만 깎아주십시오.
- 나: 그렇게는 힘들고 1,900만 원에는 매도하겠습니다.
- 공유자: 더 안 될까요?
- 나: 네. 더는 깎아드릴 수 없습니다.
- 공유자: 알겠습니다. 제가 일하는 법무사 사무실로 오셔서 거래하시지요.
- 나: 네. 알겠습니다. 필요한 서류 준비해서 약속한 날짜에 가도록 하겠습니다.

약속한 날짜에 서울시 영등포구에 있는 어느 법무사사무소에서 만났다. 별다른 이야기 없이 필요한 서류를 전달하고 매매대금을 잘 전달받고 모든 일이 마무리되었다. 낙찰받고 나서 마무리까지 약 한 달이 걸린 사례다. 경매를 계속하면서 이렇게 단기간에 매도되는 경우는 정말 운 좋은 경우임을 알게 됐다.

높은 수익을 올릴 만한 좋은 물건을 골라도, 공유자와 접촉하는 단계에서 오래 걸리는 경우도 많고 접촉이 되더라도 공유물분할 소송 변론기일 전까지 가서

적인 성과가 없는 경우도 많다. 결국 공유자들이 어느 정도 돈이 준비돼 있고, 이 사태를 해결하고 싶은 마음이 있어야 하는데 그렇게 되기까지는 시간과 법적 절차가 필수적이기 때문이다.

04 공유 지분 물건이 아닌데 투자한 사례

물건번호	2020타경ooooo	소재지	경북 포항시 북구
매입가	230만 5,000원	매도가	390만 원
수익률	69%	투자 기간	11개월

이번은 약간 예외적인 사례다. 왜냐하면 공유 지분 물건이 아닌 단독 소유 물건이었기 때문이다. 공유 지분 물건이 아니면 공유물분할이라는 핵심적인 엑시트 전략 하나가 줄어드는 것인데도 투자해 보았다. 당시 나는 묘지지분이 아닌 것에도 도전해 보고 한번 부딪혀서 해결해 보자는 도전정신이 있었기 때문이다.

이 물건은 기존 소유자나 그 집안이 묘지를 끝까지 지킬 의지가 있다고 추정되었다. 묘지 설치는 보통 한 명이 하지 않고, 다른 가족들이 함께 돈을 모아서 한다. 이 묘지에 임장을 갔을 때 비석을 통해 확인한 사실은, 두 형제가 설치한 부모님 묘라는 것과, 그중 돈을 갚지 못해 이 물건이 경매에 나오게 만든 A씨가 있고 그의 형제 B씨가 연관돼 있다는 것이었다. 이는 임장을 가서 비석을 보면 잘 알 수 있는 사실이다. 그래서 임장은 필수다.

임장에 가서 묘지 분위기만 보고 오는 것이 아니라, 비석에 적힌 가족들의 이름을 잘 파악해서 가족 관계를 반드시 파악해야 한다. 결국 A씨가 아니어도 B씨가 있기에 이 잘 관리된 묘지를 다시 사갈 것이라고 추정할 수 있었다.

그림 3.17 밭 한편에 조성된 묘지

이 땅은 원래 밭이어서 농작물이 자라고 있었고 한편에 묘지가 조성되어 있었다. 나는 현장에 가기 전부터 위성사진을 보고, 이 묘지는 원래 소유자가 반드시 지킬 것이라고 더욱 확신하게 되었다.

그림 3.18 사례의 위성사진(2008~2019)

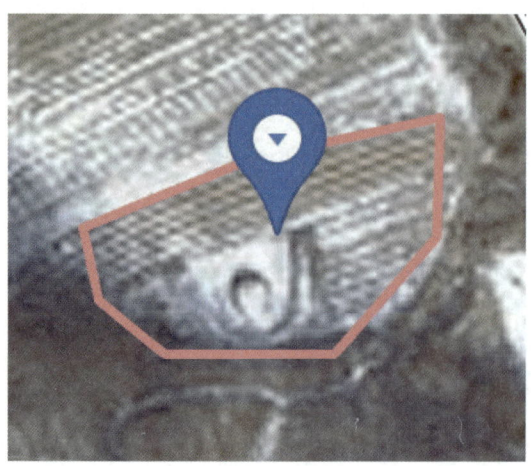

▲ 2008년: 분묘 하나가 뚜렷이 보인다

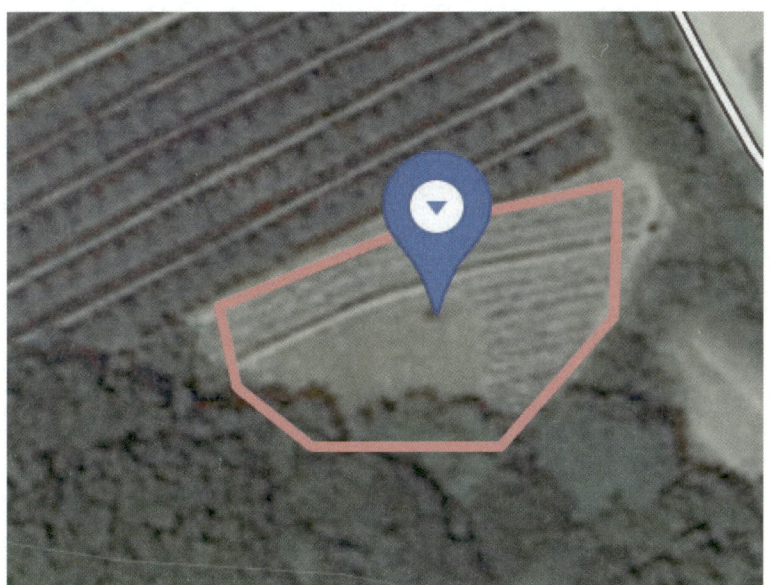
▲ 2017년: 분묘 하나가 서 있다

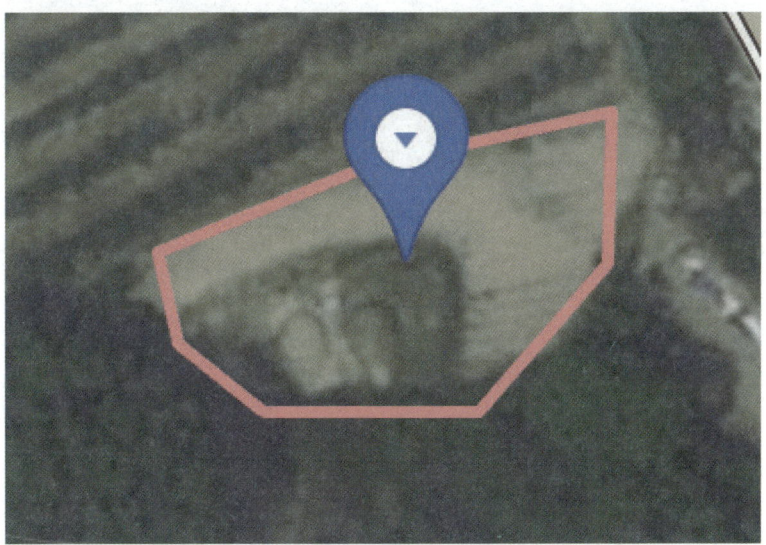
▲ 2019년: 기존 분묘 1기였던 것에 1기가 늘었다

13장 | 매매 계약, 실사례로 하는 투자 실습

2008~2017년까지 묘가 1기였는데 2019년 사진을 보면 어떤가? 묘가 하나 더 늘었다. 부부 중 나머지 한 분이 사망해 하나가 늘었을 것으로 추정했고 임장을 가서 내 예측이 맞았음을 확인했다.

항상 염두에 두어야 할 건, 묘지 상태가 우량한 것 외에 땅 가치가 지금 입찰하기에 좋은지 확인하는 것이다. 사례의 묘지 상태는 좋은 것으로 확인됐으니 그럼 땅 가치를 분석해 보자.

경매 감정평가 결과 제곱미터당 1만 9,000원으로 평가되었다. 과연 타당한 금

그림 3.19 밸류맵으로 살펴본 거래 사례

액일까? 그림 3.19는 밸류맵에서 살펴본 거래 사례다. 2006년에 제곱미터당 9,000원, 2016년에 9,000원, 산 안쪽으로 2018년에 6,000원 정도에 거래된 사례가 있다. 아무리 봐도 1만 9,000원은 아닌 것 같았다.

이 땅의 입찰 기록을 표 3.4에 정리했다. 1차, 2차, 3차, 5차에 유찰된 것을 알 수 있는데 이유는 감정평가액이 실 가치보다 높았기 때문이다. 4차 때 341만 원에 낙찰되었지만 불허가 판정을 받았다. 불허가 사유를 유추할 수 있는 힌트는 문건/송달 내역에 있었다. 2022년 2월 18일 최고가매수인 농지 취득자격증명 신청서 반려 사유서가 제출되었다.

즉 4차 때 낙찰자는 농지 취득자격증명을 발급받지 못해 낙찰이 불허된 것이다. 결국 다른 투자자도 716만 3,000원이라는 가치에는 미치지 못한다고 판단하면서 계속 유찰되었다. 나는 6차 때 입찰해 제곱미터(m^2)당 6,000원 조금 넘는 가격에 낙찰받았다. 이때 입찰자는 4명이었다.

표 3.4 사례 토지의 입찰 기록

구분	매각기일	최저매각가격(원)	결과
1차	2021-11-15	716만 3,000	유찰
2차	2021-12-13	501만 4,000	유찰
3차	2022-01-10	351만	유찰
4차	2022-02-14	245만 7,000	
	매각 341만 원(47.61%) / 2명 / 불허가		
5차	2022-04-11	245만 7,000	유찰
6차	2022-05-09	172만	
	매각 230만 5,000원(32.18%) / 입찰 4명 /		
	2위 금액: 221만 원		

✅ 물건 처리 과정

물건을 낙찰받자마자 기존 소유자들에게 내용증명을 발송했다. 내용증명을 두 차례 보낸 이후 그중 한 사람에게서 연락이 왔다. 내가 입찰한 금액보다 적은 금액에 매수하겠다고 하길래 그럴 수는 없다고 했다.

분묘굴이 소송을 제기하니 법원에서는 내 지분을 상대방이 350만 원에 매수하는 조건으로 강제 조정을 해주었다. 나는 마음에 들지 않아 조정에 불복하는 의사를 표시했다. 결국 법원은 400만 원으로 강제 조정을 해주었다. 조정이 확정된 이후 기존 소유자 측에서 다시 연락이 왔고 10만 원 깎아달라고 하기에 390만 원에 매각하게 되었다.

포항의 한 법무사사무실에 등기필증, 매도용 인감증명서, 주민등록초본 등 관련 서류를 보내주고 매매대금을 입금받아 원거리에서 매도를 마쳤다.

05 불법적으로 설치된 묘지

물건번호	2021타경ooooo	소재지	강원 동해시 천곡동
매입가	610만 100원	매도가	1,300만 원
수익률	113%	투자 기간	3개월

내가 이 물건에 투자한 이유는 여러 가지가 있지만 가장 큰 이유는 용도 지역 지구에 숨어 있다.

표 3.5 용도지역지구에 '제한보호구역(폭발물 관련: 1km)'이라고 적혀 있다. 이는 앞서 소개했던 장사법 제17조에 저촉되어 묘지를 설치할 수 없는 지역에 해당한다.

표 3.5 토지이음에서 해당 소재지 검색

소재지	강원특별자치도 동해시 ▨▨▨ ▨▨ ▨▨▨		
지목	임야	면적	1,087 ㎡
개별공시지가(㎡당)	7,730원 (2024/01) 연도별보기 REB 한국부동산원 부동산 공시가격 알리미		
지역지구등 지정여부	「국토의 계획 및 이용에 관한 법률」에 따른 지역 · 지구등	도시지역 , 자연녹지지역	
	다른 법령 등에 따른 지역 · 지구등	가축사육제한구역(닭 오리 메추리 개 돼지 제한지역)<가축분뇨의 관리 및 이용에 관한 법률>, 가축사육제한구역(젖소 닭 오리 메추리 개 돼지 제한지역)<가축분뇨의 관리 및 이용에 관한 법률>, 제한보호구역(폭발물관련:1km)<군사기지 및 군사시설 보호법> 준보전산지<산지관리법>	

단, 부대장의 허가를 받고 설치한 경우는 예외로 불법이 아니다.

나는 이 묘지가 불법적으로 설치된 것이라는 점에 주목했고, 입찰 준비에 들어가기 전에 먼저 사실관계를 확인하기로 했다. 이런 경우, 불법 여부를 확인하는 가장 빠르고 확실한 방법은 국민신문고를 이용하는 것이다.

국민신문고에 들어가 보면 민원 신청이라는 버튼이 있다. 이 버튼을 눌러서 해당 부동산 소재지를 관할하는 시청이나 군청에 직접 질의할 수 있다. 담당 공무원이 사실관계를 확인한 뒤 공식적인 답변을 주기 때문에 매우 유용하다.

당시 내가 접수한 민원의 내용은 다음과 같다.

"안녕하십니까. 강원도 동해시 천곡동 산 256번지는 제한보호구역(폭발물관련: 1km)의 용도지역에 해당합니다. 이곳에 설치된 묘지가 군 부대장 승인을 받고 적법하게 설치, 신고된 묘지가 맞습니까?"

민원을 접수하고 며칠이 지나자, 해당 부서를 통해 답변이 도착했다. 경우에 따라서는 담당 공무원이 전화로 직접 설명해 주는 경우도 있다. 내가 받은 회신 내용은 명확했다. 군 부대장의 승인 없이 설치된 묘지였고, 따라서 불법 시설물에 해당된다는 것이었다. 이 확인을 바탕으로 나는 입찰을 준비했다.

단순히 '묘지가 있다'는 이유로 입찰을 기피하는 사람들이 많았지만, 나는 행정적으로 불법이라는 점이 명확히 확인되었기 때문에 오히려 이 물건이 기회가 될 수 있다고 판단했다. 누구나 접근할 수 있는 공식 채널을 통해 정보를 확인하고, 그걸 근거로 투자 결정을 내린 셈이다.

자, 그럼 여기는 왜 좋은 땅인지 분석을 해보겠다.

이 물건을 검토할 당시, 주변 임야들의 거래 사례를 살펴보니 이 지역은 임야

그림 3.20 위성사진으로 본 사례 인근 지역

거래가 꾸준히 발생하는 곳이라는 점이 눈에 띄었다. 특히 2022년 내가 낙찰받을 무렵, 주목했던 사실이 하나 있었다.

바로 이 물건과 입지 여건이 비슷하지만, 도로에 접하지 않은 임야가 2013년 4월에 제곱미터당 6만 3,000원에 거래된 사례가 있었다는 점이다. 내가 낙찰받은 물건은 그보다 조건이 더 좋다고 볼 수 있었는데, 도로가 바로 앞에 있는 땅이었기 때문이다.

물론 단 하나의 거래 사례만으로 시세를 판단하는 것은 위험하다. 예를 들어, 2020년 1월에는 같은 지역의 임야가 제곱미터당 9,000원에 거래된 사례도 있었기 때문이다. 이렇게 시세에 편차가 있는 경우에는 감정평가서의 내용을 꼼꼼히 검토하고, 유사 조건의 비교 사례들을 다각도로 살펴보는 과정이 필수다.

나는 감정평가사가 제시한 비교 사례와 내 자체 조사 자료들을 바탕으로 분석한 끝에, 이 땅은 최소 5만 원에서 7만 원 사이의 가치를 충분히 받을 수 있다고 판단했다. 땅의 형태, 진입도로, 경사도, 주변 거래 분위기 등 여러 요소를 고려한 결과였다.

더불어 이 물건은 앞서 설명했던 '계단이 생긴 땅', 즉 개발 잠재력이 있는 특이한 지형의 물건이기도 했다. 단순히 임야로 보기보다는, 특정 조건에서 용도 변경이나 활용 가능성이 있다는 점도 시세 판단에 긍정적인 요소로 작용했다.

그림 3.21(= 그림 2.4) 묘지로 가는 길을 보면, 2018년 9월(좌)에는 안쪽으로 들어가는 길에 계단이 없었지만, 2021년 3월(우)에는 새롭게 계단이 생긴 것을 볼 수 있다. 그 사이에 계단이 새롭게 만들어진 것인데, 최근에 이런 일이 생겼으니 묘지 소유자인 기존 공유자들이 정말 애착을 갖고 관리하고 있는 물건이라고 짐작할 수 있다.

게다가 분묘를 설치하면 안 되는 지역에 설치된 묘지이니, 공유자들에게 묘지 철거를 요구할 수 있는 갑의 위치에서 협상할 수 있는 땅이라는 생각이 들었다.

✓ 공유자와의 협상

해당 부동산은 정씨 성을 가진 가족들의 선조가 묻혀 있는 곳이었다. 내용증명을 발송한 이후, 두 곳에서 연락이 왔는데 알고 보니 이 두 세력은 같은 집안 내에서 갈등 관계에 있는 사람들이었다. 자연스럽게 나는 한쪽, 또 다른 한쪽과 별도로 협상을 진행해야 했다.

그림 3.21 양호한 관리 상태

하지만 협상은 기대와 달리 전반적으로 비협조적이었다. 내가 제시한 매입 제안에도 큰 관심을 보이지 않았다. 이런 상황을 대비해, 나는 이미 부동산 처분금지 가처분 신청과 함께 공유물분할 청구 소송을 제기해 둔 상태였다. 따라서 협상이 진전되지 않아도 조급할 필요는 없었다.

공유물분할 소송의 첫 변론기일은 강원도 춘천지방법원 강릉지원에서 열렸다. 나는 나름 기대감을 안고 강릉으로 향했다. 법정에 들어서자 피고석에 공유자들이 자리하고 있었고, 판사의 질문에 따라 나와 피고 양측이 차례로 입장을 밝혔다. 변론이 끝난 뒤, 다음 기일이 잡혔다.

나는 속으로 기대했다. 보통 이런 자리 이후에는 상대방과 법정 밖에서 대화가 오가며 타협의 실마리가 생기기 마련이다. 하지만 내 예상은 빗나갔다. 공유자들은 나에게 어떤 말도 건네지 않았다. 솔직히 실망스러웠다.

결국 나는 강한 입장을 드러낼 필요가 있다고 판단했다. 법정을 나선 뒤, 공유자들에게 이렇게 문자를 보냈다.

"1,500만 원에 매입하지 않으시면 저는 더 이상 협상하지 않겠습니다. 다른 방향으로 진행하겠습니다."

의외로 반응이 빠르게 왔다. 하루 만에 연락이 왔고, 약간의 가격 조정만 있다면 매입하겠다는 입장이었다. 사실 나는 이 시점까지 분묘 철거 등의 강경 조치는 언급하지 않은 상태였다. 더 강하게 나갈 여지도 남겨둔 셈이다.

결국 나는 제시했던 금액에서 200만 원을 양보해 1,300만 원에 매각하기로 했다. 내가 이 부동산을 610만 원에 낙찰받았다는 점을 고려하면, 113%의 수익률을 기록한 셈이다.

이 사례의 핵심은 다음과 같다.

- 공유자가 여럿인 물건은 내부 갈등이 협상에 영향을 준다.
- 초기부터 법적 조치를 준비해 두면 협상에서 유리한 위치를 선점할 수 있다.
- 의사 표현은 분명하고 단호해야 하며, '타협의 여지'를 적절히 남기는 것도 중요하다.

구글어스에서 나만 발견한 보물, 수익률 667%

물건번호	2021타경ooooo	소재지	경북 성주군 대가면
입찰보증금	43만 5,000원	합의금	300만 원
낙찰가	451만 원		
수익률	667%(낙찰금을 지불하지 않은 상황에서 합의됨)	투자 기간	1개월

　이 물건은 정말 보기 드문, 흔치 않은 사례였다. 경매 사이트에서 처음 이 물건을 발견했을 때는 이미 세 차례 유찰된 상태였다. 감정가는 1,269만 4,416원이었고, 최종적으로는 435만 4,000원까지 떨어진 상황. 이 정도로 많이 유찰된 물건은 사람들 대부분이 '문제가 있다'고 판단해 기피하는 경우가 많다.

　하지만 나는 평소에 물건을 검색하듯이 감정평가사가 촬영한 현장 사진을 꼼꼼히 살펴보았다. 이제는 현장 사진들을 10초 정도만 훑어봐도 땅의 특성과 상태를 파악할 수 있을 정도가 되었다.

　그다음으로 확인한 것은 위성사진이었다. 사실상 임장을 나가기 전에 가장 중요한 사전 정보는 위성에서 볼 수 있는 땅의 형태와 구조다. 그런데 당시 확인한 위성사진에는 아무것도 보이지 않았다. 오래된 묘 몇 기가 띄엄띄엄 보였을 뿐, 특별히 주목할 만한 정돈된 형태는 없었다.

　평소 같았으면 여기서 그냥 지나쳤을지도 모른다. 하지만 그날따라 뭔가 느낌

그림 3.22 카카오맵과 구글어스로 본 현장 사진

이 이상했다. 그래서 한번 더 확인해 보기로 했다.

이번엔 구글어스를 열었다. 구글어스는 구글이 제공하는 위성사진 애플리케이션으로, 최신 사진이 없을 때가 많지만 종종 카카오맵이나 국토정보지리원 항공사진보다 최신의 항공사진을 제공해 주기도 한다.

구글어스에 해당 주소를 입력하고 엔터 버튼을 누르는 순간 놀라운 장면이 눈앞에 펼쳐졌다. 고급 석재로 기반을 만든, 대규모의 초호화 묘지가 그 땅 위에 조성되어 있었던 것이다. 사진만으로도 관리가 잘돼 있고 정성이 들어간 고급 묘지임이 느껴졌다. 카카오맵과 구글어스 위성사진을 비교해 보니, 묘지의 절반 정

그림 3.23 임장에서 확인한 초호화 묘지

도가 내가 입찰하려는 필지에 속해 있는 것이 확인되었다.

나는 카카오맵과 구글어스 위성사진을 겹쳐 비교해 보았다. 그 결과, 묘지의 절반가량이 이 땅 위에 포함된 것을 확인할 수 있었다(그림 3.22). 바로 이 시점에서 임장을 결심하게 된다. 현장을 찾아가 보니 내 예상보다 훨씬 더 정돈이 잘된, 규모 크고 관리 상태가 훌륭한 고급 묘지였다(그림 3.23). 바로 입찰을 결정했고, 낙찰 당일 단독 응찰로 451만 원에 낙찰을 받았다.

낙찰 직후 바로 공유자들에게 내용증명을 보냈다. 그러나 연락을 받은 첫 번째 사람은 "묘지에 대해서는 모른다"는 반응이었다. 공유자를 정확히 찾지 못하면 내 매도 시점이 계속 미뤄질 수 있는 상황이기 때문에 조금 답답했다.

그래서 나는 다음 단계로, 인근 필지의 등기부등본을 전수 조사하기 시작했다. 묘지의 절반은 이웃한 다른 땅에 걸쳐 있었기 때문에, 그쪽 소유자들이 무언가 단서를 알고 있을 거라고 판단한 것이다.

수소문 끝에 마침내 이 고급 묘지를 설치한 종중 측 인물을 찾아냈고, 다시 한번 내용증명을 보냈다. 다행히도 그들은 상당히 빠르게 대응했고, 법에 대해 좀 아는 가족이 있는 듯했다. 대화를 통해 최대한 빠르게 이 상황을 정리하려는 의지가 느껴졌다.

낙찰받은 지 10일 정도밖에 안 된 상황이라 아직 대금 납부 전이었기 때문에, 나는 "대금을 미납하고 포기하는 대신 합의금을 받을 의향이 있다"고 제안했다. 상대측이 이를 수용했고, 결국 낙찰 후 14일 만에 667%라는 수익률로 엑시트하는 결과를 만들어낼 수 있었다.

이번 거래는 굉장히 빠르고 효율적으로 마무리된 케이스였다. 거래 결과를 요약하면 다음과 같다.

- 입찰보증금 43만 5,400원으로 256만 4,600원의 수익을 만들어냈다.
- 투자 수익률 667%이다.
- 연수익률로 환산하면 무려 17,380%에 달한다.

단 2주 만에 이룬 성과치고는 믿기 어려운 숫자였다. 이번 경험을 통해, 다시 한번 '손품'이 곧 성과로 이어진다는 사실을 절감했다. 위성사진 하나에도, 다른 사람들이 보지 못한 가치를 찾을 수 있다면 기회는 분명히 존재한다.

07 묘지와 농지가 공존하는 땅

물건번호	2021타경ooooo	소재지	경기도 광주시 남종면
매입가	2,501만 원	매도가	3,450만 원
수익률	38%	투자 기간	7개월

표 3.6 사례의 입찰 기록

구분	매각기일	최저매각가격(원)	결과
1차	2023-05-01	3,534만 5,700	유찰
2차	2023-06-05	2,474만 2,000	유찰
3차	2023-07-10	1,731만 9,000	

매각 금액: 2,501만 원(70.76%) /입찰 6명 /

(2위 금액: 2,080만 원)

　이 물건은 나 혼자 투자하지 않고 내 강의를 들었던 수강생과 같이 투자했다. 해당 물건은 땅 주변 거래 사례가 다수 있어서, 시세를 잡기가 수월한 편이었다. 시세를 정확하게 알아두어야 수익을 보는 입찰가를 산정할 수 있다. 도저히 시세 파악을 하기 어려울 때는 입찰을 하지 않는 게 오히려 낫다.

　내가 파악했을 때 이 물건은 최소 3,500만 원, 잘하면 4,000만 원도 받을 수 있는 땅이었다. 그래서 2,500만 원에 입찰하기로 결정했다. 이미 3차 최저매각가는

1,700만 원 선이었기 때문에 다수의 투자자가 등장할 것으로 예상했고 2차 최저 매각가인 2,474만 2,000원을 넘겨야 안전하게 낙찰받을 수 있겠다 생각해 입찰가를 2,500만 원으로 정했다.

총 6명이 입찰한 가운데 내가 최종 낙찰을 받았다. 입찰가는 1,700만 원부터 2,100만 원까지였다. 내 낙찰가는 차순위로 입찰한 사람과 400만 원 이상 차이가 났지만 크게 신경 쓰이지 않았다. 경매판에서는 더 싸게 낙찰을 받으려다가 좋은 물건을 놓치게 된다. 물건을 분석하느라 쓴 모든 시간과 비용이 다 날아가 버릴 수도 있다. 입찰금액은 최대한 쓸 수 있는 최대의 비용을 쓰는 것이 바람직하다. 그래야 낙찰을 못 받아도 후회가 남지 않는다. 후회가 안 남는 입찰을 하면 패찰을 해도 별로 아쉽지 않아 미련 없이 바로 다른 물건을 검색해서 발견하게 된다.

✅ 투 트랙 전략이 적용된 물건

해당 물건은 묘지와 농지가 공존하는 땅이었다. 사진을 분석해 보니, 2017년 묘지와 농지가 조성되기 전에는 그냥 빈 땅이었는데 서서히 묘지가 조성되고 있었다. 약간의 토목공사와, 울타리 작업과 함께 묘목이 설치되어 가는 것을 볼 수 있었다. 2019년 위성사진을 확인해 보니 농지에는 꽤 튼실한 농막이 2채 정도가 지어져 있었다. 주변 농지의 가치가 높은 상황인데, 이 물건은 상대적으로 가격이 낮아 매력적이었다. 만약 내가 토지의 지분을 사면 내 지분을 다시 사갈 사람은 묘지 공유자 혹은 농지 경작자였다.

묘지 공유자 중 한 명의 등기부등본을 검색했더니 어느 식품 주식회사의 대표였다. 농지를 경작한 사람도 농지를 잘 관리하고 있었다. 둘 다 사갈 확률이 높겠구나 생각했다.

공유자 중 한 명이자 지방에서 식품회사를 운영 중인 유아무개 씨와 처음 통화가 닿았을 때, 통화는 무려 30분 넘게 이어졌다. 이 지분이 경매로 나온 건 그의 형제가 돈을 갚지 못해서였고, 둘은 여러 가지 갈등이 있었던 모양인지 이미 여러 차례 소송으로 원수로 지내는 사이라고 했다.

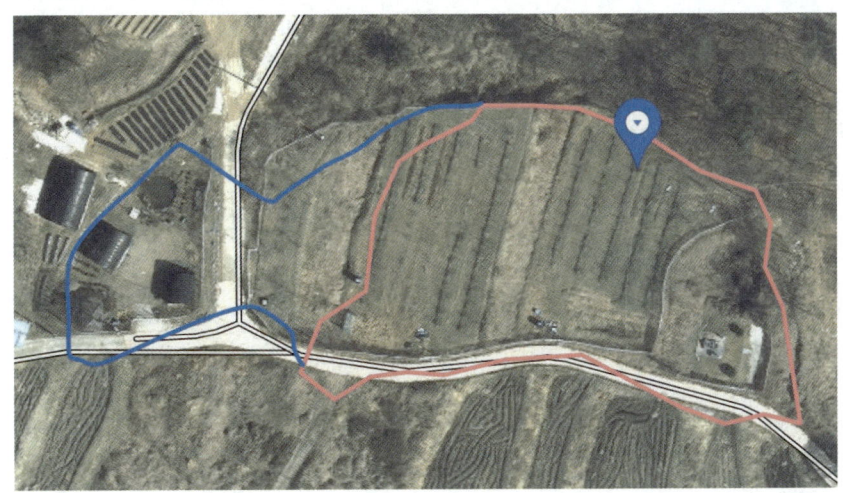

그림 3.24 묘지와 농지가 공존하는 땅

그림 3.25 사례의 소유 지분 현황

1. 소유지분현황 (갑구)

등기명의인	(주민)등록번호	최종지분	주소	순위번호
박■■ (공유자) 농사를 짓는 사람	580619-*******	30436분의 7630	경기도 광주시 초월읍 경충대로1127번길 ■■, ■■(■■빌딩)	5
유■ (공유자)	651001-*******	30436분의 3258	경기도 용인시 처인구 모현면 ■■■ ■■, ■동 ■■■호(엔-클래식)	6
유■ (공유자) 식품회사 대표	630821-*******	30436분의 3258	강원도 횡성군 우천면 ■■■	6
정■■ (공유자) 유 씨들의 어머니	500405-*******	30436분의 11403	경기도 광주시 태봉로13번길 17, ■■■ (장지동,금광포란재아파트)	5
정■■ (공유자)	500405-*******	30436분의 4887	경기도 광주시 태봉로13번길 17, ■■■ (장지동,금광포란재아파트)	6

유 씨는 공유자 중 한 명인 정아무개 씨에 대해서도 언급했다. 유 씨 형제의 어머니이긴 하지만, 실제로는 계모라고 했다. 그러면서 "나는 당신 지분에 관심 없으니, 만약 관심 있으면 내 지분을 사가라"고 선을 그었다.

결국 유아무개 씨와의 통화는 아무런 실마리도 되지 못한 채 끝나고 말았다. 실질적으로 이 땅을 관리하며 농사를 짓고 있던 박아무개 씨가 다음 접촉 대상이었다. 다행히 박 씨는 나의 지분을 매입할 의향을 보였다. 다만 조건이 있었다.

"지금은 돈이 없어요. 지금 제안하신 금액은 좀 비싼데… 좀만 깎아주시면 차를 사려고 적금 들어놨는데, 그게 만기 되면 그 돈으로 살게요."

만기까지 걸리는 시간은 약 3개월. 나는 일단 공유물분할 소송도 병행해 둔 상황이었기 때문에, 한 번쯤 기다려볼 여지는 있었다. 하지만 3개월이 지나 다시 연락했을 때, 돌아온 대답은 실망스러웠다.

"아직 돈이 좀 부족해서요… 깎아주실 수 없나요?"

결국 나는 강수를 뒀다. "더 이상의 협상은 없습니다. 앞으로는 공유물분할 소송 결과에 따라, 땅 전체를 경매로 넘기겠습니다"라고 통보했다. 그리고 일주일 뒤, 박 씨는 다시 연락을 해왔다. 이전에 제시했던 가격으로 매입하겠다는 의사를 밝힌 것이다.

그렇게 해서 결국, 지분을 낙찰받은 지 7개월 만에 매각에 성공할 수 있었다.

이번 경우는 '투 트랙 전략'이 통했던 사례였다. 한쪽은 묘지를 설치한 유 씨 가족에게, 다른 한쪽은 실제로 땅을 경작하고 있는 박 씨에게 둘 모두에게 매도할 가능성이 있다고 본 것인데 결국 땅을 경작하고 있는 박 씨에게 매도함으로써 마무리했던 사례다.

부록

1. 소액 농지 지분투자 사례
2. 입찰서류 모음

1. 소액 농지 지분투자 사례

　농지도 묘지처럼 지분으로 투자할 수 있는 대표적인 지분 경매 상품이다. 묘지는 공유자들에게 필요한 묘지만의 가치가 있는 것처럼, 농지는 농사를 지을 때 필요한 땅이므로 농지 공유자들에게 가치가 있고, 아니면 그냥 시장에 내놓아도 충분히 팔리는 땅이다. 묘지경매에서 묘지의 관리 상태를 통해 공유자들이 묘지를 지키려고 하는 마음을 추정하듯이, 농지 지분 경매에서도 농지로서 가치가 충분한지를 검토하는 것이 가장 중요하다.

　농지는 묘지보다 좋은 것이 한 가지 더 있는데, 공략할 수 있는 대상이 하나 더 늘어난다는 점이다. 농지는 공유자들에게만 파는 것이 아니라 시장에 내놓았을 때 충분한 가치가 있다는 점에서 그렇다. 즉 공유자들과 협의가 안 되어서 지분을 매각하지 못한다 해도 공유물분할을 위한 형식적 경매를 할 때 시장가치로 매각된다.

투자 기간 11개월, 수익률 119%

감정가	680만 1,180원	소재지	충남 금산군 남일면
매입가	341만 8,000원	매도가	750만 원
수익률	119%	투자 기간	11개월

충남 금산군 농지 경매 사례를 통해 농지 경매 방법을 살펴보자. 전체 면적 1만 8,982m^2에 160m^2도 안 되는 작은 지분이 경매로 나왔다. 감정평가금액은 제곱미터당 4만 3,000원이었다. 최저매각가격은 340만 1,000원으로, 제곱미터당 2만 1,500원이며 감정평가액의 반값이었다. 나는 341만 8,000원에 낙찰받았다.

묘지 지분 물건을 살펴볼 때와 마찬가지로 일단 주변 거래 사례들을 살펴보면서 가치를 판단해야 한다(314쪽, 그림 4.1). 주변 거래 상황을 살펴보니 비슷한 답(畓)이 제곱미터당 4만 2,000원에 거래되었다. 답이란 논으로, 농지와 거의 비슷한 모양을 하기 때문에 주변 답 거래 사례가 굉장히 좋은 참고자료가 된다. 2021년 6월에 거래된 사례를 통해 나는 감정가가 실제 가치가 된다고 봤다. 즉, 최소 가치가 총 650만 원에서 750만 원 사이로 짐작했다. 그런 물건을 지금 50% 저렴한 가격에 살 수 있으니 좋은 기회라고 봤다.

그림 4.1 충남 금산군 농지 주변 시세(밸류맵)

2008년과 2023년 사이 위성사진을 살펴보았는데 농지로서 잘 관리되고 있었다.

그림 4.2 위성지도로 해당 농지 관리 상태 확인

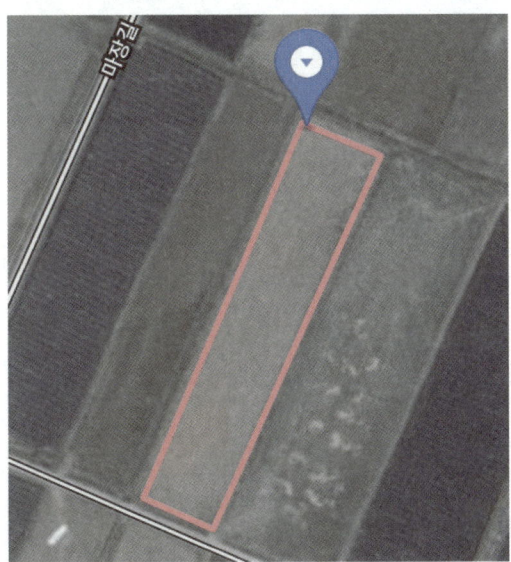

▲ 2008년

▲ 2023년

✅ 낙찰받은 후 진행 과정

지분을 낙찰받은 이후, 나는 공유자들에게 내용증명을 보냈다. 하지만 한참을 기다려도 아무런 반응이 없었다. 전화 한 통 오지 않았다. 나는 그동안 진행했던 부동산 처분금지 가처분과 공유물분할 소송에 기댈 수밖에 없었다.

그리고 시간이 흘러 소송 변론기일. 드디어 공유자들을 직접 마주하게 되었다. 법정에 들어서니, 서로 닮은 듯한 얼굴들을 가진 사람들이 한 무리 앉아 있었다. 그들은 80대 노인부터 50대 후반까지 다양한 연령대로 구성된 가족이었다. 변론이 끝나고 법정 밖으로 나가자 먼저 법정 밖에서 기다리고 있던, 50대 후반쯤 돼 보이는 남성이 나에게 다가와 조심스럽게 말을 건넸다.

- 80대 노인: … (말없이 지켜봄)
- 50대 후반 남성: 저기, 잠깐 이야기 좀 나눌 수 있을까요?
- 나: 네, 괜찮습니다.

  (조용한 곳으로 이동)

- 50대 후반 남성: 사실 우리 가족 중 한 명이 세금을 체납해서 이렇게 소송까지 오게 됐어요. 그런데 혹시 우리가 선생님 지분을 사면, 이 문제가 해결될 수 있을까요?
- 나: 네. 만약 제 지분을 매입하신다면, 세금 체납 문제와는 더 이상 상관이 없을 겁니다.
- 50대 후반 남성: 그렇군요… 그럼 저희가 가족들하고 상의해 보고 다시 연락드릴게요.
- 나: 네, 그렇게 하시죠.

일주일 후였다. 다음과 같이 연락이 왔다.

- 50대 후반 남성: 저희가 선생님 지분을 매입하려고 합니다. 가격은 어떻게 생각하시나요?
- 나: 저는 750만 원에 매도하려고 합니다.
- 50대 후반 남성: …알겠습니다. 가족들과 이야기해 보고 다시 연락드리겠습니다.

10일 후, 50대 후반 남성이 다시 전화가 와서 750만 원에 매입하기로 결정했다고 했고 나는 수락했다.

이야기를 나눠보니, 가족 중 한 명이 세금을 체납해 이런 사태가 벌어진 것이었다. 그는 그들이 내 지분을 사기만 하면 이 문제가 해결될 수 있는지를 물었다. 나는 그들이 내 지분을 산다면 세금 체납은 더 이상 문제 되지 않을 것이라고 대답했다. 그는 가족회의를 거친 후 연락을 주겠다고 했다.

약 일주일 뒤에 연락이 왔는데 그들이 내 지분을 매입하고 싶다고 했다. 그러면서 가격을 문의했는데 나는 650만 원에 매도할 것을 생각하면서 750만 원에 매도하겠다고 말했다. 상대방은 일단 알겠다고 하며 전화를 끊었다. 열흘 뒤쯤 연락이 와서 750만 원에 매입하겠다는 의사를 주었다. 그래서 340만 원에 매입한 지분을 750만 원에 매도하게 되었다. 수익률이 무려 120%다.

02 투자 기간 4개월, 수익률 62%

감정가	680만 1,180원	소재지	충남 보령군 웅천읍
매입가	430만 원	매도가	700만 원
수익률	62%	투자 기간	4개월

다음 사례는 충청남도 보령시의 농지 경매 사례다. 전체 면적 $1,692 m^2$에 $310 m^2$도 안 되는 작은 지분이 경매로 나왔다. 감정평가금액은 제곱미터당 2만 5,000원이었다. 최저매각가격은 384만 6,000원으로 제곱미터당 1만 2,500원이며 감정평가액의 반값이었다. 나는 430만 원에 낙찰받았다.

2008~2023년 사진을 위성사진을 살펴본 결과 농지로서 잘 관리되고 있었다.

그림 4.4 위성사진으로 본 농지 사용 실태

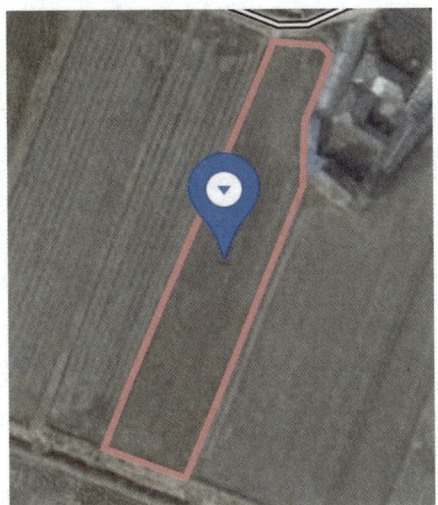

▲ 2008년

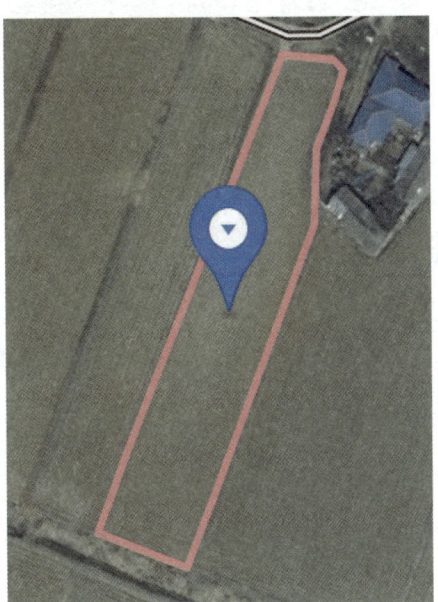

▲ 2023년

1. 소액 농지 지분투자 사례

▲ 밸류맵으로 주변 땅을 살펴보니 가치가 제곱미터당 650만 원에서 750만 원 사이로 짐작되었다.

✓ 낙찰받은 후 진행 사항

내용증명 발송 후 공유자 중 한 명에게 연락이 왔다. 통화 끝에 매매하기로 약속했다. 이후 나눈 문자메시지 내용은 다음과 같다.

- 공유자: 안녕하세요. 보령 땅 문제 때문에 많이 복잡해서 늦게나마 문자 드립니다. 땅 매매는 100% 진행합니다. 자금도 이번 주 내로 당연히 준비됩니다. 다만 저희 어머니께서 아직 결정을 못 해서 연락 못 드렸습니다.

지분 땅 포함해서 다 매매할 건지 아직 고민이 되나 봅니다.

이번 주말에 어머니 만나 뵙고 연락드리겠습니다.

일단 내일 13시 정도에 통화했으면 합니다.

- 나: 예. 그럼 내일 13시에 연락 주시기 바랍니다.

공유자의 어머니가 이 땅을 매입할지 말지 고민이 많았던 모양인데, 결국 내가 있는 곳까지 찾아와서 지분을 매입해 갔다. 이 땅은 결국 430만 원에 매수한 뒤 4개월 만에 700만 원에 매도해서 수익률 62%의 수익을 맛보았다.

농지 지분도 우량하면 이렇게 매각이 가능하다. 항상 유념해야 할 것은 상대방이 우호적이라 하더라도 협상을 진행하는 동시에 가처분과 소송 등 법적인 절차는 빼놓지 않고 밟아놓아야 한다는 것이다.

2. 입찰서류 모음

공 동 입 찰 신 고 서

광주지방법원 순천지원 집행관 귀하

사건번호   2020타경 00000호
물건번호   1
공동입찰자   별지 목록과 같음

위 사건에 관하여 공동입찰을 신고합니다.

2020년 00월 00일

신청인 홍길동 외 1인(별지목록 기재와 같음)

※ 1. 공동입찰을 하는 때에는 입찰표에 각자의 지분을 분명하게 표시하여야 합니다.
   2. 별지 공동입찰자 목록과 사이에 공동입찰자 전원이 간인하십시오.

공 동 입 찰 자 목 록

번호	성 명		주 소		지분
			주민(법인)등록번호	전화번호	
1	홍길동	(인)	경기도 구리시 수택동 437		9/10
			123456-1234567	010-0000-0000	
2	김하나	(인)	경기도 과천시 별양동 93		1/10
			990123-1234567	010-0000-0000	
		(인)	-		
		(인)	-		
		(인)	-		
		(인)	-		
		(인)	-		
		(인)	-		
		(인)	-		
		(인)	-		

2. 입찰서류 모음

(앞면)

기 일 입 찰 표

광주지방법원 순천지원 집행관 귀하   입찰기일 : 2020년 00월 00일

사건번호	2020타경 00000호		물건번호	1
입찰자	본인	성 명	별첨 공동입찰자목록 기재와 같음	
		주민(사업자)등록번호		
		주 소		
	대리인	성 명	홍길동	본인과의 관계
		주민등록번호	990123-1234567	전화번호 010-0000-0000
		주 소	경기도 과천시 별양동 93	

입찰가격	천억	백억	십억	억	천만	백만	십만	만	천	백	십	일		보증금액	백억	십억	억	천만	백만	십만	만	천	백	십	일	
					1	2	3	4	5	6	0	0	원						1	2	3	4	5	6	0	원

보증의 제공방법	☐ 현금·자기앞수표 ☐ 보증서	보증을 반환 받았습니다. 입찰자 홍길동 (인)

주의사항:
1. 입찰표는 물건마다 별도의 용지를 사용하십시오, 다만, 일괄입찰시에는 1매의 용지를 사용하십시오.
2. 한 사건에서 입찰물건이 여러개 있고 그 물건들이 개별적으로 입찰에 부쳐진 경우에는 사건번호외에 물건번호를 기재하십시오.
3. 입찰자가 법인인 경우에는 본인의 성명란에 법인의 명칭과 대표자의 지위 및 성명을, 주민등록란에는 입찰자가 개인인 경우에는 주민등록번호를, 법인인 경우에는 사업자등록번호를 기재하고, 대표자의 자격을 증명하는 서면(법인의 등기사항증명서)을 제출하여야 합니다.
4. 주소는 주민등록상의 주소를, 법인은 등기기록상의 본점소재지를 기재하시고, 신분확인상 필요하오니 주민등록증을 꼭 지참하십시오.
5. 입찰가격은 수정할 수 없으므로, 수정을 요하는 때에는 새 용지를 사용하십시오.
6. 대리인이 입찰하는 때에는 입찰자란에 본인과 대리인의 인적사항 및 본인과의 관계 등을 모두 기재하는 외에 본인의 위임장(입찰표 뒷면을 사용)과 인감증명을 제출하십시오.
7. 위임장, 인감증명 및 자격증명서는 이 입찰표에 첨부하십시오.
8. 일단 제출된 입찰표는 취소, 변경이나 교환이 불가능합니다.
9. 공동으로 입찰하는 경우에는 공동입찰신고서를 입찰표와 함께 제출하되, 입찰표의 본인란에는 "별첨 공동입찰자목록 기재와 같음"이라고 기재한 다음, 입찰표와 공동입찰신고서 사이에는 공동입찰자 전원이 간인 하십시오.
10. 입찰자 본인 또는 대리인 누구나 보증을 반환 받을 수 있습니다.
11. 보증의 제공방법(현금·자기앞수표 또는 보증서)중 하나를 선택하여 ☑표를 기재하십시오.

(뒷면)

위 임 장

대리인	성 명	홍길동	직업	개인사업자
	주민등록번호	990123-1234567	전화번호	010-0000-0000
	주 소	경기도 과천시 별양동 93		

위 사람을 대리인으로 정하고 다음 사항을 위임함.

다 음

광주지방법원 순천지원 2020타경 00000호 부동산 경매사건에 관한 입찰행위 일체

본인1	성 명	김희선 (인감인)	직 업	회사원
	주민등록번호	990123-2345678	전 화 번 호	010-0000-0000
	주 소	경기도 구리시 수택동 437		
본인2	성 명	(인감인)	직 업	
	주민등록번호	-	전 화 번 호	
	주 소			
본인3	성 명	(인감인)	직 업	
	주민등록번호	-	전 화 번 호	
	주 소			

* 본인의 인감 증명서 첨부
* 본인이 법인인 경우에는 주민등록번호란에 사업자등록번호를 기재

광주지방법원 순천지원 귀중

부동산처분금지가처분신청서

채권자(선정당사자) 홍길동 외 1인
경기도 과천시 별양동 93

채무자1 김하나
서울 중구 을지로4가 1

채무자2 김둘둘
서울 중구 을지로4가 2

채무자3 김셋셋
서울 중구 을지로4가 3

목적물의 표시: 별지 목록 기재와 같음
목적물의 가액: 000,000원

피보전권리의 요지: 공유물분할청구권

신 청 취 지

1. 채무자는 별지 목록 기재 부동산에 대하여 매매, 증여, 양도, 전세권·저당권·임차권의 설정 및 기타 일체의 처분행위를 하여서는 아니 된다.
라는 결정을 구합니다.

신 청 이 유

1. 채권자는 별지 목록 기재 부동산의 0분의 0 지분에 대해 2022. 00. 00. 00지방법원 00지원 경매0계 사건번호 2000타경00000호로 매수신청하여 매각허가결정을 받아 2022. 00. 00. 매각대금 전액을 납부하고 소유권이전등기를 마친 진정한 소유자입니다.

2. 대법원 2013마396 결정을 보면 가처분의 피보전권리는 가처분 신청 당시 확정적으로 발생한 것이어야 하는 것은 아니고 이미 그 발생의 기초가 존재하는 한 장래에 발생할 권리도 가처분의 피보전권리가 될 수 있다고 할 것이며 부동산의 공유지분권자가 공유물분할의 소를 제기하기에 앞서 그 승소 판결이 확정됨으로써 취득할 타 지분권자에 대한 소유권을 피보전권리로 하여 처분금지가처분도 할 수 있다 할 것입니다.

3. 또한 공유물분할소송에서 경매로 환가하라는 판결이 나와 경매로 해당 부동산의 매각이 이루어질 경우, 소송 진행 중에 채무자 및 제3자가 채무자의 지분에 대하여 제한 물권을 설정하게 된 상태에서 소제주의를 원칙으로 해서 경매가 진행되면 부동산상의 권리들을 말소시켜 버리지만, 예외적으로 인수되는 권리가 있다고 하겠습니다. 결국 매수인은 인수하는 만큼의 금액을 참작하여 그 권리를 떠안고도 이익이 있다면 응찰하므로 경매매각대금은 시세보다 제한 물건의 금액만큼 저감된 금액으로 매각될 것이며, 채권자는 이때 자신의 지분에 상응하는 금액을 배당받지 못하는 지경에 이르게 될 것입니다.

4. 채권자는 채무자를 상대로 공유지분에 대한 공유물분할청구의 소를 제기할 예정인데, 채무자가 이 사건 부동산의 공유지분을 다른 사람에게 처분할 염려가 상당하므로 이에 채권자는 공유물분할청구권의 집행보전을 위하여 이 사건 신청에 이르게 되었습니다.

5. 채권자의 피보전권리에 관한 소명이 명확한 점을 고려하시어 민사집행법 제19제 제3항, 민사소송법 제122조에 의거 보증보험회사와 지급보증위탁계약을 맺은 문서를 제출하는 방법으로 담보제공을 할 수 있도록 허가하여 주시기 바랍니다.

첨 부 서 류

1. 별지 부동산표시목록 6부
1. 부동산등기사항증명서 1부
1. 임야대장 1부
1. 소송물가액 계산표 1부
1. 당사자선정서 1부

2000. 0. 0.
채권자 홍길동 외 1인 (인)

OO지방법원 OO지원 귀중